Sublim: Erhaben, fein, nur mit geläutertem Verständnis oder Empfinden zugänglich. Seit dem 16. Jahrhundert mit einer neuen Bedeutung:

Unmittelbar vom festen in den Gasförmigen Zustand übergehen und umgekehrt. Barnett Newman sagte, kein Vogel interessiere sich für Ornithologie.

Jetzt geht es um „Kosmos" was nicht heißt, wir verlassen unsere Erde! Wir werden nicht mehr Nachempfinden können, warum die Altvordern die Bedeutungen Kosmos mit Anstand, Ordnung und Schmuck in Verbindung gebracht haben.

Text von Franz Dahlem, 2017
Fortsetzung auf dem hinteren Vorsatz

Franz Dahlem

Am liebsten würde ich Marilyn Monroe sein

Franz Dahlem

Am liebsten würde ich Marilyn Monroe sein

Eine autobiografische Erzählung

Herausgegeben und kommentiert von Franziska Leuthäußer

Mit 79 Abbildungen

Schirmer/Mosel Literatur

Für meine Lebensgefährtin Maria Zerres

Lieber Franz,

im Rahmen des Projekts „Café Deutschland", an dem ich seit 2015 im Städel Museum in Frankfurt am Main arbeitete, hatte ich schon viele Gesprächspartner getroffen, an sehr unterschiedlichen Orten, in verschiedenster Verfassung. Du warst der Erste und bliebst der Einzige, der mich im Liegen empfing: „Die Hitze macht mir zu schaffen. Ich weiß nicht, ob ich heute mit euch reden kann." Damit vergrubst Du das Gesicht wieder in den Armen, und Dein Körper verschmolz erneut mit der Sonnenliege, auf der Du bäuchlings lagst. Unserem ersten Treffen waren mehrere Telefonate vorausgegangen: „Ich mache keine Termine. Komm, wann du willst. Am besten bleibst du gleich zwei Wochen", hast Du mir einmal überaus charmant angeboten. Dann hat Dich irgendetwas geärgert, und gleich wurde ich abgestraft: „Ich will überhaupt nicht mehr mit dir sprechen." Glücklicherweise habe ich Dich nochmals umstimmen können, sodass ich am 2. Juli 2015 mit Anna, die damals die Kamera führte, von Frankfurt Richtung Chiemgau reiste, um Dich am Tag darauf zur ersten Kunstszene der Bundesrepublik Deutschland zu befragen.

Nicht nur der Empfang wich etwas von den gesellschaftlichen Standards ab, auch unser Gespräch, das nicht weniger als acht Stunden dauerte, und alles, was ich mit Dir später noch erleben sollte, war hinreißend außergewöhnlich. Ab dem ersten Tag unserer Bekanntschaft nanntest Du mich „Baby" und „Liebling" – nur eine weitere Person, hat mich je mit „Liebling" angesprochen, mein Vater. Du nanntest mich aber auch „Schlange“ und „Mistviech“, später sogar einmal „Nutte“, was Deiner Aussage nach auf neunundneunzig Prozent aller Frauen zutrifft, da sie über die Männer verfügen. „Das hat mir alles null und nichts ausgemacht“, um es mit Deinen Worten zu sagen. Ich war von Deiner direkten Art sofort eingenommen, ja geradezu begeistert. Manche mögen der Meinung sein, Du nähmest es mit der Wahrheit nicht so genau. Ich dagegen behaupte, es ist kaum jemand so authentisch wie Du. Deine Wahrnehmung, Deine Erinnerung mag von der anderer abweichen, denn in Dir steckt nicht nur der Bayer, der Bierbrauer und Kunsthändler, sondern auch der Dichter. Aus Deinen Erinnerungen sind Geschichten entstanden, und mich hast Du auserwählt, diese aufzuschreiben: „Schreibst du ein Buch über mich?“ Von Dir wohl eher als Provokation ausgesprochen, fühlte ich mich durch diesen Satz nicht nur herausgefordert, sondern auch berufen. Und nachdem wir im Mai 2016 in New York einen wunderbaren Abend in einer Eckkneipe verbracht hatten, reiste ich am 23. September, also mehr als ein Jahr nach unserer ersten Begegnung, wieder im Chiemgau an, mit dem Ziel, Deine Geschichte aufzuschreiben. Als ich um kurz vor Mitternacht bei Euch eingelassen wurde, lief im Fernsehen der Film „How to Marry a Millionaire“ mit Marilyn Monroe. Ihr habt Euch durch meine Ankunft bei Eurem Fernsehabend nicht stören lassen. Von der ersten Minute an wurde ich nicht wie ein Gast behandelt, sondern wie ein Familienmitglied. Am Frühstückstisch habt Ihr die Zeitung gelesen wie jeden Morgen, und ich habe Euch dabei zugesehen. Du bist regelmäßig in Deinem Zimmer verschwunden, um Dich auszuruhen, und ich habe mich stets bereitgehalten, ich legte mich regelrecht auf die Lauer, um keine Minute Deiner Wachzeit zu verpassen. Wir hatten keinen Plan – ich wollte Deine Geschichte, von Anfang bis Ende – wir sind aber im Gespräch immer wieder auf ganz andere Sachen gekommen. Irgendwann habe ich mir verboten, Deine Erzählung durch meine Fragen zu unterbrechen, denn Deine Geschichte hatte bereits eine Form und wurde durch meine Einwürfe weder bereichert noch vervollständigt, sondern nur gestört. Ich war

Dein „drittes Ohr“, wie Du es nanntest. Ich war da, damit Du sprechen konntest. Vier Tage lang. Zwischendurch habe ich für uns Tee gemacht, manchmal auch etwas zu essen zubereitet, und wir haben viel geraucht. Am zweiten Abend, nachdem wir aus dem Pfaubräu gekommen waren, haben wir heftig gestritten. Du warst erzürnt darüber, dass ich die Erzählungen der anderen Gesprächspartner, die ich im Rahmen des Projekts „Café Deutschland“ getroffen habe, genauso als eine Quelle der *Oral History* gelten lasse wie Deine. Du wolltest mir aber nicht nur klarmachen, dass Deine Geschichte die einzig wahre ist, sondern auch, dass die ganze Unternehmung mindestens genauso viel mit mir zu tun hat wie mit Dir. Ich habe das im Eifer des Gefechts damals nicht sofort nachvollziehen können, weiß aber heute, dass Du recht hattest: Die Begegnung mit Dir hat für mein Leben sicherlich eine größere Bedeutung als für Deines. Denn Deine Geschichten sind für Dich nichts Neues, mir hingegen hast Du Zugang zu Deiner Welt verschafft. Und dafür bin ich Dir sehr dankbar.

Ich danke außerdem Deiner Familie, die diesen Zugang ermöglicht hat. Insbesondere Deine Tochter Céline hat mich in diesem Projekt sehr unterstützt. Darüber hinaus danke ich allen, die mir bei der Recherche des Bildmaterials behilflich waren: Carmen Knoebel, Thordis Moeller, Timm Rautert, dem Joseph Beuys Archiv der Stiftung Museum Schloss Moyland und dem Hessischen Landesmuseum Darmstadt. Außerdem danke ich Evelyn, die immer ein Ohr für mich hatte und mich stets befeuerte, dranzubleiben. Und ich danke S.K.H. Herzog Franz von Bayern sowie der Hessischen Kulturstiftung für ihre freundliche Unterstützung.

Franziska

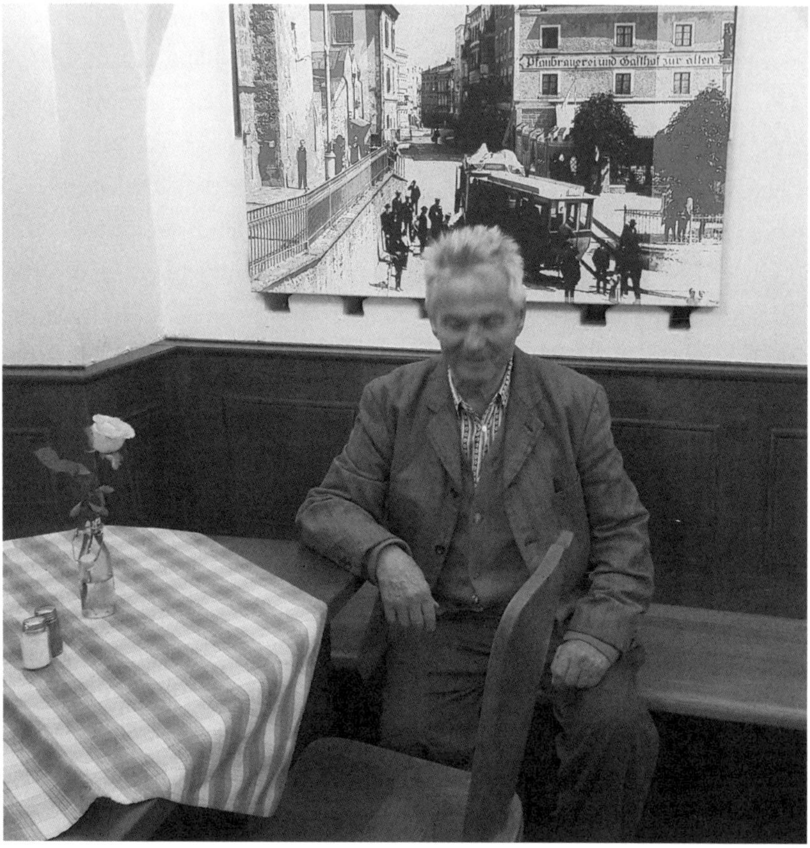

Franz Dahlem im Pfaubräu,
Trostberg, 24.9.2016

Pfaubräu, Trostberg, 24.9.2016

FRANZ DAHLEM: Ich erzähle einen Witz. Aber ich erzähle ihn so, wie er damals erzählt wurde, nicht politisch korrekt: Im Hofbräu sitzt ein Mensch und trinkt ein Bier. Sein Tischnachbar schaut ihm eine Zeit lang zu, dann stupst er ihn an und fragt: „Stalingrad?" – „Nein, Brenninkmeijer." Verstehst du nicht, gell? Brenninkmeijer war ein Bekleidungshaus. C&A Brenninkmeijer. Dem Mann fehlten nicht die Hände, sondern er hatte zu lange Jacken an. Du musst dir vorstellen, wie präsent das alles noch war. Stalingrad – amputiert von oben bis unten, und dann eben Brenninkmeijer. Damals hat man schallend darüber gelacht. Jetzt kriegst du noch einen: Ein Mann hat einen neuen Mantel. In einer Wirtschaft setzt er sich in die Nähe der Eingangstür. Seinen Mantel hängt er an einen Haken und dazu einen Zettel: „Stehlen zwecklos! Max Schmeling". Als er von der Toilette zurückkommt, ist der Mantel fort. Es hängt dort ein neuer Zettel: „Verfolgen zwecklos! Emil Zátopek." Zátopek war ein Tschechoslowake. Der Mann hat fünf Olympia-Medaillen geholt, zwei 1948 und drei weitere 1952, im 5000-Meter-Lauf, im 10 000-Meter-Lauf und im Marathonlauf. Den Witz kannst du heute niemandem mehr erzählen. Das versteht keiner mehr. Wir konnten darüber bis in die 60er-Jahre lachen. Da kommen die Brezeln. Die machen sie hier frisch. Willst du?

FRANZISKA LEUTHÄUSSER: *Nein, danke, dann habe ich keinen Platz mehr für den Hauptgang.*

FD: Ich esse jetzt die Kürbissuppe. In Amerika sagt man dazu, ja, wie sagt man dazu?

FL: *Pumpkin.*

FD: Pumpkin-Suppe, genau.

FL: *Gestern war doch Brigitte Schenk bei dir. Wie lange seid ihr jetzt befreundet?*

FD: Wie bitte? Brigitte ist die Kunsthändlerin von Maria. Du sagst immer „nett“ und „Freundin“ und lauter so Sachen. Das sind Schicksalsgemeinschaften. Die kann man nicht mehr rückgängig machen.

FL: *Verkauft sie denn auch was?*

FD: Ja, sonst wäre es ja sinnlos. Brigitte ist international, in irgendeiner Form. Eigentlich ist sie eine Händlerin. Sie hat jetzt aber zwei sehr schöne Ausstellungen im Sharjah Art Museum in den Vereinigten Arabischen Emiraten gemacht, eine mit Arnulf Rainer und eine mit Maria Zerres.

FL: *Warst du zur Eröffnung dort?*

FD: Mich kriegen keine zehn Pferde mehr da runter. Obwohl der Persische Golf mich interessiert hätte, weil dort die alte Seidenstraße entlangführt. Ich wollte mich einmal Asien nähern.

FL: *Bist du je dort gewesen?*

FD: Nein. Das macht aber nichts. Man kann nicht alles machen. Ich habe früher nur Reisen gemacht, wenn ich unmittelbar etwas damit zu tun hatte und wenn sie zum Teil bezahlt wurden. Ich wäre nie auf eigene Kosten in einen Zug oder in ein Flugzeug gestiegen.

FL: *Hattest du nie das Bedürfnis, neue Orte zu erkunden? Oder den Wunsch, irgendetwas Bestimmtes anzuschauen?*

FD: Nein.

FL: *Warst du gar nicht neugierig auf die Welt?*

FD: Ich bin als junger Mensch, sagen wir mal zwischen meinem 24. und 30. Lebensjahr, in ganz Europa unterwegs gewesen. Ich habe so Touren draufgehabt: Zum Beispiel bin ich in einem Rutsch von Mailand bis Antwerpen gefahren, anschließend bin ich nach Paris gefahren und dann bin ich wieder heimgefahren. Da hatte ich aber immer irgendetwas zu tun.

FL: *Das heißt, du hast dir die Städte gar nicht angesehen?*

FD: Doch! Ich war schon ganz früh in Paris, 1954 oder 1955. Wegen Mallarmé, ich habe Mallarmé sehr verehrt. Ich bin nach Paris gefahren, um Mallarmé näherzukommen.

FL: *Aber nicht, um Paris zu erkunden?*

FD: Es blieb mir doch gar nichts anderes übrig! Ich bin mit hundertzwanzig D-Mark in der Tasche nach Paris getrampt und habe dort in der Jugendherberge genächtigt. Später habe ich in irgendeinem christlichen Heim für Lehrlinge gewohnt, weil ich einen Uhrmacherlehrling aus Straßburg kennengelernt hatte, der mich in seinem Zimmer hat schlafen lassen, umsonst. So konnte ich länger in Paris bleiben.

FL: *Wie lange warst du damals dort?*

FD: Sieben Wochen. Ich bin das ein oder andere Mal auch mit der U-Bahn oder mit dem Bus gefahren, aber die meiste Zeit bin ich zu Fuß gegangen. Paris war eigentlich die erste Stadt, die ich touristisch versucht habe irgendwie zu erschließen. Natürlich war ich im Louvre! Aber das Jeu de Paume zum Beispiel habe ich zufällig entdeckt und da bin ich wirklich sprachlos gewesen. Damals zeigten sie dort die Impressionisten. Das war das erste Moderne, was ich in
meinem Leben gesehen habe. *Ein Begräbnis in Ornans* von Gustave 67*
Courbet zum Beispiel, das hat mich schwer beeindruckt. Für mich waren das die Vorgänger der Pop-Art.

FL: *Wie bist du eigentlich zur Kunst gekommen? Über deinen Vater?*

FD: Man „kommt nicht zur Kunst". Das trifft auf mich nicht zu. Ich bin Bierbrauer gewesen, ich bin ein Arbeiter.

FL: *Immerhin bist du nach Paris gefahren …*

FD: Das hatte was mit Mallarmé zu tun, nicht mit der Kunst. Stéphane 68
Mallarmé ist ein Dichter. Es gab ein Buch von Hugo Friedrich, *Französische Lyrik* oder so ähnlich.[1] Und darin waren Gedichte von Mallarmé, die habe ich gelesen. Rimbaud habe ich auch verehrt,

* *Die Ziffern am Rand verweisen auf die Abbildungsnummern im Bildteil*

aber nicht so. Mallarmé hat mich umgehauen. Die Sprache – ich weiß gar nicht, wie ich das erklären kann. Ich habe ja keine Sprachen gelernt, aber ich konnte durch die Übersetzungen hindurch den Originalton der französischen Sprache in irgendeiner Form als Melodie erfassen. Als ich einmal ein Buch mit Briefen von Chopin und parallel dazu Briefe von Beethoven gelesen habe, wusste ich sofort, ohne es nachzusehen, was von Beethoven war und was von Chopin. Das waren unterschiedliche Welten.

In der Umgebung, in der ich groß geworden bin, konntest du mit den Leuten über nichts reden. Das war ausgeschlossen. Sigmar Polke hat ein Bild gemalt, *Franz Liszt besucht mich* – gibt es so ein Bild von Polke?

FL: *Es gab 1973 im Westfälischen Kunstverein in Münster eine Ausstellung mit dem Titel „Franz Liszt kommt gern zu mir zum Fernsehen“.*[2]

FD: Ich glaube, es sind letzten Endes seelische Qualitäten. Nachdem ich in München oder in Bayern, wo ich aufgewachsen bin, keinerlei Unterhaltungen hatte – ich hatte auch keine Bildung –, sind mir diese Leute irgendwie zugegangen, über ihre Werke, das war für mich wirklich eine Art der Unterhaltung. Und ich war sehr empfänglich für Sprache. Heinrich Heine habe ich geliebt. Ich habe einmal einer Freundin, die damals nach Amerika ging, ein Gedicht geschrieben. Amerika war für mich so weit weg, da konnte ich von München aus nicht einmal hindenken. Das Gedicht ist kurz:

> Weh, was klagt mein Herz so leise,
> an dich denk ich, liebstes Kind,
> bist so weit, ich kann nicht reisen
> zu dir ganz geschwind.
> Muss in meiner Kammer leben
> und der Sehnsucht Wolle weben.

Das kannst du zehn Germanisten vortragen, die werden alle denken, das Gedicht ist von Heinrich Heine. Verstehst du das? Das habe ich geschrieben, da war ich 16 oder 17 Jahre alt! Aber es ist natürlich ein Heinrich-Heine-Gedicht, ohne ihn gar nicht denkbar. In dem Alter macht man solche Sachen.

FL: *Dein Sohn Vinzenz hat mir vorhin erzählt, dass er eine Geschichte geschrieben hat und dafür sogar einen Preis erhielt.*

FD: Über ein Bild im MAXIMUM.[3]

FL: *Hast du sie gelesen?*

FD: Ja. Die ist sehr gut. Ich war überrascht. Es hat nichts mit dem Bild zu tun, davon mal abgesehen. Thema verfehlt, setzen. Aber die Geschichte ist erster Klasse. Du machst dir keine Vorstellung, was der alles weiß. Dagegen bin ich ein Waisenkind und er ist gerade mal 16 Jahre alt. Dem kann ich nicht das Wasser reichen.

KELLNERIN: *Bei euch passt so weit alles?*

FD: Die Frittatensuppe ist unter aller Sau, das sage ich dir gleich.

KELLNERIN: *Was? Die Kürbissuppe?*

FD: Der kann ja nicht kochen, der Koch.

KELLNERIN: *Wieso? Was ist los?*

FD: Da gehört normalerweise eine Kartoffel reingerieben.

KELLNERIN: *Das ist eine Kürbissuppe, gell?!*

FD: Ja, und da gehört eine kleine Kartoffel reingerieben. Ich komme einmal vorbei und erkläre euch, wie man eine Kürbissuppe macht. Die heißt in Amerika Pumpkin-Suppe. Die hier schmeckt unter aller Sau. Ich weiß gar nicht, womit er die aufgegossen hat. Mit Fleischbrühe, oder was?

KELLNERIN: *Das weiß ich nicht.*

FD: Das sage ich nur dir, weil ich dich so gern hab. Einem anderen tät ich das nicht sagen.

KELLNERIN: *Das tut mir leid, ich kann leider nichts dafür, was unsere Köche fabrizieren, ich bringe es bloß.*

FD: Ich sperr euch ins Kinderheim, für schwer erziehbare Mädchen, wenn das noch einmal passiert.

KELLNERIN: *Aber ich kann nichts dafür, die Köche haben Schuld.*

FD: Nein, ihr habt Schuld, ihr hattet vor zwei, drei Jahren eine

Frittatensuppe – nein, wie heißt die? Kürbissuppe! Die war 1A! Aber die hier ist nichts. Ich esse sie ja trotzdem, wie du siehst. Damit ist der Fall für mich erledigt.

Wenn du wüsstest, wie gerne ich Kürbissuppe esse, das ist eine komplette Enttäuschung. Solche Suppe hat man früher im Kinderheim gekriegt, wo sie es fünfzehn Mal aufgewärmt haben. Ich gehe hier seit 1966 her. Ich habe schon mehrere Besitzer erlebt. Es gibt noch fünf oder sechs andere Wirtschaften in Trostberg, aber diese mag ich am liebsten und die haben hier mal einen sehr guten Koch gehabt. Soll ich das jetzt noch essen? Mein Geiz. Lieber den Magen verrenkt, als dem Wirt was geschenkt. Ich habe als Kind sehr viel hungern müssen. Darum kann ich nichts wegschmeißen.

FL: *Ist Geiz nicht eher eine übertriebene Sparsamkeit anderen gegenüber?*

FD: Das ist dasselbe. Man kann auch zu sich selbst geizig sein.

FL: *Das stimmt.*

FD: Eigentlich trifft es auf mich gar nicht zu. Ich habe überhaupt kein Verhältnis zu Geld. Zwischendurch habe ich sehr viel gehabt. Ich weiß gar nicht, wie ich immer an so viel Geld gekommen bin. Ich bin nicht daheim gesessen und habe gesagt, so jetzt mache ich dieses und jenes Geschäft, um Geld zu verdienen. Es kam einfach. Es kam. Die Leute brauchten es. Mehr kann ich dazu eigentlich nicht sagen.

FL: *Was brauchten die Leute? Die Kunst?*

FD: Ich habe am Anfang eigentlich nicht für mich Geld gesucht oder verdienen wollen, sondern die Künstler mussten ihre Leinwände haben, also musste etwas passieren. Ich habe mich immer vor der ablehnenden Gesellschaft geistigen oder künstlerischen Dingen gegenüber geekelt. Aber du kannst dich ja nicht offen wehren. Ich kann ja nicht zu diesen Wirtschaftsmenschen sagen: „Ihr Deppen!" Ich bin kein Mensch gewesen, der beleidigt war, aber ich habe schon darunter gelitten, wie dumm die Leute eigentlich sind.

Es funktioniert heute nicht mehr so wie früher. Ich konnte früher einem Menschen gegenübersitzen, und ich weiß nicht, wie, aber ich bin immer in irgendeiner Form im Gespräch auf Dinge gekommen, von denen habe ich gar nichts wissen können, die haben den anderen aber tief betroffen gemacht. Ich habe immer irgend so etwas gehabt, wogegen die Leute machtlos waren.

Du musst dich mit deinem Buch schicken, wenn das noch was werden soll. Mich beschäftigen jetzt andere Gedanken, über die kann ich mit den Menschen nicht reden. Das ist eine andere innere Welt, die mit dieser äußeren Welt nichts zu tun hat.

FL: *Ich glaube, wir haben in New York schon einmal darüber gesprochen: Wenn wir das Projekt angehen, müssen wir uns über die Form einigen. Ich wünsche mir, dass du deine Geschichte erzählst und diese Erzählung möchte ich weitestgehend so stehen lassen, wie sie von dir kommt, ohne sie im Einzelnen zu überprüfen oder gar zu widerlegen.*

FD: Du musst gar nichts widerlegen. Wie kommst du denn auf so eine Schnapsidee? Du musst dir vorstellen, du triffst Geronimo – kennst du Geronimo?

FL: *Du sprichst von dem Häuptling und Medizinmann der Apachen, der sich gegen die Truppen der USA stellte?*

FD: Ja. Der erzählte auch das Blaue vom Himmel. Du musst das Blaue vom Himmel niederschreiben, ob es wissenschaftlich ist oder nicht.

Vom Pin-up-Girl zum Superstar

FD: Das erste öffentliche Museum in Europa hat es in Basel gegeben. Den Grundstock dafür bildete das sogenannte Amerbach-Kabinett, das der Jurist und Kunstsammler Basilius Amerbach [1533–1591] aufgebaut hatte. Darin enthalten waren Tausende von Büchern und zahlreiche Gemälde, darunter etwa hundert Werke von Hans Holbein d. J. 1661 wurde das Kabinett von der Stadt und der Universität Basel erworben und daraus entstand das erste öffentliche Museum in Europa.

Für Holbein habe ich mich erst später interessiert. Aber ich kann
dir sagen: Als ich die Bilder von Caspar David Friedrich das erste 69
Mal in voller Größe gesehen habe, traf mich wirklich der Schlag.
Dresden hatte sechs oder sieben sehr schöne Bilder. In Berlin gibt
es ein paar Bilder, und natürlich in Hamburg.

FL: *Was sagst du eigentlich zu William Turner?*

FD: Er ist mir nicht so nah. Ich war in der Tate und habe mir Turner angeschaut. Das ist gewaltig. Aber er hat mit meiner Biografie nichts zu tun. Später, als ich die Aquarelle von ihm gesehen habe, ist der Zugang sofort da gewesen, ich habe aber kein Erweckungserlebnis mit Turner gehabt. Du kannst nicht alles erfassen. Ich brauchte Turner vielleicht nicht. Kennst du George Stubbs, den Tiermaler aus England? Der ist mir sofort klar gewesen. Oder John Constable, der war mir auch sofort klar.

Habe ich dir mal erzählt, dass mich die solitäre Stellung von
Matisse wie ein Wunder überrascht hat? Ob dir das Bild gefallt 70
oder nicht gefällt, das ist alles Quatsch. Du siehst den geistigen

Atem in so einem Bild. Und die Stringenz, den Zugang zur Welt, den er hatte.

FL: *Wo hast du Matisse das erste Mal gesehen?*

FD: Ich habe Matisse mein Leben lang gesehen. Ich habe bestimmt 30 Ausstellungen von ihm gesehen. Wer hier vollkommen vernachlässigt wurde, ist Chaim Soutine. Genauso wie Alberto Giacometti oder Nicolas de Staël. Wir haben kein deutsches Museum, das in dieser Geistigkeit, die es in der Malerei gibt, eine große Stärke entwickelt hat.

Im Grunde genommen müssen wir gar nicht mehr über Kunst reden. Es gibt ganz wenig Menschen, die wirklich was von Kunst verstehen und sich für Kunst interessieren. Ganz wenige. Rennt mir das Reh jetzt vors Auto?

FL: *Das war knapp.*

FD: Ich mag's gar nicht sagen, sonst graust du dich: Ich müsste nachts eine Fahrerbrille tragen.

FL: *Siehst du nichts?*

FD: Nein.

FL: *Und warum trägst du dann keine Brille?*

FD: Das ist eine berechtigte Frage.

FL: *Da fällt mir wieder der Film von gestern Abend ein: „How to Marry a Millionaire". Da weigert sich Pola, die Figur, die von Marilyn Monroe gespielt wird, auch, eine Brille zu tragen, trotz ihrer Kurzsichtigkeit. Weil sie befürchtet, als Brillenträgerin bei den Männern weniger Erfolg zu haben.*

FD: Die Marilyn ist ein Wahnsinnsweib. Ich muss dir ganz ehrlich sagen: Am liebsten würde ich Marilyn Monroe sein.

FL: *Du willst Marilyn Monroe sein?*

FD: Ja!

FL: *Und warum Marilyn Monroe?*

FD: Weil sie Humor hatte und weil sie wirklich Fähigkeiten besaß. Vom Pin-up-Girl zum Superstar. Marilyn ist unglaublich gewesen. So etwas gibt es heute gar nicht mehr. Das waren wirklich Wundererscheinungen der Menschheit. Du redest doch so gerne über Frauen. Es gibt etwas, das mich jahrelang unglaublich genervt hat: Ich bin ja manchmal mit Künstlerinnen unterwegs gewesen. Wenn du bei einer Eröffnung eine Frau als Malerin vorgestellt hast, haben die Leute gesagt: „Grüß Gott, gnädige Frau", und haben ihr auf den Busen und auf den Arsch geschaut. Sobald sie herausfanden, dass sie bereits vergeben war, haben sie sich umgedreht und sind zum Nächsten gegangen. Du konntest hingegen den dümmsten Mann vorstellen: „Das ist ein Maler", da sind die Männer stehengeblieben und haben sich an dem festgelutscht. Das heißt nicht, dass die Frau unterdrückt wurde oder nur als Bedienung taugte, sondern ihr ist das Geistige, das in der Kunst vorhanden ist, gar nicht erst zugebilligt worden. Nicht nur, dass sie als Künstlerin nicht akzeptiert wurde, sondern sie ist gar nicht als geistiges Wesen betrachtet worden. Das war das Entscheidende.

Es gibt noch einen anderen Aspekt, nämlich den des Kapitals. Frauen sind auch deswegen nicht richtig in den Kunstbetrieb reingekommen, weil die Männer ihn für sich beansprucht haben. Das war eine Männerdomäne. Und bei den Männern ist es wieder sehr witzig gewesen, denn die waren ja zum großen Teil homosexuell, und wenn sie es nur verdeckt waren. Sie waren eigentlich die Frauen. Verstehst du? Und diese Frauen, also die homosexuellen Männer, haben im Grunde genommen kein Interesse gehabt, eine echte Frau an ihrer Seite zu haben. Sie haben die Frauen aber sehr verehrt und haben wunderbare Frauenbilder gemalt. Ich glaube sogar, dass viele Maler überhaupt nur für Frauen gemalt haben, und nicht für Männer. Ein ganz großer Teil der Kunst ist für Frauen entstanden, da ist dann doch so etwas wie eine Geistigkeit in der ebenbürtigen Korrespondenz dagewesen. Es gibt unglaublich viele gescheite Frauen, durch die gesamte Geschichte, die in der Kunstgeschichte auch eine Rolle gespielt haben, und wenn sie nur als Portrait auftauchen. Hinzu kommt natürlich, dass das Ausbildungswesen der Frauen vollkommen unterdrückt worden ist. Frauen durften bis zur Jahrhundertwende nicht einmal Medizin studieren und schon gar nicht auf Akademien gehen. Diejenigen, die es trotz allem anstrebten, wurden dann Blaustrümpfe genannt.

Bis in die 1980er-Jahre hinein sind Frauen, wenn sie allein waren und nicht in irgendeiner Form in das Familienrollenbild reinpassen wollten, nur unter einem Aspekt betrachtet worden: Kann man sie vögeln oder kann man sie nicht vögeln. Und zwar von allen Männern, nicht nur von irgendwelchen besonders bösartigen. Die Frauen, die sich dem entziehen konnten, aufgrund ihrer besonderen Stellung und ihres besonderen Lebens, haben es dann manchmal wirklich geschafft, etwas Spezielles und Außergewöhnliches zu werden. Für mich ist die Frau nicht nur eine Frau und der Mann ein Mann, sondern die Frau ist auch ein geistiges Wesen. Und wenn der Mann auch ein geistiges Wesen ist, dann sind sie nicht in der Geschlechtsrolle Mann und Frau, sondern sie sind in der Wesenhaftigkeit einfach Menschen. Den Frauen ist etwas zu eigen, was die Männer nie überwinden werden: Die Frauen können Kinder gebären. Das können die Männer wirklich nicht.

Uwe Lausen haben sie damals wirklich in die Tonne getreten

FD: Six Friedrich hat das Programm der Galerie Friedrich + Dahlem in den ersten zwei Jahren mitbestimmt. Sie hat viele Künstler in die Galerie gebracht.

FL: *Wen zum Beispiel?*

FD: Viktor Natali-Morosow, ein Russe, der Malerei im Stil der alten 9
Ikonen betrieb. Oder Lee Ungno und Saitō Yoshishige, die hatte sie im Salon international de Galeries pilotes in Lausanne gesehen. Saitō Yoshishige war ein Japaner, von der Art wie Imi Knoebel, nur zwanzig Jahre früher. Und Lee Ungno ist heute ein Nationalheiliger in Korea. Damals wurde aber wirklich gar nichts verkauft. Wenn du wüsstest, wie dieser Betrieb am Anfang geführt wurde, wie radikal und rücksichtslos Six und Heiner waren. Bevor die Galerie den ersten Kunden oder auch nur den ersten Künstler hatte, haben wir eine GmbH KG gegründet. Zu dem Termin beim Notar brachte Heiner die Six mit. Da frage ich: „Was will die Six hier?" – „Sie wird jetzt Teilhaberin." Das wurde einfach entschieden, ohne vorher mit mir darüber zu sprechen.

Als Erstes haben sie die Galerie dann mit Büromöbeln ausgestattet. Mir haben sie einen kleinen Platz in der Küche zugewiesen, das hat mich aber alles null interessiert. Die Ausstellungen, die Heiner in der Maximilianstraße gemacht hat, als ich schon in Darmstadt war, habe ich fast komplett in die Sammlung Ströher aufgenommen. Ich weiß nicht, was er ohne das Geld gemacht hätte. Uwe Lausen haben sie damals wirklich in die Tonne getreten. 7
Kennst du den goldenen Katalog, den ich über Lausen gemacht habe?[4] Davon hat es noch siebenhundert Stück gegeben, als ich die

Galerie verließ. Die sind weggeschmissen worden. Oder hast du mal gelesen, was Six über Palermo geschrieben hat, nachdem er tot war?[5] Da friert's einen doch in der Seele!

FL: *Das Gleiche sagst du über Gerhard Richter.*

FD: Ja, Richter hat sich auch über Palermo geäußert, unter aller Sau.[6] Ich bin froh, dass du die Vroni, die Kellnerin im Wirtshaus, gestern kennengelernt hast. Die ist für mich wirklich ein idealer Mensch, die hat diese innere Reinheit, und damit kommt sie auch an das Geistige eines Menschen heran. Das Geistige heißt ja nicht, dass sie große intellektuelle Zusammenhänge erfassen muss oder Wissensgebiete durchforschen muss, sondern das Geistige hat in irgendeiner Form mit Reinheit zu tun. Und daran bist du auch beteiligt, ob du magst oder nicht.

Laszlo Glozer hat damals bei der *Abendzeitung* gearbeitet und hat das schreiben müssen, was Wolfgang Christlieb ihm auf den Tisch gelegt hat. Irgendwann einmal habe ich eine lebhafte Diskussion mit ihm gehabt, da sind wir am Karolinenplatz immer um den Obelisken herumgegangen, zwei Stunden lang. Laszlo hat über Walter De Maria geschrieben, er hat über Dan Flavin geschrieben und über viele andere. Das hat uns natürlich behagt, weil das Künstler waren, mit denen wir zu tun hatten. Laszlo hat uns in irgendeiner Form immer begleitet. Da sind die einzigen vernünftigen Kritiken herausgekommen, die wir in München hatten. Außerdem ist er ein begnadeter Koch, ich wurde einige Male von ihm zum Essen eingeladen. Er hatte diese ungarische Nettigkeit, dafür habe ich ihn sehr gemocht. Vor zwei, drei Jahren kam er noch einmal zu mir raus, weil sein Sohn Bierbrauer werden wollte und ein Angebot von einer Traunsteiner Brauerei hatte. Da wollten sie von mir wissen, ob das gut ist und ob er das machen soll. Weil ich doch auch einmal Bierbrauer war. Heute ist die Welt aber eine ganz andere. Ich habe meine Lehre zum Bierbrauer 1953 gemacht.

FL: *Könntest du heute noch ein Bier ansetzen?*

FD: Wo soll ich das ansetzen? In der Küche? Das macht niemand. Das ist absoluter Blödsinn.

FL: *Aber du könntest es noch?*

FD: Das kannst du auch. Du musst das Malz zermahlen, es einsetzen, langsam bei vierzig Grad kochen, damit der Zucker aus dem Getreide geht, dann musst du es abseihen und mit Hopfen versetzen. Nein, die Hefe kommt erst rein und dann kommt der Hopfen. So ist es. Und dann kühlt es und wird abgefüllt, wenn die Hefe es gegoren hat. Die Hefe spaltet ja nur den Zucker in Alkohol und Kohlensäure auf.

FL: *Muss es nicht eine Weile stehen?*

FD: Wochenlang! Also, wer so blöd ist und sich selber sein Bier braut, den kann ich nur bemitleiden. Man kann in jedem Supermarkt besseres Bier kaufen, als man selber zusammenbringt.

Peter hat gelogen, dass einem die Ohren wegflogen

FD: Das ist wieder typisch hessisch, lässt ein Fitzelchen übrig.

FL: *Hessisch?*

FD: Du arbeitest in Hessen, du bist jetzt eine von denen.

MARIA: *Wo kommst du denn ursprünglich her?*

FL: *Aus Berlin.*

MARIA: *Ost oder West?*

FL: *Aufgewachsen bin ich in Tiergarten. Heute gehört es zu Mitte.*

MARIA: *Und wann bist du geboren? Nach der Wiedervereinigung wahrscheinlich.*

FL: *1984.*

FD: Die Wiedervereinigung war 1989. Also bist du vor der Wiedervereinigung geboren, meine Liebe. Bist ja schon eine ganz reife Frau. Und das ist Gelée Royale in Honig. Gelée Royale ist die Nahrung der Bienenkönigin. Das ist ein Sekret der Schlunddrüsen der Arbeiterinnen, damit die Königin größer wird und länger lebt. Du kannst auch etwas von dem Weißbrot nehmen, da hast du vielleicht einen reineren Geschmack.

Und jetzt sage ich es noch mal: Baselitz ist in München gemobbt worden. Genauso wie Uwe Lausen. John Chamberlain ist bei uns gleich wieder ausgestiegen. Denn nachdem Heiner 1967 eine wunderschöne Ausstellung mit den großen Schaumstoffstücken gemacht hatte, hat der amerikanische Zoll bei der Wiedereinfuhr die Stricke durchgeschnitten und das Ganze als Material einführen lassen. Die Skulpturen waren hinüber und da wollte Chamberlain von uns nichts mehr wissen.

Walter De Maria hat 1968 in der Galerie in München den

Earth Room gemacht.[7] Er hat Heiner damals wegen des Kaufs der Kraushar-Sammlung durch Karl Ströher richtiggehend aufgehetzt:[8] Die ganze Sammlung sei Scheiße, und Pop-Art sei der letzte Dreck. Noch im gleichen Jahr sind Walter und Heiner zusammen nach Algerien gefahren, weil Walter in Hassi Messaoud über einen Satelliten einen Strich in die Wüste machen wollte. Dann waren sie aber so dämlich und sind in ein Camp von Ölbohrern gegangen – im höflichen Sinne war es ein Puff in der Wüste, und als die herausfanden, dass Walter Ami war, ist er hopsgenommen worden, weil er im Verdacht stand, für die Regierung die Ölfelder auszuspionieren. Heiner und Walter waren drei Wochen lang in Hassi Messaoud im Gefängnis. Es war früher sehr schwer, über die französische Post jemanden im Ausland zu erreichen, aber ich habe Heiner genau an dem Tag erwischt, an dem die Polizei ihn eingesperrt hat, und habe noch mit ihm sprechen dürfen. Dadurch wusste ich Bescheid. Walter war danach jedenfalls bedient. Später kam dann auch noch die Absage für seinen Beitrag zur Olympiade, die 1972 in München stattfand.[9]

Imi Knoebel ist einer der wenigen Künstler, von denen Heiner sagte, sie seien Weggefährten. Den hat er Paul Maenz in Köln abspenstig gemacht. Heiner stand auf zwei Künstler: auf Imi Knoebel und auf Franz Erhard Walther. Ihm zuliebe habe ich den Werksatz[10] von Franz Erhard Walther für die Sammlung Ströher gekauft. Es gab noch einen, über den Heiner sagen würde, dass er ein Weggefährte war, dem hat er schon in Deutschland viertausend Mark bezahlt, in Amerika dann später viertausend Dollar: Das war Palermo.

Außerdem haben wir sieben Ausstellungen mit Gerhard Richter gemacht. Alle frühen Bilder, die heute berühmt sind, sind in der Münchener Galerie gezeigt worden. Und dann hat es einen Riesenkrach zwischen Zwirner, Richter und Heiner gegeben – ich war daran nicht beteiligt, ich habe mich damals über Richter ein bisschen lustig gemacht, das hat aber keine Rolle gespielt.

FL: *Bei Palermo gab es doch auch so eine Geschichte. Hat Palermo sich nicht auch von Heiner getrennt …?*

FD: Der hat sich nicht von Heiner getrennt, der ist gestorben. Davon mal abgesehen, aber das ist jetzt in liebenswerter Form: Peter war eine noch schlimmere Nutte als jede Frau, die ich jemals erlebt habe.

FL: *Wer?*

FD: Palermo, der heißt doch Peter. Der war wirklich ein Lügner. Peter hat gelogen, dass einem die Ohren wegflogen. Mir hat es null und nichts ausgemacht, ich habe mich nie mit ihm anlegen müssen. Aber schon wenn er anfing zu erzählen, habe ich gewusst: Das kann nicht stimmen. Ich wusste aber auch, dass es ein Webfehler war. Es gibt Leute, die haben einen Webfehler. Da kannst du nichts machen. Peter hatte ein Hoch-und-Runter-Temperament. Und er war ein vollkommener Alkoholiker. Er war kein Säufer, kein Trinker, er war ein Alkoholiker – und ich wusste damals nicht, was ein Alkoholiker ist. Ich habe selber sehr gerne getrunken, ich bin ein Gesellschaftstrinker. Peter hat öfter bei mir gewohnt, und wir haben auch viele Reisen zusammen gemacht. Als er einmal bei mir in Darmstadt zu Besuch war, habe ich mich gewundert, dass er jeden Morgen um halb acht aufsteht und aus dem Haus geht. Eines Morgens waren mir dann die Zigaretten ausgegangen, ich lief also vorne zur Ecke an die Tankstelle, und dort sah ich durchs Fenster Peter an der Kasse stehen. Was hat er sich gekauft? Drei kleine Flaschen Wodka. Kurze. Dazu kaufte er sich einen Kaffee und leerte das erste Wodkafläschchen in die Tasse, die anderen steckte er sich in die Tasche. Von dem Tag an habe ich das ein bisschen im Auge behalten, und es war ganz klar: Peter musste. Er war gar nicht am Saufen interessiert, er musste nur diesen Alkoholpegel immer auf einer gewissen Höhe halten. Und abends gab es dann kein Halten mehr. Da wurde gesoffen. Alkoholiker brauchen zwischendrin das Saufen, und zwar bis zur Bewusstlosigkeit. Ich bin bestimmt zwanzigmal mit Peter im Taxi nach Mönchengladbach gefahren, sein Kopf auf meinem Schoß, nachdem er alles vollgekotzt hatte. Obendrein durfte ich das Taxi auch noch bezahlen. Und dann habe ich ihm Tabletten gegeben, damit die Nachwehen nicht so stark waren. Es war wirklich schlimm. Zwischendurch hatte er aber auch Phasen, in denen er fast gar nicht getrunken hat oder erst ab Einbruch der Dunkelheit, das war wie ein Ritual, das war erlaubt.

Peter hat außerdem sehr viele Freundinnen gehabt und einen hohen Verbrauch an Schlaftabletten, die sind in Düsseldorf auf dem Schwarzmarkt gehandelt worden. Ich glaube, die Typen kriegen raus, wen sie abzocken können und wen nicht. Kennst du Mandrax? Die haben Peter für ein Paket Schlaftabletten dreihundert oder vierhundert D-Mark abgenommen. Er hat darauf angesprochen wie auf Rauschgift. Mandrax mit Alkohol ist besser als Opium. Du schwebst regelrecht. Es ist ein absolutes Wohlgefühl. Und Peter war Mandrax-süchtig.

FL: *Wann hat er das genommen?*

FD: Am Abend, er sagte, er könne dann besser schlafen. Peter hat mir in Darmstadt einmal eine sehr schöne Wandmalerei gemacht. Beuys und ich saßen am anderen Ende des Zimmers auf dem Sofa und sahen zu, wie Peter, nachdem er einen dicken Joint geraucht hatte, mit der Wasserwaage auf der Leiter stand und malte. Das dauerte fast zwei Stunden lang, zwischendurch ist er von der Leiter gestiegen und hat mit uns Bier getrunken.

Habe ich dir mal erzählt, wie Palermo mich zu Beuys brachte? Er fragte mich: „Kennst du eigentlich den Beuys?“ Sage ich: „Nein, ich habe schon von ihm gehört, aber kennengelernt habe ich ihn noch nicht.“ – „Dann besuchen wir ihn heute in Oberkassel.“ – Peter wohnte in der Sternstraße, von dort aus sind wir zu Fuß zu Beuys gelaufen, der wohnte damals am Drakeplatz 4 in Oberkassel. Viel später habe ich erfahren, dass ich eigentlich nur ein Vorwand war. Peter hatte nämlich zuvor bei Beuys die Gipsplatte des Bergkönigs[11] umgeschmissen, und es plagte ihn sein schlechtes Gewissen. Das war eine dolle Geschichte: Palermo hatte seinen Professor besuchen wollen, Eva machte ihm die Tür auf und sagte: „Beuys ist nicht da." Das hat Palermo aber nicht interessiert. Er trat ein, setzte sich an das Klavier, das im Eingang stand, und begann zu spielen. Zwölf Stunden lang. Immer wieder hat Eva ihn gebeten, sich zu schleichen. Aber Peter reagierte gar nicht, sondern spielte einfach weiter. Irgendwann rief Eva dann die Polizei. Auch die versuchte es zuerst mit einer mündlichen Aufforderung, aber Peter blieb sitzen. Bis sie ihn packten und rauszerrten. Und bei dem Gerangel ist die Gipsplatte umgefallen. Ein paar Wochen oder Monate später war ich dann in Düsseldorf, und da dachte Palermo, das ist ein guter Vorwand, um sich Beuys wieder anzunähern. Es war ein Samstagnachmittag – ich werde es nie vergessen: Beuys öffnete uns die Tür, und als er Peter vor sich sah, schaute er weder bös noch streng, im Gegenteil, sein Blick war wirklich liebevoll. Ich weiß gar nicht, warum Peter so einen Schiss vor ihm gehabt hat. Er stellte mich dann vor: „Das ist Herr Dahlem aus München." – „Ach, Herr Dahlem! Wie geht es Ihrem Freund Lausen?" Das war unsere erste Begegnung. Beuys hatte irgendwie mitgekriegt, dass Lausen diesen Prozess wegen Gotteslästerung am Hals hatte und das hat ihn interessiert.[12] Schließlich hat er uns reingebeten, und wir waren ein Herz und eine Seele, vom ersten Moment an. „Was wollt ihr trinken?" – „Was haben Sie denn?" – „Ich habe Bier, ich habe Wein, ich habe Gin." – „Haben Sie Gordon's Gin?" – „Selbstverständlich." – „Dann hätte ich gerne Gin mit Tonic-Wasser." Beuys trank sehr wenig oder eigentlich nie Alkohol, weil er nur eine Niere hatte. Aber Palermo und ich bekamen unseren Gin und Tonic, und dann haben wir uns sehr lange unterhalten. Damals haben wir verabredet, dass Beuys zu mir nach Darmstadt kommt. Das war an dem Tag.

Mit der Sammlung Kraushar kam Andy Warhol dazu. Heiner wurde übrigens von der Factory gehasst, weil er sich eine Sonnenbrille zugelegt hatte und die Haare so zur Seite trug, genau wie Andy Warhol. Heiner wollte absolut ein Andy-Warhol-Image aufbauen. Im Gegensatz zu seiner Crew hat Andy es amüsant gefunden. Einmal kam ich ins Kansas [Max's Kansas City], da saß Heiner hinten im Nebenzimmer an einem Tisch und ließ sich von Andys Leuten mit Salz, Pfeffer und was sonst noch auf den Tischen stand, beschmeißen. Ich setzte mich zu Heiner, nahm das erste Salz, das kam und feuerte es zurück. Kurz darauf kam auch noch Holger, Heiners Bruder, und dann kam das Allertollste: Andy kam rein und sah die drei Ausländer und ein ganzes Zimmer voller feindlicher Amerikaner, wie im Wilden Westen. Ich erhob mich, ging auf Andy zu und küsste ihn auf den Mund. Heiner und Holger taten es mir nach. Andys Crew war sprachlos. Dass wir uns auf den Mund küssten, hatte Beuys irgendwie eingeführt. Das war wohl auch der Grund, dass Andy dachte, Beuys sei schwul.

40 Heiner hat Andy unter anderem hundert *Shadows* (1978–79) abgekauft; die *Skulls* (1976) hat er ihm auch abgekauft. Andy hat einmal ein sehr charmantes Interview gegeben, ich glaube, es war für die *Village Voice*. In dem Gespräch sagte er, die amerikanischen Kunsthändler könnten von den Europäern noch was lernen. Herr Friedrich habe seine Serie gesehen, und die habe ihm so gut gefallen, dass er immer noch mehr davon wollte. Andy war noch schlimmer als Arnulf Rainer: Als er merkte, dass Heiner die Arbeiten gut findet und kauft, hat er gleich noch hundert Stück dazu produziert. Heiner hat sie alle gekauft und kurz darauf in seiner Galerie in der Wooster Street ausgestellt.[13] Die Ausstellung war aber wirklich alles andere als ein Erfolg.

33 Ich hatte damals mit Beuys zu tun. Heiner Bastian hat ihn zwar betreut, Beuys war aber sehr naiv und hat sich wirklich betrügen lassen. Beuys hatte kein Verhältnis zu Geld. Ich habe ja schon kein Verhältnis zu Geld, aber Beuys kaufte zum Beispiel eine Roth-Händle-Schachtel für drei D-Mark und bezahlte mit einem Tausend-Mark-Schein.

FL: *Was ist mit den großen Autos, die Beuys gefahren hat?*

FD: Der Lincoln, den er gehabt hat? Es gab den Auto Becker in

Düsseldorf, und der konnte bestimmte Schlitten nicht verkaufen, weil sie achtundzwanzig Liter Benzin verbrauchten. Es gab damals Amerikaner, die ihre Hochzeitsreise nach Europa machten, sich mit dem Auto einschiffen ließen und bereits wieder geschieden waren, bevor sie heimgefahren sind. Becker hat Beuys das Auto regelrecht aufgeschwatzt und ihm auch einen guten Preis gemacht. Außerdem kam bei Beuys noch etwas dazu, das man auch respektieren muss: Diese alten amerikanischen Schlitten sind wirklich prächtig gewesen. Beuys mochte die Autos, er mochte aber auch amerikanische Schauspieler, von Greta Garbo war Beuys ein Verehrer hoch drei. Er sah darin ein bestimmtes Menschenbild. Humphrey Bogart und solche Typen gehörten auch dazu. Das hat er alles in den 50er-Jahren in irgendwelchen Kultkinos in Düsseldorf gesehen. Für ihn, der aus dem Krieg kam, war das eine andere Welt. Beuys hat sich in irgendeiner Form auch als Häuptling gefühlt. Wie ein Gangster-Häuptling letzten Endes. Ich habe mich öfter mit ihm über John Dillinger unterhalten. Beuys hielt die amerikanischen Gangster der 30er-Jahre für absolute Genies. Die waren kreativ, und sie waren schlau. Beuys war hundertprozentig auf der Seite von Bonnie und Clyde, berechtigterweise. Aber er hatte eine Doppelnatur: Von der Politik hätte er wirklich besser die Finger lassen sollen.

FL: *Viele, die ihm nah waren, sind sich einig, dass sein Engagement in der Politik sein schwächster Punkt war.*

FD: So ist es. Beuys stand vor der Tatsache, dass ihm seine Jugend durch die Nazis gestohlen worden war. Als er studierte, gab es wahrscheinlich schon mehrere Hundert Studenten an der Akademie. Damit kamen auch ganz andere Bildungstypen in das Umfeld. Frauen noch ganz wenig und spärlich, und wenn, dann mit einem bürgerlichen Habitus und Beziehungen zum Kultusministerium oder zum Direktor. In wenigen Fällen vielleicht auch mal durch einen Kollegen, der sie besonders geschätzt hat.

Beuys hat sich zu Beginn bei der älteren Generation, und dazu gehörte auch sein Lehrer Ewald Mataré, den Beuys wirklich verehrt hat, um die Aufnahme in die Kunstwelt sehr bemühen müssen. Die Professoren an der Akademie sind damals wie die absoluten Herrscher aufgetreten. 1961 ist Beuys dann endlich berufen worden, und zwar vor dem Hintergrund, dass seine Arbeit hauptsächlich aus Zeichnungen bestand und er insofern für die anderen Professoren keine Gefahr darstellte. Mataré war allerdings gegen ihn, der hat in ihm den nächsten Häuptling gesehen. Das riechen die untereinander.

Ein Jahr später fand in Wiesbaden die Geschichte mit den Fluxus-Leuten statt. Das ist zum Teil grässlich missverstanden worden: In Wiesbaden gab es die Luftwaffenbasis der Amerikaner. Die Jungs, allen voran George Maciunas, sind in ihren erstklassigen Uniformen zu Clemens Weiler ins Museum Wiesbaden gegangen und haben ihm eine Veranstaltung vorgeschlagen. Die Museen waren damals leer. Leer, alt und Plüsch. Wiesbaden hatte unter anderem eine bedeutende Jawlensky-Sammlung, die war aber nicht ausgestellt. Außerdem hatten sie eine naturhistorische Abteilung, so wie Darmstadt auch. Da sind die Bildungsbürger mit ihren Frauen hin und wieder am Wochenende reingegangen oder irgendwelche Touristen, wenn es geregnet hat. Sonst war da nichts los. Bis der Direktor eines Tages von diesen jungen, fetzigen Amerikanern von der Luftwaffenbasis Besuch bekam. Weiler wusste gar nicht, was ein Fluxus-Konzert ist, stimmte der Sache aber zu und hat die Jungs machen lassen.[14] Diese dollen Hunde verstanden offenbar etwas von Pressearbeit, sodass schon bald von einem „Skandal" die Rede war und irgendwelche Leute abenteuerliche Geschichten über das Event berichteten. Beuys hat es dann für sich beansprucht, weil er darin die Chance sah, Anschluss an den Weltgeist zu finden.

In Düsseldorf gab es den berühmten Kunsthändler Jean-Pierre Wilhelm, der machte die Galerie 22, und der hat bereits 1960 Robert Rauschenberg und Cy Twombly ausgestellt. Beuys hat das alles verfolgt. Jean-Pierre Wilhelm war polyglott, wenn ich das so sagen darf. Ich glaube, dass er auch ein Naziverfolgter war, jedenfalls hatte er etwas mit Auschwitz zu tun. Und er hat nach dem Wiedergutmachungsrecht irgendwelche Geldleistungen erhalten. Er war französisch, jüdisch, deutsch, und vor allem war er vollkommen uninteressiert an irgendwelchen Schuldzuweisungen oder Auseinandersetzungen. Der hatte wirklich eine internationale Ader, und er war ein richtiger Bildungsbürger. Solche Leute haben Beuys tief beeindruckt.

Alfred Schmela wiederum war Kriegsteilnehmer. Die Schiene zwischen Beuys und Schmela lief in erster Linie über deren Kriegserlebnisse. Schmela war ja eigentlich Maler, und er hat nicht schlecht gemalt. Ich kenne seine Bilder. Er sah für sich aber keine Karrierechancen. Und wie die Kölner sagen: Man muss sich wat gönne könne. Schmela hat damals die New-York-Beziehungen hergestellt. Das hat Beuys natürlich auch interessiert; er hat sich seine singuläre Position wirklich aufbauen müssen und auch wollen. Du kennst diese irren Diskussionen: War Robert Morris mit dem Filz früher als Beuys oder umgekehrt? Tatsächlich hat es überhaupt keine Rolle gespielt.

Etwas später sind dann Dieter Kunzelmann, Fritz Teufel und diese Kameraden aufgetaucht. Kommune 1 in Berlin[15], wann war das?

FL: *1967.*

FD: Eben. Beuys ist in diese Sache hineingewachsen, der war ja nicht von Anfang an politisiert. Ich bin ganz sicher, dass es auf allen Akademien K-Gruppen[16] gab, ob sie sich so genannt haben oder ob sie nur sympathisiert haben, ist vollkommen egal, es gab sie. Hinzu kam die Freiheit der Erziehung, da tauchten dann die Baader-Meinhof-Leute auf. Die haben unter anderem Kinderheime befreit – zu der Zeit gab es noch Erziehungsanstalten, das muss man sich mal vorstellen. Das waren Kindergefängnisse oder Kinderzwangsanstalten. Wenn ein Bub in einem Kinderheim ein bisschen auffällig war, heute würde man es auf das ADHS-Syndrom schieben, und nicht pariert hat, wurde er in diese Anstalten gebracht. Dort wurden die Kinder sexuell und materiell ausgebeutet, nach allen Regeln der Kunst, die wurden wie die letzten Säue behandelt. Und ich weiß genau, dass das auch ein Anlass der Linken war, diese Kinder zu befreien. Zum Teil ist es gelungen. Beuys, der ja Pädagoge war, hat das alles mitverfolgt, und er hat diese vielen Studenten vor der Nase gehabt. An der Akademie gab es ein paar scharfe Hunde, der LIDL-Immendorff zum Beispiel, die ganze LIDL-Gruppe hat sich ja vollkommen politisiert.[17] Ich glaube, Immendorff war K-Gruppe, oder?

FL: *Jörg Immendorff engagierte sich in der Außerparlamentarischen Opposition und wurde dann Mitglied der KPD.*

FD: Genau. Ich muss den Vinzenz jetzt ins Hubertigau fahren. Ich will dir nur sagen: Daraus kam die documenta, die öffentlichen Foren, die *Honigpumpe*[18], die Gründung der Studentenpartei, diese Alternativen, die Beuys entwickelt hat. Er hat in der Pädagogik wirklich eine gesellschaftsverändernde Kraft gesehen. Und er hat sehr gescheite Sachen gesagt. Es ist nicht so, dass das alles falsch war. Ganz im Gegenteil. Und es hat auch bestimmte Reformer gegeben, die das in ihre Konzepte aufgenommen haben. Aber Beuys ist damals geschnitten worden, er ist verächtlich gemacht worden und das hat ihm vielleicht auch etwas geschadet. Umsonst ist er nicht von Johannes Rau rausgeschmissen worden.[19] Beuys hatte damals sehr viele Meisterschüler ernannt, jeder erhielt 500 Mark von der Akademie, und irgendwann hat Rau gesagt: „Du kannst so viele Meisterschüler ernennen, wie du willst, das zahlst du ab jetzt aber selber.“ Und dann hat er ihn entlassen.

Ich habe das alles nie richtig ernst genommen. Ein Schüler von Beuys war zum Beispiel Anatol. Anatol war Polizist. Ich hingegen galt bei denen als oberkapitalistische Drecksau. Von mir wollte niemand etwas wissen. Die hatten ja auch alle nichts zu verkaufen. Damals hat diese kleine Gruppe – Sigmar Polke, Konrad Lueg oder Fischer, wie er später hieß, und Gerhard Richter – den kapitalistischen Realismus rausposaunt.[20] Das wurde ein Mythos ohne Ende.

Der kapitalistische Realismus war die Uschi Obermaier der damaligen Zeit. Damals feierte die Werbung ihren Aufstieg. Werbung hat auf einmal eine ganz neue Rolle gespielt. Das alles hat Beuys stark beschäftigt, gleichzeitig hat er sich von der ganzen Geschichte distanziert. Und er hat wirklich wunderbare Sachen
gemacht. Die *Capri-Batterie*[21] zum Beispiel. Damals waren ja alle 20
gegen die Atomkraft, logisch, ich war auch dagegen.

Und dann eben die Terroristen. Die 70er-Jahre waren im Grunde genommen von den Linken eine Schweinerei ersten Ranges. Die sind ununterbrochen mit irgendetwas unterwegs gewesen. Dabei hätten wir eine liberalere Regierung als die Brandt-Regierung gar nicht haben können. Und Beuys, erfahren, wie er war, durch den Zweiten Weltkrieg und das ganze Elend, hat pädagogisch eine Kraft dagegensetzen wollen, hat es aber vollkommen überschätzt. Als er dann in die Hände von Anthony d'Offay kam, ist er im Kunsthandel gelandet. Zwischendurch gab es aber immer wieder
Ausreißer: Eine seiner größten Sachen war *Der Kojote*[22]. Eine 26
andere Veranstaltung, die wirklich toll war, fand im Theater am
Turm in Frankfurt statt: *Titus Andronicus*.[23] Da stand Beuys mit 25
einem weißen Pferd auf der Bühne.

„Sind Sie denn mit dem Fett zufrieden?“

FD: Beuys wurde damals vorgeworfen, er sei durch mich zur Kapitalisten-Sau geworden, weil er an Karl Ströher[24] verkauft hat.

FL: *Das Erste, was Beuys an Ströher verkauft hat, war die Ausstellung, die* 22
1967 im Museum in Mönchengladbach stattfand?

FD: Das war das Allererste. Monsignore Otto Mauer kam aus Wien und hielt die Eröffnungsrede. Johannes Cladders war damals Direktor in Mönchengladbach. Die Ausstellung war eigentlich sehr richtig. Das alte Museum ist ja ein Wohnhaus bürgerlichen Zuschnitts gewesen. Die Etagen hatten je etwa 150 bis 200 Quadratmeter. Das war alles wohnzimmermäßig.

Ströher hatte einen gewissen Respekt vor Beuys, fand ihn aber gleichzeitig etwas abenteuerlich, mit seiner Weste und seinem ganzen Auftreten. Dass er Professor war, hat ihm natürlich gefallen, auch wenn er keine Krawatte trug. Dass Beuys in die katholische Ecke geschoben wurde, fand er, glaub' ich, auch gut. Dieses Gerücht entstand vielleicht wegen bestimmter Objekte, etwa der Kreuze, die bei Beuys immer wieder auftauchten. Ströher war zu dem Zeitpunkt 77 Jahre alt, der hatte überhaupt keinen Zugang mehr zu jungen Menschen. Damals haben gewisse Sachen aber noch funktioniert: Georg Jappe von der *Frankfurter Allgemeinen Zeitung* stand auf Fluxus-Kunst, und er war ein Verehrer von Beuys. Als wir uns in Mönchengladbach auf der Eröffnung trafen, wollte er von mir wissen: „Was macht denn der Ströher hier?“ Ich antwortete ihm ohne zu zögern: „Ich bitte Sie, der hat den Werkblock von Beuys ja schließlich gekauft.“ Das stand zwei Tage später in der *FAZ* und Ströher kurz darauf bei mir in der Ahastraße in Darmstadt vor der

Tür: „Ihr Griff in meine Brieftasche ist ja ein hochinteressantes Geschäftsmodell.“ Der war wütend. „Herr Ströher, und wenn Sie es nicht machen, steht in drei Wochen etwas anderes in der Zeitung. Das nimmt doch keiner ernst.“ Daraus ist es dann entstanden: Ströher hat wirklich die komplette Ausstellung aus Mönchengladbach gekauft.

12-15 Beuys hatte vorher bei mir in Darmstadt den *Fettraum* gemacht.[25] Dafür brauchte ich 3,5 Zentner Margarine von Ströher. Und da die Wella für ihre tausend Mitarbeiter eine Kantine hatte, habe ich Ströher gebeten: „Können Sie nicht veranlassen, dass ich etwas von der Margarine aus der Kantine bekomme?“ Die haben es ja viel billiger einkaufen können. Erst wollte Ströher mich zur Schnecke machen, weil man keine Lebensmittel verschwendet und kaputtmacht. Ausgerechnet er. Die Wella hat den Weibern ein Haarspray verkauft, das denen die Lungen vollkommen verklebte. Verstehst du? Die haben wirklich Dreck produziert! Ich habe es ihm dann folgendermaßen erklärt: „Herr Ströher, Beuys ist ein Bildhauer, für ihn ist das Fett Material. Ob er jetzt Gips oder sonst irgendetwas nimmt, ist doch vollkommen egal.“ Das leuchtete ihm ein.

Der „Fettraum“ war meine erste Veranstaltung in Darmstadt, am 20. März 1967. Beuys hatte mir zuvor eine Schraubzwinge aus
17 Bronze geschenkt – heute trägt sie den Titel *Bett 1949* und ist im Landesmuseum in Darmstadt ausgestellt. Ich habe sie Ströher damals für viertausendfünfhundert D-Mark verkauft. Mit dem Geld habe ich die Ausstellung finanziert. Am Tag der Eröffnung musste Ströher ein neues Werk einweihen – die Wella hatte mehrere Zweigstellen. Am Abend vorher rief er mich an: „Wann steht denn der Herr Professor am Morgen auf?“ – „Er ist eigentlich ein Frühaufsteher.“ Das war er wirklich. „Ich darf doch bei Ihnen schon um halb acht vorbeikommen?“ Das fand ich ein bisschen kühn von ihm, aber ich dachte, wenn er um halb acht vorbeikommen möchte, kommt er um halb acht vorbei: „Gern, Herr Ströher.“

Am nächsten Morgen erschien er wirklich um Punkt halb acht, picobello angezogen, in einer Art DDR-Anzug mit Bügelfalte und gewichsten Schuhen. Kai, sein Chauffeur, wartete mit dem Auto draußen, alles bereit für die Reise nach Krefeld. Ströher wandte sich an Beuys: „Herr Professor, ich freue mich sehr, dass Sie hier sind. Sind Sie denn mit dem Fett zufrieden?“ Er hat mit Beuys ein richtiges Geschäftsgespräch angefangen, so, als wäre er sein Angestellter. Ich fand es bezaubernd.

Um zehn Uhr begann Beuys mit der Arbeit. Henning Christiansen hat die Musik dazu gemacht.

FL: *Live?*

FD: Nein, mit Geräten, er hat sie vorher komponiert, nehme ich an.

FL: *Und wer hat die Einladungskarte entworfen?* 12

FD: Die goldene Karte? Ich! Beuys hat auf etwas bestanden, was ich nie nachvollziehen konnte: Er wollte die beiden Punkte über seinem Namen haben. Er hat es mit irgendeinem Mythos verbunden, vielleicht etwas Germanischem oder Keltischem. Kann es sein, dass ich es auf das „y“ gesetzt habe, obwohl es auf das „u“ gehört hätte? Und wenn es so wäre, es hat nie jemand bemerkt. Das Erstaunliche war: In Ermangelung eines Geldes habe ich höchstens fünfzig Einladungen verschickt. Weißt du, wie viele Leute kamen? Vierhundert schätzungsweise. Das hat mich wirklich umgehauen. Es hatte sich blitzartig herumgesprochen, dass ich aus München weg war und dass Beuys bei mir in Darmstadt ist, da kamen wirklich Leute aus Belgien, aus Dänemark, aus Holland, von überall her. Zum Teil mit Schlafsack und Iso-Matte.

FL: *Wie groß war denn die Galerie?*

FD: Meine Galerie hatte, sagen wir mal, zweihundert Quadratmeter. Eigentlich war es ja eine Wohnung, früher einmal war es eine Schule. Und im Hinterhaus gab es ein Hotel, das Hotel König. In Anbetracht des Besucheransturms habe ich schnell handeln müssen. Ich lief also rüber und erkundigte mich bei König nach freien Zimmern. Da sagt der zu mir: „Wir nehmen zur Zeit gar keine

Gäste, wir bauen um." Das konnte ich nicht akzeptieren, und spontan erdachte ich eine Lösung: „Herr König, das ist eine Veranstaltung der Wella." Das war damals immerhin der größte Arbeitgeber in Darmstadt. „Können wir nicht Folgendes machen: Sie nehmen für ein oder zwei Nächte alle Leute auf, die bei mir Unterschlupf suchen und wir machen einen Festpreis aus." Ich ahnte ja, dass keiner der Besucher Geld hatte und dass alles sonst an mir hängen bleiben würde. Der König hat sich glücklicherweise darauf eingelassen, sonst wäre es eine Katastrophe geworden.

Als Beuys nach der Aktion in seinem Lincoln, mit seinen Schülern Anatol und Norbert Tadeusz im Auto, aus Darmstadt weggefahren ist, ist er fast tödlich verunglückt. Er ist mit Karacho gegen eine Leitplanke gefahren. Eigentlich war er unschuldig: Auf der rechten Spur fuhr ein kleines Auto zwischen zwei LKWs und der Fahrer ist ohne sich umzuschauen oder zu blinken nach links rausgezogen. Das Auto von Beuys wog fast zwei Tonnen. Wenn der auf den kleinen Wagen draufgefahren wäre, wären die futsch gewesen. Beuys konnte durch seine Zeit beim Militär mit so einer Maschine in irgendeiner Form umgehen. Wahrscheinlich ist er mit zweihundert Sachen unterwegs gewesen. Das durftest du früher, das war überhaupt kein Thema. Wenn er gebremst hätte, wäre es eine Katastrophe geworden, er wäre sofort geschleudert. Also hat er das Auto ganz scharf an der Leitplanke entlangschrabben lassen, um es abzubremsen. Dann kam aber eine kleine Kurve, und der Lincoln kam da nicht mehr raus, brach durch die Leitplanke hindurch auf die andere Seite der Autobahn und nahm dort noch eine SOS-Säule mit, bevor er zum Halten kam. Im Auto war es totenstill, bis Tadeusz fragte: „Lebt hier noch jemand?" Sie sind tatsächlich alle unbeschadet davongekommen.

Ein paar Tage später stand Beuys wieder bei mir vor der Tür: Ob er eine Weile bei mir bleiben könne? „Gerne, aber ich habe keine Möbel." Ich hatte wirklich keine Möbel. „Ja, und wo schlaft ihr?" – „Auf dem Fußboden, auf Schaummatten." – „Eine Schaummatte wirst du für mich doch auch noch aufbringen können!" Er hat damals acht Tage lang bei mir gewohnt, so ist eigentlich die Verbindung zwischen uns entstanden.

FL: *Gab es einen besonderen Anlass für seinen Aufenthalt in Darmstadt?*

FD: Er wollte mich besuchen, sonst nichts. Vielleicht, weil ich ein Bayer bin. Es gab sehr wenige Bayern in der Gemeinschaft.

FL: *Er kam ohne Ankündigung und blieb dann acht Tage lang bei dir?*

FD: Ja. Vielleicht waren es auch zehn Tage. Das weiß ich heute nicht mehr genau.

FL: *Du lebtest damals mit deiner Familie in dem Haus?*

FD: Mit meiner Frau Oda und den drei Kindern. Außerdem hatten wir 37
noch eine Haushälterin, eine Italienerin.

FL: *Keine Möbel, Schaummatten auf dem Boden, aber eine Haushälterin.*

FD: Die Haushälterin habe ich aus einem Elendsviertel in Mailand herausgeholt. Die war überglücklich bei uns. Die hat Essen und Trinken bei mir gehabt und wenn ich zwischendurch ein gutes Geschäft gemacht habe, schenkte ich ihr 500 Mark. Lore Dana lebte vorher mit ihrem Großvater in einem kleinen Verschlag in einem Treppenhaus in Mailand. Der war sehr krank, und die Bewohner des Hauses haben ihn geduldet. Sie haben ihm sogar manchmal Lebensmittel hingestellt oder ihm unten die Toilette aufgesperrt. Der Großvater ist damals gestorben oder war im Krankenhaus oder was weiß ich, und sie hat sich in Hotels als Babysitter angedient. So habe ich sie kennengelernt. Und dann war sie bei mir. Ich habe für meine drei Kinder einen Babysitter gebraucht. Und sie sprach perfekt Deutsch, das hat sie sich selbst beigebracht. Überhaupt war sie ein Wunder ohne Ende, aber sie war eben etwas zu klein. Sie war nur 1,53 Meter groß. Das ist zu klein. Die konnte in der Arbeitswelt nichts werden. Sie hatte auch keine Freunde. Aber meine Kinder mochten sie sehr gern, ich mochte sie auch sehr gern, und Beuys liebte sie regelrecht.

Eines Tages hatte sie dann irgendwo in Darmstadt, wahrscheinlich am Bahnhof, einen Vietnamesen kennengelernt. Der wohnte in

Belgien und war 1,55 Meter groß. Die passten gut zusammen. Weinend kam sie zu mir: „Franz, ich verlasse dich." – „Aha." Ich habe es gar nicht kapiert. „Wie sieht das aus?" – „Ich gehe nach Belgien, ich habe mich verlobt." – „Und wer ist das?" – „Er kommt aus Vietnam." Sie hatte schon ihre Sachen gepackt, einen kleinen Koffer und zwei Taschen, und bat mich, dass ich sie zum Bahnhof fahre. Es fiel ihr so schwer, mich über ihre Pläne zu informieren, dass sie es bis zum letzten Moment hinausgezögert hat. Ich habe ihr dann noch Zeichnungen von Penck herausgesucht, weil ich wollte, dass sie ein bisschen Kunst mitnimmt, und die haben ihr immer gut gefallen. Die Blätter habe ich in eine Rolle gepackt und habe sie zum Bahnhof gefahren. Ich habe Lore Dana nie wieder gesehen und nie mehr von ihr gehört.

FL: *Wie lange war sie bei euch?*

FD: Ich schätze ungefähr drei Jahre. Sie hat auf die Kinder einen großen Eindruck gemacht. Natürlich hat sie sich auch mal mit der Anna gestritten. Anna und Lori hatten die Zimmer nebeneinander.

FL: *Anna ist deine Tochter?*

FD: Ja. Anna war damals vielleicht sieben oder acht Jahre alt. Und sie hat ewig in den Sachen von Lore Dana herumgekramt, wenn sie nicht im Zimmer war. Lore Dana besaß zum Beispiel eine Haarbürste aus Porzellan. Eine Katzenbürste. Die Bürste war eine Katze. In Rosa und Blau, glaube ich. Diese Bürste hat die Anna ihr geklaut. Und da habe ich mit allen einen furchtbaren Krach gekriegt. Lore sagte: „Die Bürste ist weg." Ich wollte es nicht glauben: „In diesem Haus geht doch nichts verloren." – „Ich weiß auch, wo die Bürste ist, Anna hat sie sich genommen." – „So etwas macht die Anna nicht." Ich habe es ihr wirklich nicht zugetraut. Als sie dann in der Schule war, ging ich aber doch einmal in ihr Zimmer und entdeckte die Bürste schließlich unter ihrem Kopfkissen. Sie hatte die Katze versteckt, und ich konnte sie so gut verstehen! So einen Gegenstand hatten wir im ganzen Haushalt nicht, da konnte Anna nicht widerstehen.

Ich bin mein Leben lang ein armer Mensch gewesen

FL: *Wovon hast du die Miete für die Galerie in Darmstadt bezahlt?*

FD: Das war keine Galerie. Das Haus gehörte Herrn Grapka aus Tübingen, und die Wohnung hatte sehr hohe Räume und einen roten Linoleumfußboden. Ich glaube, ich habe vierhundert oder fünfhundert Mark Miete gezahlt. Damals hatte ich schon Kontakt zu Karl Ströher, und der hat mich geradezu genötigt, mir in Darmstadt eigene Räume zu suchen. Als ich ihm dann die alte Schule zeigte, war es auch wieder nicht recht: „Muss das alles immer so groß sein bei Ihnen?“ – „Nein, das muss nicht sein, aber es ist erstens günstig, und zweitens ist ausreichend Platz für die Werke der Künstler.“ Ströher hatte die Vorstellung, ich ziehe in ein ordentliches Apartment und arbeite nur noch für ihn. Letztendlich hat er der Sache aber zugestimmt, und dann habe ich die Wohnung gemietet und renovieren lassen. Ein grünes Zimmer, ein blaues Zimmer – ich war eigentlich der Erste, der farbige Räume hatte. Den Türsturz habe ich in den Grundfarben Rot, Gelb, Blau ausmalen lassen. Das war die erste Wandmalerei, nachweisbar. Ich habe das aber nicht als Kunst begriffen, das war mein Lebensgefühl.

In Colmar auf dem Markt habe ich damals zusammen mit Oda Stoffe gekauft, wir sind regelrecht in einen Kaufrausch verfallen, weil es so billig war, ich glaube pro Quadratmeter eine Mark. In Darmstadt habe ich die Stoffe dann an die Wand genagelt, das waren meine Bilder. Ich wäre nie auf die Idee gekommen, sie auf einen Keilrahmen zu spannen. Ich bin kein Maler. Was Peter später mit den Stoffen und mit den Farben gemacht hat, war etwas ganz anderes. Ich habe die Stoffe eher so verwendet wie Sigmar Polke: Der hat Gerümpel gehabt, hat es als Gerümpel in die Bilder reingebracht, und wenn die Bilder kein Gerümpel waren, sind die Stoffe bedeutend geworden.

FL: *Was hat dich eigentlich damals nach Darmstadt geführt?*

FD: Ich war vorher in Frankreich, dort habe ich in Fréland in einer sehr schönen Villa von Fritz Engelhorn gelebt, bis ich mich mit der Familie nicht mehr vertragen habe oder sie sich nicht mehr mit mir. Ich bin mit Oda und den Kindern nach Darmstadt gefahren, weil ich wusste, dass sie dort diese Jugendstilhäuser haben – ich dachte, die ganze Stadt wäre in dem Stil gebaut. Unsere erste Anlaufstelle war ein Gasthof, die verlangten für das Zimmer vierzig D-Mark, da konnte meine Frau mit den Kindern erst einmal unterkommen. Die erste Wohnung in Darmstadt war dann in Eberstadt. Das Sozialamt hat uns ein fünfunddreißig Quadratmeter großes Apartment zur Verfügung gestellt, weil ich kein Einkommen hatte, aber zwei kleine Kinder und eine Frau, die im achten Monat schwanger war. Da wir auch keine Möbel hatten, haben sie uns außerdem zugeschnittenen Schaumstoff gegeben, damit wir es auf dem Boden etwas weicher hatten.

Wir konnten uns später nicht mehr leiden, aber damals hat Dorette Staab, die Sammlerin aus München, die später in Frankfurt wohnte, mir jeden Monat fünfhundert D-Mark geschickt. Das konnte man früher mit der Post schicken, es wurde dann an der Tür abgeliefert. Das war unsere Grundversorgung, davon haben wir gelebt. Mit der ersten Veranstaltung von Beuys, der Hauptstromaktion, ging es dann eigentlich aufwärts.

FL: *Hattest du je Panik oder Sorge, wie es weitergehen würde?*

FD: So habe ich nicht gedacht.

FL: *Was machte dich so zuversichtlich?*

FD: Ich habe keine Zuversicht gehabt! Aus der katholischen Bücherei in Eberstadt hatte ich mir ein Buch ausgeliehen: *Wir* von Jewgeni Iwanowitsch Samjatin. Das war eine revolutionäre Schrift, aber in

Form einer Erzählung. Am Ende sitzt er in einem Zug, ganz hinten, und schaut raus: Auf den Gleisen rennt ein Pferd, der Zug nimmt Fahrt auf, und irgendwann kann das Pferd nicht mehr folgen. Als ich das las, brach ich in Tränen aus. Ich schwöre es dir. Oda bekam es mit der Angst zu tun: „Was ist denn los, Franz? Wir haben doch noch ein bisschen Geld. Geh mal in die Stadt und mach einen Besuch im Museum." – „Was soll ich denn im Museum?" – „Da kommst du auf andere Gedanken." An dem Tag habe ich mir eine Fahrt mit der Trambahn gegönnt. Es war mein erster Besuch im Hessischen Landesmuseum in Darmstadt. Ich stand vorne in der Halle, habe kurz überlegt und habe dann entschieden, wieder umzukehren.

Mir ging gar nicht durch den Kopf, ob ich Zuversicht haben soll oder nicht. Mir mangelte es nicht an Zuversicht. Ich bin eigentlich innerlich ein sehr fröhlicher Mensch. Erst einmal waren die Kinder versorgt, die Frau war versorgt und wir hatten ein Dach überm Kopf. Mit dem Geld kamen wir irgendwie aus. Und Ströher hat mir dann bald die Chance gegeben, noch ein bisschen Geld dazuzuverdienen.

Als ich in München mit Heiner die Galerie in der Maximilianstraße hatte, wohnte ich mit der Familie im Armenhaus in Pullach. Ich bin jeden Tag per Anhalter in die Galerie gefahren. Ich bin mein Leben lang ein armer Mensch gewesen. Ich hatte auch gar keine Ansprüche in diese Richtung, ich hatte innerlich einen Beruf, einen Wunsch: Ich weiß noch genau, wie ich einmal in der Kunstgewerbeschule in der Nähe vom Odeonsplatz war. Es war Sommer und alle waren in den Ferien. Die Eingangstür stand offen und da bin ich einfach reingelaufen. Ein wunderschönes 50er Jahre-Treppenhaus, lange Flure und hohe Räume. Ich habe mir vorgestellt: Hier mache ich einmal eine Ausstellung. Das war, bevor wir die Galerie in der Maximilianstraße hatten. Ich habe mir auch die Schaufenster in der Stadt immer sehr genau angesehen. Zum Teil bin ich dann in die Läden gegangen und habe gefragt: „Wollen Sie pleite gehen? Machen Sie mal was an Ihrem Laden!" Ich fühlte mich in irgendeiner Form öffentlich.

Meinen Buchhändlerberuf hatte ich aufgegeben, weil ich von Robert Musil *Der Mann ohne Eigenschaften* gelesen habe. Das war ein Leseexemplar: Jeder Buchhändler las mindestens ein Buch im Monat, das er den Kollegen im Laden dann vorstellte, damit nicht alle dasselbe lesen mussten. Ich nahm den Musil mit nach Hause, ein dickes Buch. Die ersten zwanzig Seiten habe ich bestimmt fünfmal lesen müssen, bis ich etwas verstanden habe. Es war schon der nächste Morgen, als ich über dem Buch einschlief, und da wollte ich nicht mehr in die Buchhandlung, weil ich so müde war.

FL: *In welcher Buchhandlung warst du damals?*

FD: Bei Kaiser am Marienplatz. „Der Leser wird vom Lesen weiser, die Bücher kauf bei Bücher-Kaiser." Das war eine evangelische Buchhandlung, Eigentümer war Herr Lempp vom Kaiser-Verlag. Der hat Gerhard von Rad und all diese berühmten Theologen veröffentlicht. Die Buchhandlung war gemischt, es gab Literatur, Landkarten, Postkarten, alles Mögliche.

Ich wohnte damals an der Isar unten in der Steinsdorfstraße zur Untermiete, ebenerdig, ein sehr schönes, helles Zimmer. Dort hatte ich auch etwas bessere Möbel als in den meisten anderen Zimmern, in denen ich zur Untermiete gewohnt habe. Meine Wirtin klopfte an meine Tür: „Herr Dahlem, gehen Sie heute nicht ins Geschäft?" – „Nein, ich gehe heute nicht ins Geschäft." Da machte sie mir einen Kaffee, strich mir ein Brot und brachte mir das rein. Ich setzte mich in meinen Sessel und las den Musil weiter. Nach acht Tagen rief die Buchhandlung an und erkundigte sich bei der Wirtin, was mit mir los sei. „Ich weiß es nicht genau, vielleicht ist Herr Dahlem krank." Daraufhin hat sich Herr Lempert, das war der Geschäftsführer, auf den Weg gemacht, um mir einen Krankenbesuch abzustatten. Ich war aber gar nicht krank. Ich habe den Musil gelesen.

FL: *In welchem Jahr war das?*

FD: Ich bin 1938 geboren. Damals war ich vielleicht zwanzig, vielleicht auch erst achtzehn oder neunzehn. Es war meine zweite Lehre. Ich habe sogar einen Zuschuss vom Jugendamt erhalten, damit ich die Lehre durchhalte, hundertvierzig D-Mark im Monat. Das kann man sich heute alles nicht mehr vorstellen. Auf jeden Fall war ich ein sehr fröhlicher, an der Musik interessierter Sänger. Ich habe immer und überall gesungen, weshalb ich in München unter anderem auch den Spitznamen „Der Sänger“ hatte.

Lempert erkundigte sich: „Wollen Sie denn noch länger zu Hause bleiben?“ – „Ich muss auf jeden Fall das Buch noch zu Ende lesen.“ – „Nehmen Sie sich so viel Zeit, wie Sie brauchen, und wenn es Ihnen besser geht, kommen Sie zurück in die Arbeit.“ Das war wirklich sehr väterlich von ihm. Drei Wochen später hatte ich das Buch gelesen, ging in die Buchhandlung Kaiser zu Frau Andrea, das war die Sekretärin von Herrn Lempp, und erklärte ihr, dass unsere Zusammenarbeit beendet war. Da war ich schon im vierten Lehrjahr, es muss also 1957 gewesen sein. Frau Andrea bat mich, Herrn Lempp persönlich von meinem Weggang in Kenntnis zu setzen, und da er an dem Tag nicht im Geschäft war, schlug sie vor, ich solle am nächsten Tag, das war ein Samstag, zu ihm in die Isabellastraße gehen und mit ihm alles Weitere besprechen. Ich kannte seine Wohnung bereits, weil wir dort öfter zum Essen eingeladen waren. Zum Beispiel hat er regelmäßig, kurz bevor das Weihnachtsgeschäft losging, einen Leseabend veranstaltet, da gab es dann auch etwas zu essen und zu trinken. Ich ging also hin und sagte: „Herr Lempp, ich komme nicht mehr in die Buchhandlung.“ – „Das können Sie nicht machen.“ – „Wieso denn nicht?“ – „Sie haben noch Schulden bei uns.“ Ich bekam für den Verkauf ausgewählter Bücher eine Provision von fünfzehn Prozent, zum Beispiel, wenn ich einen fünfbändigen Brockhaus verkaufte. Die Buchhandlung war kurz davor, eine Auszeichnung von Brockhaus zu erhalten, weil ich mehr Exemplare verkaufte als sonst irgendjemand. Wenn Eltern in die Buchhandlung kamen, um für die Konfirmation ihrer Tochter oder ihres Sohnes ein Buch zu kaufen, habe ich immer geraten: „Da müssen Sie etwas Ordentliches schenken, etwas, woran sich die Kinder später erinnern." Es lief fast immer auf den Brockhaus hinaus. Dadurch erhielt ich manchmal zusätzlich zweihundert oder dreihundert Mark Provision. Ich habe mir aber auch öfter einen Vorschuss geben lassen und zu dem Zeitpunkt war ich fünfhundert Mark im Minus. Herr Lempp bat mich, noch so lange in der Buchhandlung zu bleiben, bis die Schulden abgearbeitet waren. Da habe ich gesagt: „Herr Lempp, ich bin jetzt fast vier Jahre bei Ihnen. Sie werden mir doch meinen Abschied wegen dieser Summe nicht streitig machen." – „Sie haben doch noch gar keine Abschlussprüfung." – „Da melde ich mich bei der Industrie- und Handelskammer und lege die Prüfung als Externer ab." Er wollte mich offensichtlich nicht ziehen lassen, ich war nämlich sein bester Verkäufer. Ich wollte aber nicht mehr und bin dann auch nicht mehr hingegangen. Meine Wirtin hat es damals sofort spitzgekriegt, und als ich an einem Tag nach Hause kam, bat sie mich: „Können Sie mir die Miete im Voraus bezahlen?" – „Leider nein." – „Dann muss ich Ihnen kündigen." Also zog ich dort aus und nahm mir ein Zimmer in der Sternstraße, auch zur Untermiete.

FL: *Woher hast du das Geld für die Miete dann genommen?*

FD: Es war wieder alles sehr raffiniert. Ich hatte einen Mann kennengelernt, lange vorher: Hans Hammer war Architekt und wohnte in Baierbrunn. Und weil ich ihm einmal einen großen Gefallen getan hatte, stellte er mich als Gehilfe seines Architekturbüros ein, ich sollte dort Telefondienst machen. Bei Hammer haben sehr interessante Leute gearbeitet, darunter Bernhard Furtwängler und Wolf Rüdiger Heß, der Sohn von Rudolf Heß. Das war eine merkwürdige Mischung, die waren alle irgendwie Außenseiter.

FL: *Warum hast du die Arbeit bei Hans Hammer dem Buchhandel vorgezogen?*

FD: Es war eine Notwendigkeit. Außerdem fand ich den Hammer sympathisch. Der war Niederbayer, ein Selfmade-Mann, und sehr erfolgreich. Der hat in Baierbrunn eine ganze Siedlung aus dem Boden gestampft. Seine Freundin hieß Kathi Braun, die hat er einmal erschießen wollen, da ist aber die Kugel danebengegangen. Meine Güte! Wir haben zu dritt Bergwanderungen gemacht, zum Spitzingsee und was weiß ich. Das war sehr nett.

FL: *Wo hast du eigentlich Oda, deine erste Frau, kennengelernt?*

FD: Auch in einer Buchhandlung, in der Veterinärstraße. Das erzähle ich jetzt aber nicht. Lass uns lieber nach Darmstadt zurückkehren, das war eine entscheidende Geschichte: Das Landesmuseum Darmstadt hatte eine Cafeteria, und da stand in der Kühltheke das Feierabendbier für die Angestellten. Frag mich nicht, wie, ich habe es irgendwie herausgefunden. Das war das billigste Bier in ganz Darmstadt. Ich bin von Eberstadt aus immer zu Fuß in die Innenstadt gelaufen, das waren bestimmt acht Kilometer, und ab und zu hatte ich Lust auf ein Bier, und dann ging ich eben ins Museum in die Cafeteria. Das war wirklich ein sehr nettes Café mit netten Leuten, und man durfte dort rauchen.

Irgendwann einmal sitze ich wieder dort, trinke mein Bier, rauche meine Roth-Händle, da spricht mich ein jüngerer Mann an: „Sie sind doch Herr Dahlem!" Ich war damals schon ziemlich bekannt. Die Galerie Friedrich + Dahlem hatte einen Ruf in Deutschland. Im Wirtschaftsteil der *Zeit* war sogar einmal ein Foto von Heiner und mir abgedruckt. In Darmstadt war ich allerdings an einem Punkt angekommen, an dem ich mit der Kunst nichts mehr zu tun haben wollte. Ich wäre am liebsten unter den Tisch gekrochen. Dafür war es aber zu spät: Götz Adriani hatte dem Direktor, das war damals Gerhard Bott, Bescheid gegeben, dass ich im Haus war, und erschien kurz darauf mit ihm im Café. Die dachten, ich wäre auf Geschäftsreise, vielleicht haben sie an Ströher gedacht – dabei wusste ich damals noch gar nicht, dass Ströher in Darmstadt war. Ich habe denen auch nicht gleich gesagt, dass ich aus der Galerie in München raus bin, sondern habe mich ein bisschen bedeckt gehalten und stattdessen gefragt, wie ihre Pläne für das

Museum aussähen. „Wir haben uns vorgenommen, so etwas Ähnliches zu machen wie der Sandberg im Stedelijk Museum in Amsterdam." Willem Sandberg habe ich damals zugegebenermaßen sehr verehrt. Ich dachte, die spinnen, sich in diesem Provinzmuseum in Darmstadt Sandberg zum Vorbild zu nehmen. „Wir sind gerade in Verhandlung mit der Familie Burda." Aha, dachte ich, jetzt wird es interessant. Ich wusste sofort, was Hubert Burda vorhatte: „Wollen Sie die Bilder von Liz Kertelge ausstellen?" – „Ja." Burda hatte damals eine Freundin, Liz Kertelge, eine Schauspielerin, und er hat den Galerien tausend D-Mark pro Bild geboten, wenn sie ihre Künstler dazu bringen konnten, ein Bild von
46 Liz Kertelge anzufertigen. Richter hat gleich zwei Portraits von ihr
47 gemalt. Und bei Schönebeck sieht Liz Kertelge aus wie Lenin.

Mit dem Burda-Kontakt wollte das Hessische Landesmuseum Darmstadt also zum Stedelijk-Museum von Deutschland werden. Da habe ich wirklich lachen müssen. „Herr Bott, lassen Sie die Finger davon. Fangen Sie etwas kleiner an. Stellen Sie den Besitz der Kunsthalle München aus." – Die Kunsthalle München war eine Schnapsidee von Wolfgang Christlieb, dem Kritiker der *Münchener Abendzeitung*, den ich gezwungen habe, Bilder von mir zu kaufen. Der hat Lausen gekauft, der hat Richter gekauft, *Das Liebespaar*, und bestimmt noch zehn weitere Bilder. Bott und Adriani waren von meiner Idee begeistert und baten mich einen Kontakt herzustellen. Ich lief sofort zu einer öffentlichen Telefonzelle am Ludwigsplatz und rief Wolfgang Christlieb an: „Wolfgang, ich habe jetzt was für die Kunsthalle München. Du kannst deine Sammlung im Landesmuseum in Darmstadt ausstellen." Was ich nicht wusste: Wolfgang Christlieb war im Zweiten Weltkrieg in der Ukraine stationiert gewesen und hatte dort in der Kompanie einen jungen Mann kennengelernt, der aus Darmstadt war. Christlieb hatte daher viele Liebesnächte und -tage in Darmstadt verbracht. Sein Freund ist damals gefallen, den haben sie vor seinen Augen totgeschossen. Christlieb glaubte, sein ehemaliger Geliebter hätte ihn vom

Himmel aus nach Darmstadt gerufen. Er war über das Angebot hoch erfreut, nur hat er in den darauffolgenden Wochen weder Bilderlisten noch Transporte auf den Weg gebracht, und Adriani wurde immer ungeduldiger: „Wir müssen anfangen, wir müssen anfangen. Wir müssen planen." Christlieb gründete dann immerhin zusammen mit dem Rechtsanwalt Claus Bastian ganz offiziell die Kunsthalle München. Auch Konstantin Prinz von Bayern, der später mit dem Flugzeug verunglückt ist, war beteiligt.[26]

Es ging aber nicht voran, aus München kam nichts als mündliche Versprechungen. Ich hatte dann folgende Idee: „Sagen Sie, Herr Adriani, gibt es in Darmstadt einen Sammler für moderne Kunst? Wenn wir noch ein paar andere Bilder dazuleihen könnten, sind die in München vielleicht eher bereit, ihre Sammlung nach Darmstadt zu schicken." – „Der Mann von der Wella, Herr Ströher, ist der einzige Sammler, der mit diesem Haus verbunden ist." Obwohl Ströher vorher bei uns in München bereits Zeichnungen von Twombly gekauft hatte, sagte mir der Name damals gar nichts. Ich rief bei der Wella an: „Wen wollen Sie bitte sprechen?" – „Den Inhaber." – „Herr Ströher ist nicht mehr da." Bevor ich den Namen wieder vergaß, schaute ich im Telefonbuch nach: Ströher, Haubachweg. Ich rief bei ihm zu Hause an: „Guten Tag, Herr Ströher. Hier spricht Franz Dahlem." Er wusste sofort Bescheid: „Wie geht es Ihnen? Wo sind Sie?" – „Ich bin jetzt in Darmstadt." Ströher traf sich freitags normalerweise mit einem Kriegskameraden zur Weinprobe, ausgerechnet an diesem Freitag hatte sein Kompagnon aber die Grippe, und so lud er mich spontan an seiner Stelle ein. Morgens um drei hatten wir acht Flaschen Wein geleert, und Ströher war wirklich sehr guter Laune. Voller Stolz zeigte er mir seine Erwerbungen: „Und was sagen Sie zu meiner Kunstsammlung?" – „Herr Ströher, bei allem Respekt, das ist keine Sammlung, das ist ein Lager." Er war wie vom Donner gerührt. „Wissen Sie was, Herr Dahlem, jetzt hören wir auf, wir müssen ja morgen wieder arbeiten. Auf Wiedersehen." Und schon stand ich draußen im Haubachweg am Böllenfalltor. Zu Fuß lief ich in den frühen Morgenstunden bis nach Eberstadt und fiel zu Hause erschöpft ins Bett.

Oda räumte regelmäßig meine Taschen aus und hängte die Kleider ans offene Fenster, weil alles nach Rauch stank. An dem Morgen fand sie tausend D-Mark, die Ströher mir heimlich in die Jackentasche gesteckt hatte. Um halb neun in der Früh läutete es dann Sturm bei uns an der Tür. Ich öffnete das Dachfenster, schaute zur Straße hinunter und sah einen Mercedes und einen Chauffeur in Uniform. „Wissen Sie, ob Herr Dahlem hier wohnt?" – „Das bin ich." – „Herr Dahlem, es pressiert, ich muss Sie zu Herrn Ströher fahren. Sie sollten schon um acht Uhr bei ihm sein." Ich habe mich nicht gewaschen, keine Zähne geputzt, gar nichts, ich bin runtergelaufen und habe mich von dem Chauffeur in den Haubachweg fahren lassen. Dort war bereits alles für meinen Besuch vorbereitet: Auf dem Tisch standen sechs oder sieben Karteikartenkisten, darin waren alle An- und Verkäufe verzeichnet, die Ströher je getätigt hatte, es waren bestimmt 2000 Einträge. „Herr Dahlem, ich bitte Sie, schauen Sie sich das in Ruhe durch. Die Werke, von denen Sie meinen, dass ich falsch eingekauft habe, schmeißen Sie raus, die anderen lassen Sie drin. Gegen Mittag bin ich zurück." Die haben mir weder Wasser noch Kaffee angeboten, nichts. Wie ein Sklave saß ich bei Ströher im Büro und tat, wie mir befohlen war. Ich kannte wirklich jeden Künstler seiner Sammlung. Es gab damals nicht viele Leute, die dem Namen nach so viele Künstler kannten wie ich. Ich habe mir eine Zeit lang sehr viel angesehen und habe mir alles gemerkt.

Als Ströher mittags erschien, war ich bei Kokoschka angekommen – zu Kokoschka gab es sieben Karteikarten, es waren Gemälde, Zeichnungen und Druckgrafiken verzeichnet. Die Karten waren aber alle rot markiert, und das hieß, die Bilder waren nicht mehr in der Sammlung. „Herr Ströher, warum haben Sie denn Kokoschka verkauft?" – „Dieser Schmauchlümmel hat sich erdreistet, bei mir eine Zigarre zu rauchen." Ströher war ein militanter Nichtraucher, davon machst du dir keine Vorstellung. Der hat auch Leute in seiner Firma entlassen, wenn er sie dabei erwischte, wie sie im Hof heimlich eine Zigarette rauchten – fristlose Kündigung. Zwei Dinge waren absolut tabu: Scheidung und Rauchen. Es gab noch andere Raucher, die aus seiner Sammlung geflogen waren, er hatte aber wirklich auch eine Reihe – sagen wir mal sechzig, siebzig Bilder –, zu denen man ihn nur beglückwünschen konnte. Darunter war zum Beispiel ein erstklassiges Bild von Jean Dubuffet. Von vielen Künstlern besaß Ströher allerdings nur ein oder zwei Bilder.

Ich wollte nicht die komplette Verantwortung für die Sammlung allein übernehmen und habe Beuys damals gebeten, mich zu unterstützen. Das war, nachdem Beuys den *Fettraum* bei mir gemacht hatte, und Ströher war hoch erfreut, dass der Professor sich höchstpersönlich die Mühe machte, auch wenn er in Jeans und Fliegerweste kam. Wir konnten Ströher überzeugen, einen Teil der Sammlung zu verkaufen, einen Teil zu behalten und den dritten Teil – den konnte man weder verkaufen noch sonst irgendetwas – in die Abstellkammer zu schaffen. Das ist heute schnell erzählt, hat sich tatsächlich aber über Wochen hingezogen. Irgendwann kam dann Mönchengladbach, der Erwerb des *Block Beuys* durch Ströher und schließlich der Kauf der Kraushar-Sammlung[27]: Damals hat Ströher mich wirklich vor Gefängnis, Tod und Teufel gerettet. Das Ganze lief über ein Nachlassgericht und da hatte ich ein Angebot abgegeben, das verbindlich war. Zu dem Zeitpunkt wusste Ströher noch nicht einmal, dass er nach Amerika reisen würde. Etwa zeitgleich hatte er ein Briefmarkenangebot aus New York erhalten, und zwar für Ersttagsbriefe, was ein spezielles Sammlungsgebiet war. Ströher hat Briefmarken gesammelt wie Kunst, vorrangig als Geldanlage. Der Briefmarkenkatalog *Michel* war für ihn mindestens so gut wie die Bibel. Als er damals in New York ankam, fuhren wir als Erstes nach Brooklyn zu seinem Briefmarkenhändler, in einen Hinterhof in einer Garage. Ströher sah sich die deutschen und die preußischen Briefmarken an und fand alles außerordentlich großartig. Der Briefmarkenhändler hatte an dem Tag aber kein Glück, denn auf dem Tisch stand ein großer Aschenbecher voll mit Zigarrenstumpen. Ich stieß Ströher leicht von der Seite an: „Schauen Sie bitte mal, was da hinten auf dem Tisch steht." Ströher wich wirklich die Farbe aus dem Gesicht, er schob dem Händler die Briefe hin, stand auf und sagte: „Wir müssen uns ein anderes Mal unterhalten, ich habe jetzt keine Zeit."

Für den Kauf der Kraushar-Sammlung sind wir ins Empire State Building gefahren. Im Fahrstuhl, auf dem Weg in das Büro von Arnold Saltzman, sah Ströher mir tief in die Augen: „Herr Dahlem, wie kann ich mir denn sicher sein, dass Sie nicht aus eigenem Interesse handeln und mir diese Sammlung nur verkaufen wollen, um Geld zu verdienen? Woher weiß ich, dass diese Kunst in der Zukunft auch noch Bestand hat?" – „Herr Ströher, für diese Fragen ist jetzt wirklich nicht der richtige Zeitpunkt. Wir sind auf dem Weg, den Kaufvertrag zu unterzeichnen." – „Herr Dahlem, seien Sie doch mal ganz ehrlich, ich gehe ein großes Risiko ein. Ich mache es, allerdings unter der Bedingung, dass Sie auf Ihre Provision verzichten." Was willst du dazu sagen? „Gut, Herr Ströher, Sie kaufen, ich verzichte auf die Provision, und damit ist der Fall erledigt." Oben saß Frau Kraushar mit ihren zwei minderjährigen Buben und der Vormundsanwalt der Kinder. Ströher und ich wurden zusammen mit Saltzman in einen anderen Raum gesetzt, die konnten nebenan aber alles hören, was bei uns gesprochen wurde. Arnold Saltzman war Geschäftsmann, Diplomat und Sammler. Er hat uns die Kraushar-Sammlung sozusagen vermittelt. Ströher und er kannten sich schon aus Darmstadt, dort hatte Saltzman ihm zuvor einmal einen Barlach und einen Kirchner verkauft. Und obwohl Saltzman sehr gut Deutsch sprach, wurde in Englisch verhandelt – Ströher sprach Schulbuchenglisch, fehlerlos. Ich gebe es jetzt aber in Deutsch wieder: „Herr Saltzman, ich habe diesen tüchtigen jungen Mann mitgebracht, er ist ein intelligenter Kunsthändler, wir machen Folgendes: Ich kaufe heute ein Drittel der Sammlung, zwei Drittel geben Sie uns so mit. Herr Dahlem wird in Deutschland einen Großteil der Werke verkaufen und mit dem Erlös bezahle ich dann die anderen zwei Drittel." Jeder Deutsche, jeder Franzose, jeder Italiener wäre ausfallend geworden, aber Herr Saltzman, der Jude war, nahm Ströher bei den Händen und sagte ganz ruhig: „Lieber Herr Ströher, das ist nicht mein Problem, das ist Ihr Problem." Ströher schaute mich entsetzt an: „Was machen wir jetzt?" – „Herr Ströher, Sie haben in der linken Brusttasche Ihr Scheckbuch, außen an der Tasche haben Sie den Stift. Sie nehmen Ihr Scheckbuch heraus, nehmen den Stift und schreiben Herrn Saltzman einen Scheck über 425 000 Dollar aus. Dann sind Sie fertig." Ströher, wie ein Roboter, nahm das Buch raus, zückte den Stift, füllte den Scheck aus und übergab ihn an Saltzman. Damit war der Kauf getätigt. Sofort begannen alle durcheinanderzureden, Frau Kraushar sprang auf, die Kinder, die Rechtsanwälte, es war eine Aufregung, als wäre gerade die Gründung der Vereinigten Staaten unterzeichnet worden. Frau Kraushar überreichte Ströher noch ihre Visitenkarte, damit wir uns auf Long Island die Originale ansehen konnten – bis dahin hatten wir nämlich ausschließlich Abbildungen der Werke gesehen. Schließlich stiegen Ströher und ich wieder in den Fahrstuhl, fuhren runter und verließen das Empire State Building. Zwei Blocks weiter gingen wir in eine Bar, mittags um zwölf. Ströher schwang sich auf einen Hocker und begann die Erdnüsse und was sonst noch auf dem Tisch war geradezu in sich hineinzufressen. Hinter der Bar standen drei Kellner und sahen ihm dabei zu. Als wenn er noch nie in seinem Leben etwas zu essen bekommen hätte. Dazu bestellte er ein Glas Wasser. Ich erdreistete mich: „Herr Ströher, laden Sie mich zu einer Bloody Mary ein?" – „Ja, Sie bekommen Ihre Bloody Mary." Anschließend fuhren wir zurück ins Hotel, ins Carlyle in der Madison Avenue.

In diesem Zusammenhang muss man unbedingt Eva Kalthoff erwähnen, die hat mir nämlich Heike Gas vermittelt. Heike Gas war die Wahlkampfleiterin des Bürgermeisters von New York, eine schöne große Blondine, die Ströher total eingeseift hat. Sie hat einen großen Lincoln gefahren und beim Schalten rutschte ihr immer das Kleid hoch. Ströher war damals schon ein alter Papa, der konnte sich an der Frau nicht satt sehen. Auch das Carlyle Hotel war Heikes Idee, da hat die Suite sechshundertfünfzig Dollar pro Nacht gekostet. Ich war fassungslos: „Sag mal, spinnst du? Der Mann reist normalerweise mit einer Aktentasche, da ist ein geschälter Apfel und ein Schlafanzug drin. Seine Hotels kosten selten mehr als hundert Dollar." – „Franz, wenn du ein Geschäft machen willst, musst du den Mann seine Späßchen machen lassen." Das waren goldene Worte in meine Brust geschnitzt. Heike hat viel später noch eine Provision von Ströher erhalten, ich glaube, er hat ihr ein Kirchner-Bild geschenkt.

Und Eva Kalthoff war eine Schnapsdrossel von göttlichen Gnaden. Eine alte Berlinerin, die morgens schon Likör trank. Sie wohnte in Mainz hinter dem Dom, in einer wunderbaren Wohnung. Eva und ich liebten uns. Sie war damals bestimmt schon über sechzig. Die hat für Leo Kirch in Amerika die Filme eingekauft, und sie war die einzige Freundin, die der Maler Paul Strecker, der übrigens ein Bruder des Musikverlegers Ludwig Strecker war, je gehabt hat.

FL: *Und welche Rolle spielte Heiner Friedrich bei dem Ströher-Kraushar-Deal?*

FD: Nachdem ich von Saltzman die ersten Unterlagen erhalten hatte, bin ich von Darmstadt nach München gefahren, um mit Heiner und Thordis die Listen durchzugehen und die Preise zu schätzen. Heiner hat auf dem Gebiet viel besser funktioniert als ich. Der wusste, was Leo Castelli für einen Warhol verlangte oder was ein Oldenburg kostete. Heiner wusste wirklich Bescheid. Ich habe mich dafür eingesetzt, dass wir zwanzig Prozent über Marktwert bezahlen. Das wollte weder Heiner noch Thordis einsehen. Es ging aber darum, ein Angebot für die Sammlung abzugeben, und ich wollte auf keinen Fall überboten werden. 425 000 Dollar hätte damals kein New Yorker Händler für die Sammlung auf den Tisch gelegt. Kraushar hatte ursprünglich vielleicht insgesamt 150 000 Dollar ausgegeben. Es hat sich in jedem Fall gelohnt. Ich war eigentlich immer davon überzeugt, dass die Werke, in dem Moment, in dem ich sie kaufe, schon dreimal so viel wert sind. Das war reine Intuition, sonst nichts.

„Pipapopopop, Pipapopopop"

FD: Am 11. April 1968 kamen die Werke, die aufgrund eines wochenlangen Warehouse-Streiks in New York festsaßen, endlich in München an. Digne Meller Marcovicz und Stefan Moses haben 29, 30
das alles fotografiert. Die Kunst wurde in die Meiserstraße geliefert, dort wurde sie ausgepackt und dann ins Haus der Kunst gebracht. Das Ganze begann mit einem großen Unglück: Halldor Soehner war damals der Generaldirektor der Bayerischen Staatsgemäldesammlungen, und der ist am Pfingstwochenende am Chiemsee Ruderboot gefahren und hat sich den Daumen so gequetscht, dass er eine Embolie erlitt und starb. Mit ihm hatte ich vor den Feiertagen alles ausgemacht, mündlich.

Ströher wollte ursprünglich, dass die Sammlung Kraushar von New York direkt nach Darmstadt geliefert wird. Ich wollte aber, dass sie zuerst nach München kommt. Es war ein bisschen ein Gerangel, aber es hat geklappt. Gerhard Bott, der Direktor in Darmstadt, war zu der Zeit gerade in der Tschechoslowakei und schickte Ströher von dort aus ein Telegramm: „Verrat an Darmstadt." Das war natürlich Blödsinn. Wenn wir mit der Sammlung direkt nach Darmstadt gegangen wären, wäre das vollkommen untergegangen. Von München aus hat es in die Welt gestrahlt.

Wolf-Dieter Dube war der Kurator der Pinakothek, der hatte zu mir ein nettes Verhältnis, auch, weil ich seine Frau so geliebt habe. Die arbeitete in der Neuen Galerie im Künstlerhaus, wo unter anderem Niki de Saint Phalle einmal ihre Schießbilder gezeigt hat. Ich habe sie dort öfter besucht. Die hatte etwas Mütterliches, sie war jedenfalls keine Avantgardistin, eher wie eine Handarbeitslehrerin. Aber wirklich sehr nett. Ich bin ihr damals fast an die

Wäsche gegangen, natürlich nicht tatsächlich, sondern ich habe ihr meine tiefste Verehrung entgegengeschmissen, und Dr. Dube hat es amüsiert beobachtet. Zu Beginn der ganzen Sache machte er mit mir eine Begehung der Räume und zeigte mir, wo er die Sammlung Ströher ausstellen wollte, nämlich im Ostflügel im Haus der Kunst. Ich dachte, die haben nicht mehr alle Tassen im Schrank! Das war bestimmt seit zehn Jahren nicht mehr geweißelt worden, es war wirklich schmuddelig. „Herr Dube, da können wir die Sammlung nicht ausstellen. Das muss erst hergerichtet werden." – „Wird sich Herr Ströher denn an den Renovierungskosten beteiligen?" – „Das glaube ich eher nicht, aber ich kann ihn gerne fragen." Schlussendlich hat Dube die Renovierung der Neuen Pinakothek, damals im Haus der Kunst, beauftragt, es wurde alles neu ausgeweißelt, die haben den Boden geputzt und so weiter, und als es fertig war, bekam Ströher die Rechnung. Der rief mich sofort in München an: „Sagen Sie mal, sind die noch ganz gescheit? Ich habe nichts in Auftrag gegeben, ich zahle auch nichts." Das war sein gutes Recht. Es wurde dann irgendwie geregelt, die Pinakothek hat es bezahlt.

Die Kuratoren des Hauses wollten die Hoheit über die Ausstellung natürlich an sich reißen und die Werke selber hängen. Nur konnten sie mit den Werken null und nichts anfangen, die hatten so etwas noch nie in ihrem Leben gesehen. Sie trauten ihren Augen nicht, als sie die erste Chamberlain-Plastik aus Blech vor sich hatten. Das war für die ein Haufen Schrott. Dann hatten sie die Idee, den *Brushstroke* von Roy Lichtenstein unter die neun Meter hohe Decke zu hängen, das sollte besonders poppig sein. Und Lothar-Günther Buchheim lief im Haus herum und rief immer „Pipapopopop, Pipapopopop", der hat sich lustig gemacht.

Beuys, der mit seinen Werken aus der Sammlung Ströher auch in der Präsentation vertreten war, hatte seinen Raum bereits komplett fertig aufgebaut, da hing unten noch nicht ein einziges Bild, aber den ganzen Vormittag gab es Schreierei, wo wie was gehängt wird. Ich war irgendwann einmal so ermüdet, dass ich mich zum Schlafen auf eine Bank gelegt habe. Dr. Dube weckte mich: „Wir haben beschlossen, hängen Sie doch die Ausstellung selber, wenn Sie es besser können!“ Zu der Zeit war Dan Flavin gerade in München. Ich lief zum Telefon des Oberaufsehers und rief Heiner in der Galerie an. Der war aber, wie so oft, mit Flavin in einem Luxusrestaurant gegenüber vom Bayerischen Hof, das war damals das teuerste Restaurant in der Stadt – für Flavin musste es immer das Teuerste vom Teuersten sein. Ich rief im Schwarzwälder an und verlangte Heiner: „Es ist mir wurscht, ob du bei der Suppe, beim Hauptgericht oder bei der Nachspeise bist, du schmeißt dich jetzt mit Dan ins Taxi und kommst ins Haus der Kunst.“ – „Nein, das mache ich auf gar keinen Fall.“ – „Doch, das machst du. Dr. Dube hat gerade das Handtuch geschmissen, wir können die Sammlung selber hängen.“ Heiner kam nicht sofort, aber er kam. Dube und seine Leute wollten von uns hören, wie unser Plan aussah. Die Amerikaner tragen ja ganz anders vor als die Deutschen, und Dan, der mit der Kunst vertraut war, schnappte sich eine Tafel und Kreide und begann dem Publikum zu erklären, wie er die Räume einrichten würde. Da bekam Beuys irgendwie die Wut und rief mittenrein: „Wo sind wir denn hier? Bei uns wird Deutsch gesprochen.“ Wirklich dämlich. Ich sagte ihm vor versammelter Mannschaft: „Beuys, ich habe Dan gebeten, das Konzept der Hängung vorzustellen. Du hast deinen Raum oben, der ist fertig, ich würde dir vorschlagen, geh doch bitte ins Hotel.“ Wütend ist er abgezogen, der wohnte auf meine Kosten im Vierjahreszeiten. Dann haben wir mit der Hängung begonnen. Liebling, du hast keine Ahnung, worauf die sich mit uns eingelassen haben! Du weißt, wie hoch die Wände im Haus der Kunst sind. Es gab einen Turm, den konnte man rauf- und runtergehen, keine Hebebühne, einen Turm! Und es waren nur noch der Oberaufseher, Heiner und ich übrig. Und Christof Engelhorn, der war ja vom Galerieverein, sowie Prinz Franz und vielleicht noch zwei oder drei andere Leute.

FL: *Und Dan Flavin.*

FD: Und Dan, selbstverständlich. Dan war der Boss. Wir haben wirklich in einer Nacht die komplette Sammlung gehängt. Der Oberaufseher war vom ersten Tag an auf meiner Seite, der hätte mich nie im Stich gelassen. Wir waren ein richtiges Team. Und Engelhorn war ein erstklassiger Kopfrechner. Dan sagte immer in Inch an und Engelhorn rechnete es in null Komma nichts in Zentimeter um. Warhol bekam einen Raum, Oldenburg bekam einen Raum, und so weiter. Dan hat es ganz klassisch aufgebaut. Das war der Beginn des Erfolgs der Sammlung Kraushar/Ströher.

Prinz Franz hat damals in der Mozartstraße einen Empfang für Beuys und Flavin gegeben, das war wirklich ein gesellschaftliches Ereignis. Und Engelhorn kaufte bei mir eine Arbeit von Beuys: *Fettecken in Dosen (Handgranatenwerfer)* (1965). Das Geld habe ich Beuys noch in München übergeben, 18 000 Mark.

Jetzt musst du dir vorstellen: Ich hatte die Sammlung Kraushar mit 35 000 Mark verzollt. Wir haben aber 425 000 Dollar bezahlt, darauf hätte Ströher normalerweise fünf oder sechs Prozent Einfuhrsteuer zahlen müssen. Das heißt, ich habe ihm wirklich einige Kosten erspart. Es hat aber nichts genützt: Zur Eröffnung hat er einen Wella-Mitarbeiter mit einem eigenen Tisch und einem eigenen Stuhl in den Eingang der Pinakothek gesetzt und hat seinen eigenen Katalog verkauft. Den Leuten von der Staatsgemäldesammlung haben die Ohren geschlackert, die haben es nicht fassen können.

Nach dem Attentat auf Rudi Dutschke fanden im April 1968, insbesondere vor den Verlagshäusern des Springer-Verlags, überall in Deutschland Demonstrationen statt. In München wurde damals der Pressefotograf Klaus Frings durch einen Steinwurf tödlich verletzt, was weitere Proteste und Unruhen zur Folge hatte. Entsprechend wurden vielerorts Sicherheitsmaßnahmen getroffen, sodass alle Besucher, die zur Eröffnung der Ströher-Sammlung in die Pinakothek kamen, am Eingang kontrolliert wurden. Es kamen sehr wenig Leute, vielleicht achtzig. Normalerweise wären es bestimmt dreihundert oder vierhundert gewesen. Die Eröffnung war wirklich eine absolute Pleite. Das änderte sich aber. Es liefen nämlich zur selben Zeit auch die documenta und die Biennale. Und auf dem Weg von Kassel nach Venedig haben die Leute einen Stopp in München eingelegt und sich die Sammlung Ströher angesehen. Sogar Daniel-Henry Kahnweiler war da: „Absoluter Untergang des Abendlandes, so etwas in einem Museum auszustellen." Den Hass von Kahnweiler habe ich mir in München zugezogen, das habe ich später von Pierre Restany, dem Kunstkritiker und Namensgeber der Künstlergruppe *Nouveaux Réalistes*, erfahren. Es hat viele Leute gegeben, die sich negativ über die Ausstellung geäußert haben. Wir haben wirklich sehr groteske Kritiken erhalten. Ein Kritiker des *Darmstädter Echo* hat beispielsweise vierzig amerikanische Künstler aufgezählt, die in der Sammlung fehlten, um uns nachzuweisen, wie mies das alles war.

Nach München ging die Sammlung in den Kunstverein Hamburg, da war Hans Platte noch Direktor, die Eröffnung fand allerdings ohne ihn statt – ich bin nicht ganz sicher, aber ich glaube, dass Platte damals aus Krankheitsgründen ausgefallen ist. In Berlin habe ich mich zuletzt mit Werner Haftmann zerstritten. Haftmann wollte die absolute Hoheit in der Neuen Nationalgalerie behalten und alles selber hängen. Da habe ich gesagt: „Beuys richtet seinen Teil selbst ein." Beuys und Haftmann kannten sich aus Krefeld. Für Beuys war Haftmann so etwas Ähnliches wie Papst Pius XII., die Künstler hatten früher einen Heidenrespekt vor den Kunsthistorikern, das kann man sich heute nicht mehr vorstellen.

Haftmann war Alkoholiker hoch drei, der war wirklich schwer am Schlucken. In München waren wir einmal zusammen mit Wolfgang Christlieb in der Cabane-Bar in der Theresienstraße. Bei der Gelegenheit hat Haftmann uns erzählt, wie er die Scheiben für die Neue Nationalgalerie mit dem Tieflaster oder Hochlaster oder was weiß ich – die mussten stehend transportiert werden – aus Frankreich hat anliefern lassen. Ich glaube, wir waren mit der

Sammlung Ströher die Allerersten, die in dem Mies van der Rohe-Gebäude ausgestellt haben.

Ich hatte mit Haftmann in Berlin schon mehrere Tage in seinem Büro Wodka getrunken. Ich bin ein Gesellschaftstrinker. Normalerweise würde ich niemals morgens um zehn Uhr trinken, aber da Haftmann trank, habe ich mitgetrunken, und dadurch entstand eine gewisse gegenseitige Rücksichtslosigkeit. Ich beharrte auf meinem Standpunkt: „Sie haben das nicht richtig begriffen: Beuys kann frei wählen, wo er seine Arbeiten im Haus ausstellen möchte." – „Dann kann ich ja in den Urlaub fahren." – „Das ist eine brillante Idee. Fahren Sie in den Urlaub." Haftmann ist wie vom Pfeil getroffen zusammengezuckt, hat sich auf dem Absatz umgedreht und hat das Haus verlassen.

FL: *Er ist wirklich in den Urlaub gefahren?*

FD: Jedenfalls ist er vier Wochen lang weg gewesen. Wir waren allein in der Nationalgalerie.

FL: *Ich habe nachgesehen, die Neue Nationalgalerie in Berlin wurde 1968 mit einer Ausstellung von Piet Mondrian eröffnet.*

FD: Und danach kamen wir. Im März 1969. Da war auch wieder was los: Nixon war wenige Tage vor der Eröffnung in Berlin zu Besuch, und daher verlangte Hasenkamp, die mit dem Transport der Sammlung Ströher beauftragt waren, dass wir zusätzlich gegen Aufruhr versichern. Dazu benötigte ich allerdings die Genehmigung von der Wella beziehungsweise von Karl Ströher, und solange musste Hasenkamp am Abzweig Drewitz warten – dort begann damals die Transitstrecke nach West-Berlin.

Zur Eröffnung in der Nationalgalerie kamen nicht mehr als vierzig Leute. Wir wurden am Anfang wirklich gemobbt, der Erfolg kam später. In München hatten wir jedenfalls zum Ende der Ausstellung hohe Besucherzahlen. In Hamburg weiß ich es nicht. Da haben wir damals noch Zeichnungen und Filme von Hanne Darboven für die Sammlung Ströher gekauft, für 40 000 Mark. Ich glaube, das lief über Konrad Fischer. Das war das erste Mal, dass für die Arbeiten von Hanne Darboven so viel Geld ausgegeben wurde. Hanne hat, schlau, wie sie war, ihre Mutter, eine Industriellenwitwe, dazu gebracht – denen gehörte ja Darboven Kaffee, und die hatten in Harburg eine schöne Villa – für Karl Ströher, den Industriellen, einen Empfang zu geben. Die Darbovens waren wirklich sehr gastfreundlich, bereits um elf Uhr waren alle besoffen. Für Ströher war die Einladung ein absolutes Highlight, der hat sich ja bei seinen Standesgenossen mit der Sammlung normalerweise nur lächerlich gemacht. Du machst dir keine Vorstellung: Es ging das Gerücht um, er sei schwul und ich sein Strichjunge. Das andere Gerücht war, ich hätte seine Nichte geheiratet. Alle suchten nach einer Erklärung, warum der Mann so blöd war, sich von mir diese Sammlung aufschwatzen zu lassen.

FL: *War Karl Ströher eigentlich verheiratet?*

FD: Natürlich! Deswegen durfte sich doch niemand scheiden lassen. Er hat irgendwo im Vogtland die Käthe, die Tochter eines Bankdirektors, heiraten müssen. Das war die einzige akzeptable Verbindung, die es für einen Inhaber der Wella gab, standesgemäß. Aus der Ehe gingen zwei Töchter hervor: Ursula Ströher war die Erste, die mit der Sammlung ihres Vaters Profit gemacht hat. Sie hat
Orange Marilyn von Andy Warhol für siebzehn Millionen Dollar 42
an Si Newhouse verkaufen können. Das ist vielleicht zwanzig Jahre her. Ich habe sie später einmal bei einer Eröffnung im Hollein-Museum [MMK Museum für Moderne Kunst, Frankfurt am Main] getroffen: „Herr Dahlem, dass Sie sich noch in die Öffentlichkeit trauen, wo Sie meinen Vater so ausgenommen haben."

Die andere Tochter, Erika, war ein bisschen tougher, die hat später einen Herrn Pohl geheiratet, der auch für die Wella arbeitete, und ist mit dem in die Schweiz gegangen. Erika Ströher hat sich für Mineralien interessiert und hat eine Sammlung zusammengetragen, da bleibt dir wirklich die Spucke weg, hat sie aber nach Sachsen geschenkt, um uns in Darmstadt mit unserer blöden Malerei zu bestrafen. Ich hätte die Mineraliensammlung sehr gerne gehabt.

Das war den Baslern zu frech: Ihre Waffen in dieser Kunstscheiße

FD: Als die Sammlung Ströher in Düsseldorf war, ist Karl Ruhrberg, der Direktor der Kunsthalle, die Treppe hinuntergestürzt und hat sich das Bein gebrochen, wenn ich das richtig erinnere. Dadurch war dann Jürgen Harten, damals Ruhrbergs Assistent, unser erster Ansprechpartner.

Die letzte Station war Bern. Die Berner wollten aber den *Block Beuys* nicht haben, nachdem Harry Szeemann 1969 die skandalumwitterte Ausstellung *When Attitudes Become Form*[28] gemacht hatte, in der auch Beuys vertreten war. Du kennst die Geschichte von den Berner Bauern, die vier Fuhren Mist vor die Kunsthalle gefahren und ausgeschüttet haben, nach dem Motto: So schaut die Ausstellung innen aus. Ströher war mit der Wella International in der Zeit gerade nach Fribourg umgezogen, aus steuerlichen, vermögensrechtlichen Gründen, nehme ich an. Der wollte in der Schweiz jedenfalls keinen Ärger haben und hat dem Präsidenten der Kunsthalle sofort versichert: „Ich habe vollstes Verständnis, wenn Sie den *Block Beuys* nicht zeigen möchten, das ist für mich überhaupt kein Problem."

Der Beuys-Teil war zwischendurch in der *Tabernakel*-Ausstellung, einer Gruppenausstellung im Louisiana-Museum in Kopenhagen. Ich telefonierte abends mit Karl Ströher: „Sie brauchen sich nicht zu bemühen, die Kunsthalle Bern wird den Beuys-Teil nicht ausstellen. Die Sachen gehen von Dänemark direkt zurück nach Darmstadt." Ich konnte es nicht fassen. Mit ordentlich Grimm im Bauch fuhr ich nach Basel ins Kunstmuseum und meldete mich bei Franz Meyer. Mit Franz war ich bis zu seinem Tod verbunden. Er war jetzt nicht gerade mein Kumpel, eher eine Respektsperson – und natürlich der Direktor des Baseler Kunstmuseums. Ich berichtete ihm, dass die Berner den Beuys-Teil nicht ausstellen wollten. „Und was willst du jetzt machen?" – „Könnte man nicht in Basel einen Ersatz finden?" Er bot mir sofort die Kunsthalle an. Die war damals aber kopfhoch getäfelt, und ich wusste, Beuys hasst so etwas wie die Pest. „Franz, das geht alles nicht." Ich habe die Wut gekriegt, bin in den Innenhof rausgegangen, habe den Gullideckel hochgehoben und hineingerufen: „Wir stellen Beuys da unten aus." Im Foyer saß eine Frau, die ich nicht kannte, die mich aber offenbar beobachtet hatte und nun lachen musste. Sie sprach mit Franz auf Schwitzerdütsch – ich habe kein Wort verstanden, bis sie ins Hochdeutsch wechselte und sich bei mir erkundigte: „Wo ist denn die Beuys-Ausstellung zurzeit?" – „In Kopenhagen." – „Und was würde es kosten, die Arbeiten in die Schweiz zu bringen?" – „Das kann ich schwer sagen, ich habe diese Entfernungen bisher nicht berücksichtigen müssen, aber ich denke, mit 70 000, 80 000 D-Mark muss man rechnen. Außerdem müsste ein eigener Katalog gemacht werden, weil die Ausstellung an einem anderen Ort stattfindet als der übrige Teil der Ströher-Sammlung." – „Und was soll das kosten?" – „Das kostet bestimmt 20 000, 25 000 D-Mark, ohne Farbabbildungen." Endlich stellte Franz mir die Frau vor: „Das ist Maja Sacher-Hoffmann." Von Hoffmann La Roche. Das sagte mir damals aber gar nichts. „Wenn ich Herrn Meyer richtig verstanden habe, sind die Werke alle im Besitz von Herrn Ströher, das würde bedeuten, wir kommen nicht über 105 000 oder 110 000 D-Mark für die Ausstellung, inklusive aller Unkosten." – „Nehmen Sie vielleicht noch einmal zehn Prozent dazu, als Puffer." – „D-Mark oder Schweizer Franken?" Ich habe nicht gewusst, wo der Unterschied ist, und schaute Franz hilflos an: „Wie würdest du das beurteilen?" Wir sind uns dann einig geworden, dass es in Schweizer Franken gezahlt werden müsste. Franz nahm meine Hand, haute rein und sagte: „Glatt! Und wo sollen wir die Arbeiten hier im Haus ausstellen?" – „Franz, entschuldige, du hast im Erdgeschoss unten Räume, da hängen nur Schweizer Künstler, die außer in Basel niemand kennt. Die können doch mal für vier Wochen ins Depot gehen." – „Das ist eine Idee!" Da war er wirklich ganz glücklich, die Bilder wurden abgehängt und die Beuys-Ausstellung kam nach Basel.

Aber auch dort gab es heftigen Widerstand. Dieter Koepplin, seine Frau Hemma, Beuys und ich fuhren einmal in meinem roten Alfa Romeo Berlina durch Basel und kamen in eine Polizeikontrolle. Ich ließ das Fenster herunter: „Ihre Papiere und legen Sie die Hände auf das Steuerrad!" Dann sollte ich die Lichter vorn und hinten ein- und ausschalten. „Ich möchte bitte noch Ihren Kofferraum sehen." Ich konnte es nicht fassen, wie die uns behandelt haben. Bei Beuys auf der Beifahrerseite haben sie die Tür des Alfa Romeo so aufgerissen, dass sie aus den Angeln ging, haben ihn an der Weste genommen und aus dem Auto gezogen. Er war aber noch angeschnallt, sodass es ihm die Kleider zerriss und er mit offener Brust dastand. Mich haben sie an die Wand gestellt und abgetastet.

FL: *Was haben sie denn gesucht?*

FD: Warte es mal ab. Wir mussten dann in den Lohnhof.

FL: *In den Lohnhof?*

FD: Das war damals die Polizeistelle. So wie wir in München die Ettstraße, haben die Basler den Lohnhof gehabt. Ich war schon mehrfach in meinem Leben im Lohnhof, es war immer grotesk. Als sie herausfanden, dass Dieter und Hemma Baseler Bürger waren, wurden sie etwas zurückhaltender. Der langen Rede kurzer Sinn: Sie hatten beschlossen, uns laufen zu lassen. Ich gab mich damit aber nicht zufrieden: „Sagen Sie mal, was war denn eigentlich los?" In Darmstadt wäre ein Kaufhaus überfallen worden, und die Beschreibung des Fluchtautos hätte genau auf meinen Alfa Romeo gepasst, rot, mit Darmstädter Kennzeichen. Die Geschichte war komplett an den Haaren herbeigezogen, das haben sie sich ausgedacht, um die Kontrolle zu rechtfertigen. Beuys, Hemma und Dieter waren schon auf dem Weg Richtung Ausgang, da rief ich dem Beamten zu: „Das nächste Mal wird zurückgeschossen." Es stürzten sich sofort vier Polizisten auf mich, rangen mich zu Boden und verschleppten mich in das Verhörzimmer. Mir wurde der Gürtel abgenommen, die Schuhbandel wurden rausgezogen und dann wurde ich weggesperrt. Beuys kam noch einmal zu mir, als ich schon in der Zelle saß. Ich sagte: „Beuys, ich bitte dich, lass es gut sein. Ihr geht jetzt nach Hause, ich komme schon irgendwie wieder raus." Am nächsten Morgen bekam ich Besuch von einem Zivilbeamten: „So etwas möchte ich nicht noch einmal hören, Herr Dahlem." Damit war der Fall erledigt, und ich war entlassen.

Ich bin mir absolut sicher, hinter der ganzen Sache steckte ein Baseler Bürger, der zur Universität und zur Stadt irgendwelche besonderen Beziehungen hatte. Die sollten uns im Auge behalten. Begonnen hatte der Ärger damit, dass Beuys bei Dieter seine gesamte Armee-Ausrüstung, darunter auch ein Sturmgewehr, gesichtet hatte. Wir wohnten damals für ein paar Tage bei Dieter und Hemma in der Güterstraße. Beuys lieh sich das Sturmgewehr für seine Ausstellung im Kunstmuseum, wo wir es in einer Vitrine zeigten. Dieter war aber schlau genug, die Kennnummer des Gewehrs nach unten legen zu lassen. Es konnte also niemand herausfinden, wem das Sturmgewehr gehörte, deutlich war nur, dass es von der Schweizer Armee war, und genau darin lag der Casus Belli. Das war den Baslern zu frech: Ihre Waffen in dieser Kunstscheiße. Franz Meyer war etwas unglücklich über die Geschichte, er war eher so ein bisschen bürgerlich, höflich, zurückhaltend. Der wollte keinen Ärger haben. Wir wollten auch gar keinen Ärger machen, die Schweizer haben den Ärger gemacht, nicht wir.

Die Ausstellung war dann aber wirklich ein großer Erfolg. Eigentlich war das der Beginn des Welterfolgs von Beuys. Und für mich war es ein besonders berührender Moment, weil die Humanisten Holbein im 16. Jahrhundert doch das Amerbach-Kabinett in

Basel eingerichtet hatten, das erste europäische Museum. Nach dem verlorenen Krieg und diesem entsetzlichen Deutschland ist der Kunst und allem Geistigen nur noch Verachtung entgegengebracht worden. Die Beuys-Ausstellung war für mich wie eine Art Wiederaufnahme der Deutschen in die große Kunstfamilie. Die Basler hatten in irgendeiner Form eine besondere Zuneigung zu Beuys und Beuys auch zu ihnen. Er hat zum Beispiel mit seinen Filzanzügen am Fastnachtsumzug teilgenommen. Basel hat Beuys wirklich anständiger behandelt als alle anderen zusammen, und er hat sich dort sehr wohlgefühlt. Am allerwohlsten fühlte er sich zum Schluss allerdings bei der Baronessa Lucrezia De Domizio Durini in Italien. Es gibt einen Spruch von Beuys: „Die Leute sind ganz prima in Foggia“.[29] Er war im Krieg schon einmal in der Gegend. Lucrezia wurde eine echte Freundin von ihm und auch eine Sammlerin seines Werks.

FL: *Da wir nun über die Wegbegleiter von Beuys sprechen: Was für eine Beziehung hatte Beuys zu Caroline Tisdall?* 27

FD: Das war eine Seelenfreundschaft, eine Seelenverwandtschaft. Du schaust ein bisschen aus wie die Caroline. Aber du bist fester, sie war noch ätherischer. Ich habe sie vom ersten Moment an ein bisschen verehrt, um es ganz ehrlich zu sagen. Ich bin nicht gleich in Ohnmacht gefallen, als ich sie gesehen habe, aber sie war interessant.

Über mich gingen in der Familie Beuys hasserfüllte Sprüche um. Eva Beuys konnte mich null leiden. Null. Für sie war ich ein Prolet. Schließlich war sie die Tochter eines Akademikers, von Professor Wurmbach.

FL: *Einem Zoologen.*

FD: Einem Bienenprofessor! Beuys hat mich einmal dorthin mitgenommen. Der Herr Professor wohnte in Bonn und hatte zum Essen eingeladen: Er saß oben am Kopfende des Tisches, und es wurde erst gelöffelt, nachdem er seinen ersten Löffel zu sich genommen hatte. Es war von Anfang bis Ende steif und rituell, ich habe Beuys zuliebe aber alles mitgemacht. Ich war wirklich nur Zaungast an dem Tisch. Als der Vater zu Ende gegessen hatte, faltete er die Hände und schlief am Tisch ein. Meinst du, es hätte sich irgendjemand gemuckst? Niemand. Der schlief etwa zehn oder fünfzehn Minuten, und die anderen haben ihm dabei zugeschaut.

FL: *Hast du nicht lachen müssen?*

FD: Nein, mich hat es gegraust. Ich habe nicht gewusst, ob der nicht gleich stirbt bei den ganzen Angelegenheiten. Als Professor Wurmbach wieder wach war, gab es Kaffee und Kuchen, das war alles auf die Minute festgelegt.

Eva hat immer Colani-Anzüge getragen, sie war eine Colani-Verehrerin hoch drei. Und weil ich öfter bei Gilbert & George in London war, habe ich ihr einmal bei Fortnum & Mason ein Etui mit verschiedenfarbigen Zigaretten gekauft. Eva saß dann in einem Stuhl in ihrem Colani-Anzug mit einem rosa Tuch um den Hals und zündete sich eine rosa Zigarette an.

„Wer hat uns verraten? Die Sozialdemokraten!“

FD: Wir hatten von 1969 bis 1974 einen Bundespräsidenten, Gustav Heinemann, ein Sozialdemokrat, der sehr liberal war. Er hatte eine etwas tütelige Tochter, eine Theologin, aber Herr Heinemann war ein ordentlicher Präsident. Und irgendwann einmal habe ich herausgefunden, dass ein anderer Sozialdemokrat – zu seiner Zeit Reichspräsident –, nämlich Friedrich Ebert, von Lovis Corinth portraitiert worden war. Das Bild war in Basel, und ich wollte von Franz Meyer wissen, wo sie das Bild aufbewahrten. „Das Bild ist im Depot.“ – „Warum denn das?“ … Es ist eine lange Geschichte, aber ich mache es kurz: Es gehört der Kommunistischen Partei in Basel, und in der Universität hat es Leute gegeben, die nicht wollten, dass das Bild ausgestellt wird. … „Kann man euch das Bild abkaufen, oder kann man es von euch leihen?“ Ich hatte den Wunsch, dass der amtierende Bundespräsident Heinemann das Bild für sein Büro bekommt. Daraus entwickelte sich dann wirklich eine verrückte Geschichte. Franz hatte sich überlegt: „Wenn wir für den Ebert einen kubistischen Picasso bekommen würden, ließe sich da vielleicht etwas machen.“ Jetzt muss man dazu sagen, Franz war Jude, er kommt aus dieser jüdischen Familie Meyer und war mit der Tochter von Chagall verheiratet. Ich habe natürlich ganz schön schlucken müssen: „Wo sollen wir einen kubistischen Picasso herkriegen?“ – „Da müsst ihr zu Kahnweiler gehen.“ Das war eine gehässige Geste, Franz Meyer wusste genau, dass ich von Kahnweiler keinen kubistischen Picasso bekommen würde. Ich habe es aber dennoch probiert: Damals kannte ich Fritz Engelhorn, ein Doppelvetter von Curt Engelhorn. Fritz wohnte in Paris und kannte wiederum einen Schriftsteller, der sehr deutschfreundlich war: Michel Tournier. Er hat unter anderem *Der Erlkönig* geschrieben.[30]

Ich fuhr also nach Paris und traf Fritz Engelhorn und Michel Tournier für die Vorbereitung des Gesprächs bei Kahnweiler in einem Caféhaus. Tournier war damals wirklich ein bedeutender Schriftsteller, und wir hatten gehofft, er könne auf Kahnweiler einen gewissen Eindruck machen. Engelhorn wiederum sah wirklich imponierend aus: Der war sehr groß, 1,95 Meter, und hatte riesige Pockennarben im Gesicht, weil er in den 30er-, 40er-Jahren im Kongo eine üble Pockenkrankheit erlitten hatte. Er sah aus wie Frankenstein, um es ganz ehrlich zu sagen. Für die Franzosen war das ein entsetzliches Bild: Der große Deutsche, der kleine Deutsche, der weder Französisch noch Englisch sprach, und der französische Schriftsteller. Der langen Rede kurzer Sinn: Wir wurden bei Kahnweiler eingelassen, und nachdem er uns eine halbe Stunde lang hatte warten lassen, obwohl wir einen Termin hatten und pünktlich waren, trug Fritz Engelhorn ihm das Anliegen in tadellosem Französisch vor. Kahnweiler hörte sich das in aller Ruhe bis zum Ende an, stand auf, holte tief Luft und brüllte los, was wir für Idioten wären und ob wir es denn nicht wüssten: „Wer hat uns verraten? Die Sozialdemokraten!" Nach der Novemberrevolution von 1918 gab es zahlreiche Demonstrationen und Massenaufmärsche. Am 1. Januar 1919 wurde die KPD gegründet. Die Regierung Ebert fühlte sich von der radikalen Linken bedroht, und so wurden unter seiner Führung verschiedene Aufstände blutig niedergeschlagen. Die Rache der Geschichte traf uns mit voller Wucht. Tournier war der Erste, der merkte: Widerspruch zwecklos. Engelhorn war leichenblass, dem ist es aufs Herz geschlagen, der war psychisch krank und konnte so etwas überhaupt nicht vertragen. Wir haben Kahnweiler also unverrichteter Dinge verlassen, und ich habe Franz Meyer in Basel informiert, dass es mit dem Picasso nichts werden würde, und gefragt, ob es noch eine andere Möglichkeit gäbe, das

Ebert-Portrait zu bekommen. Daraufhin schlug er vor: „Wenn die Darmstädter uns die Holbein-Madonna geben würden, könnten wir noch mal reden."

Die Holbein-Madonna war schon einmal in Basel, und zwar nach dem Zweiten Weltkrieg: Prinz Ludwig [1908–1968] und seine Frau, Prinzessin Margaret [1913–1997], die letzten Nachfahren des Hessen-Darmstädtischen Fürstenhauses, hatten das Gemälde an das Kunstmuseum Basel geliehen und durften im Gegenzug jährlich zwanzig Darmstädter Kinder für vier Wochen in die Ferien nach Davos schicken. Ich sagte: „Franz, du würdest mir die Arbeit sehr erleichtern, wenn du das Bild mit einem offiziellen Brief vom Kunstmuseum Basel bei Ludwig von Friedeburg im Kultusministerium in Hessen anfragst." Das hat er gemacht, allerdings hat er es nicht als Leihgabe, sondern zum Kauf angefragt, was ich nicht wusste. Friedeburg war wirklich drauf und dran, das Bild im Austausch für das Ebert-Porträt nach Basel zu geben. Der Ebert war aber allerhöchstens 25 000 D-Mark wert. Ich habe mich damals bei Eduard Beaucamp beschwert, der daraufhin einen Artikel verfasst hat, in dem er sich darüber auslässt, dass unsere Bürokraten, Kultusminister wohlgemerkt, nicht einmal einen Holbein zu schätzen wüssten.[31] Schlussendlich blieb Ebert im Keller und Holbein in Darmstadt im Schloss. Dort habe ich die Holbein-Madonna sehr oft besucht, und ich war fast immer allein. Das Bild hat wirklich eine wilde Geschichte hinter sich, aber zu der Zeit hat sich kaum einer dafür interessiert. Heute hängt es bei Reinhold Würth in Schwäbisch Hall, nachdem er es für fünfzig Millionen Euro von der Hessischen Hausstiftung erworben hat.

„Frau Baum, heute ist der Tag, an dem ich den ‚Fettstuhl' kaufe."

FD: 1970 habe ich den *Fettstuhl* von Beuys gekauft. Die Baums waren 20
sehr gastfreundlich. Herr Baum war der Direktor der Messe in Düsseldorf, und wenn in der Kunsthalle eine Eröffnung war, haben sie anschließend die ganze Bagage zu sich nach Wuppertal zum Saufen eingeladen. Das war ein offenes Haus. Und die hatten wirklich eine schöne Sammlung. Ich war das erste Mal mit Palermo und Rückriem dort. Bei der Gelegenheit habe ich den *Fettstuhl* von Beuys gesehen, der stand bei den Baums auf einem Podest. In dem Fett habe ich dann eine Vertiefung entdeckt, was mich sehr gestört hat: „Wer hat das denn gemacht?" – „Wir haben hier einmal eine Party gefeiert, und da hat irgendjemand ein Fünf-Mark-Stück ins Fett gedrückt." – „Wissen Sie was, Frau Baum, irgendwann einmal werde ich Ihnen den Stuhl abkaufen." – „Nein! Niemals!"

Ungefähr zwei Wochen bevor die Sammlung Ströher im Landesmuseum in Darmstadt eröffnet werden sollte, sagte ich zu Karl Ströher: „Ich möchte gern den *Fettstuhl* von Frau Baum kaufen." – „Ist das denn notwendig?" – „Ja, das ist sehr notwendig. Das ist ein Hauptwerk von Beuys." – „Und was wollen Sie dafür bezahlen?" – „80 000 Mark." – „Das kommt nicht infrage." Damals kosteten die Arbeiten von Beuys zwischen 8 000 und 15 000 Mark. Kein Mensch hätte für einen Fettstuhl 80 000 Mark gezahlt. „Herr Ströher, überlegen Sie doch mal: Sie besitzen weltweit einen der größten Werkkomplexe von Beuys, wenn Sie für den *Fettstuhl* einen hohen Preis zahlen, steigt der Wert für alle Beuys-Werke, das ist doch für Ihre Sammlung nur von Vorteil." Das leuchtete ihm wieder ein. Ströher überreichte mir einen beglaubigten Bankscheck, und ich fuhr sofort nach Hause und rief Beuys in Düsseldorf an: „Ich bin in drei Stunden bei dir, wir fahren zu Frau Baum nach Wuppertal." – „Was wollen wir denn bei Frau Baum in Wuppertal?" – „Ich kaufe heute den *Fettstuhl*." – „Den verkauft sie nie." – „Du irrst dich ganz gewaltig, sie wird ihn mir verkaufen." Ich baute den Beifahrersitz in meinem VW aus, holte Beuys ab und fuhr mit ihm zu Frau Baum nach Wuppertal. Sie freute sich, Beuys zu sehen, und mich konnte sie dann auch nicht gleich rausschmeißen. „Frau Baum, heute ist der Tag, an dem ich den *Fettstuhl* kaufe." – „Da muss ich meinen Mann holen." – „Ich habe aber kein Bargeld dabei, sondern nur einen beglaubigten Bankscheck." Den reichte ich ihr, sie sah die Summe über 80 000 Mark und wollte ihren Augen nicht trauen. Damit war das Geschäft gemacht. Wir trugen den *Fettstuhl* raus, Beuys setzte sich auf die Rückbank, nahm ihn zwischen die Beine, und wir fuhren zurück nach Darmstadt ins Museum. Dort fiel mir dann auf: Den können wir so gar nicht ausstellen, wir brauchen Vitrinen. In der *Frankfurter Rundschau* hatte ich zufällig gelesen, dass das Senckenberg Museum umbaute, es war unter anderem ein Foto abgebildet, auf dem lauter Vitrinen, zum Teil schon zertrümmert, im Hof standen. Ich war wie vom Blitz getroffen und fuhr nach Frankfurt ins Senckenberg Museum, lief in den Hof und fand dort zwei noch unversehrte Vitrinen. Ich ging rauf in die Verwaltung und sagte: „Ich möchte gern die zwei Vitrinen kaufen, die im Hof stehen." – „Wie wollen sie die transportieren?" Unten stand ein Fahrer mit seinem LKW, der hatte für das Museum irgendwelche Dienste verrichtet, dem habe ich hundert Mark gegeben und ihn gebeten mir die Vitrinen nach Darmstadt zu fahren. Bis heute sind der *Fettstuhl*, die *Fettecke* und irgendwelche anderen Arbeiten darin ausgestellt. Im Senckenberg Museum hatten sie vorher Säbelzahntiger in dem Glaskasten. Die andere große Vitrine, die in Darmstadt ist, hat Kopenhagen mir damals geschenkt, die war ein bisschen zusammengeschustert, aber erstklassiges Glas, das ist vor über hundert Jahren geblasen worden, so ein Glas kriegst du heute

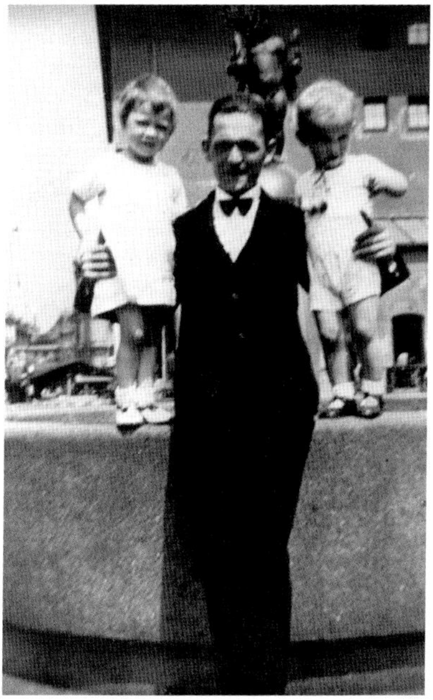

1
Franz Dahlem (rechts) mit Vater
Konrad Martin Dahlem und
Schwester Brigitta, München 1939

2
Alte Pinakothek, München,
nach 1945

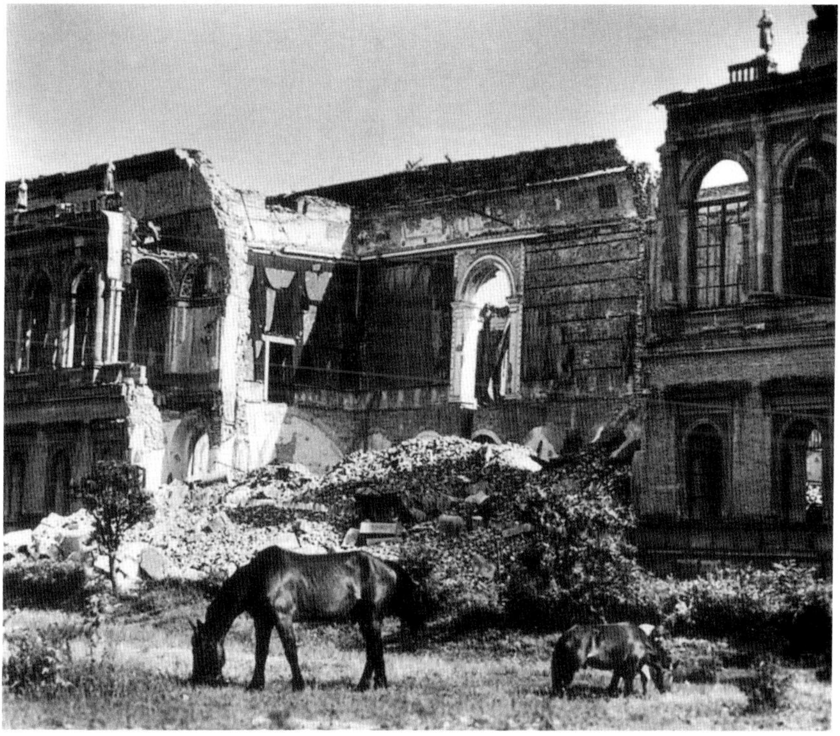

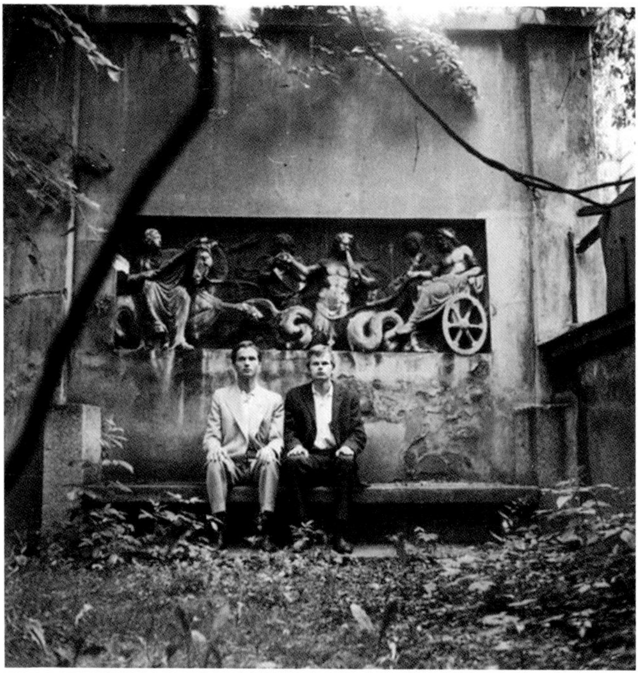

3
Franz Dahlem und Uwe Lausen im Künstlergarten der Villa Stuck, München, ca. 1961.
Foto Ica Vilander

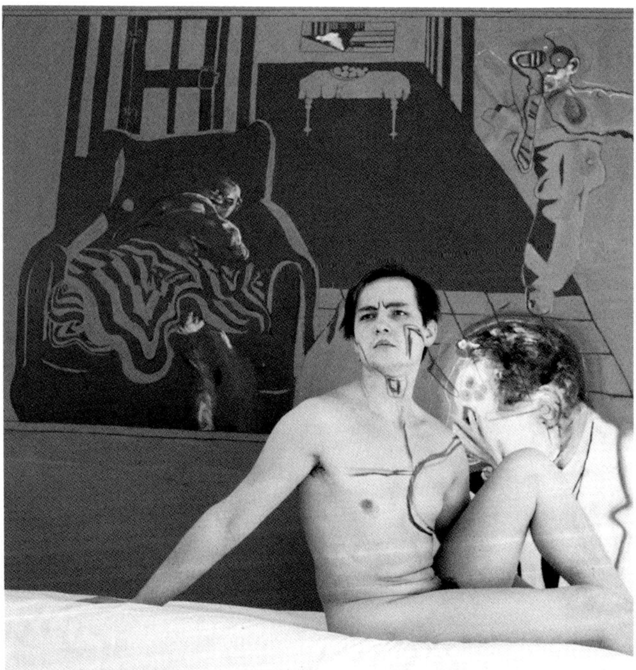

4
Heide Stolz, *Ohne Titel* (Franz Dahlem vor Uwe Lausens Bild *Le bon repas*), 1966

5
Uwe Lausen, *Ohne Titel (Komposition mit Ohr, Das Ohr)*, 1963/64. Öl und Kunstharzfarbe auf Leinwand, 50 x 60 cm

6
Heide Stolz, *Ohne Titel* (Selbstportrait mit Tochter Lea), ca. 1967

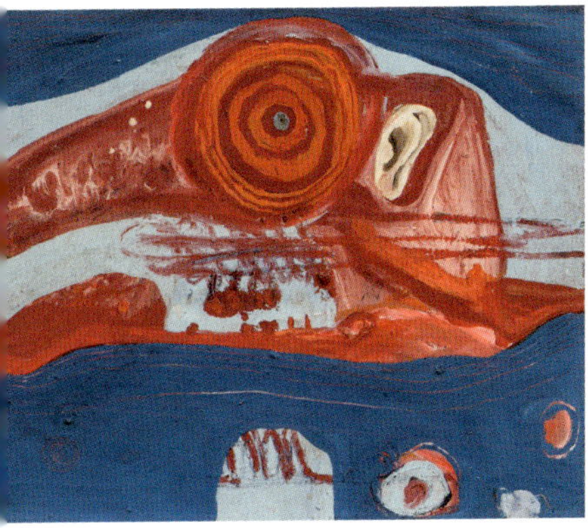

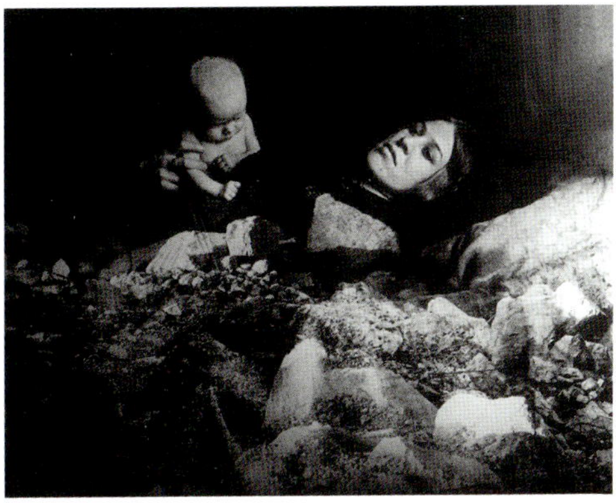

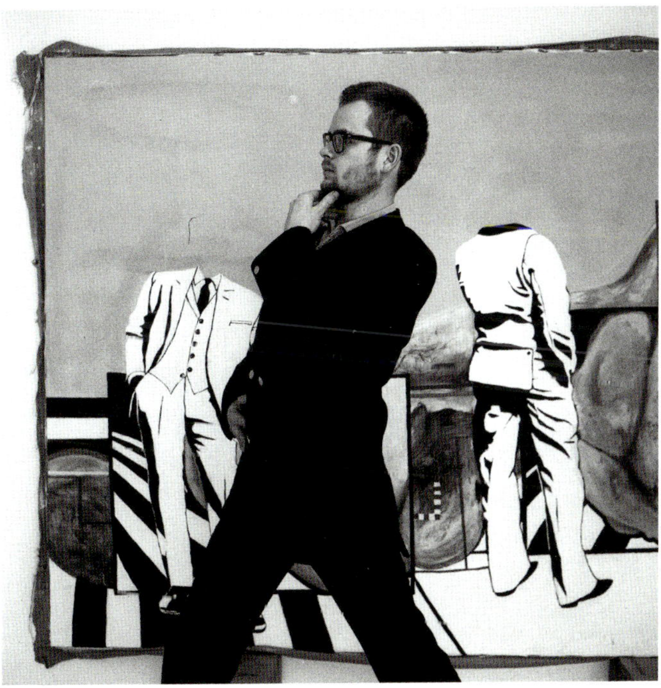

7
Heide Stolz, *Ohne Titel* (Uwe Lausen vor seinem Bild *Geometer*), ca. 1967

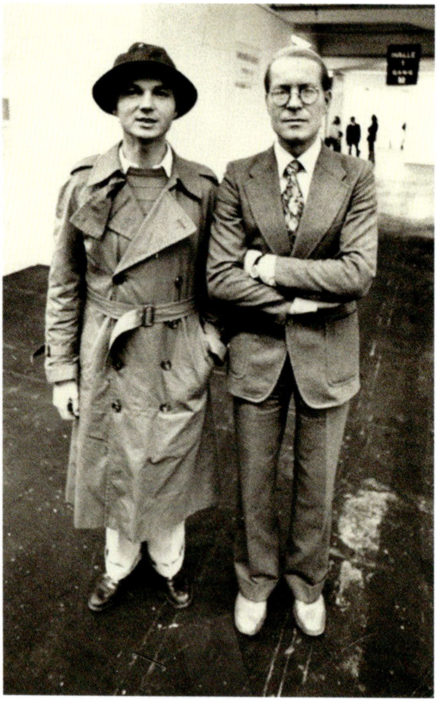

8
Franz Dahlem und Heiner Friedrich, Kunstmarkt Köln, um 1970

9
Franz Dahlem (ganz links), Victor Natali Morosow (Mitte), Heiner Friedrich (ganz rechts) in der Ausstellung „Victor Natali Morosow“, Galerie Friedrich + Dahlem, München, Maximilianstraße, 13.9.–17.10.1963. Foto Georg Schödel

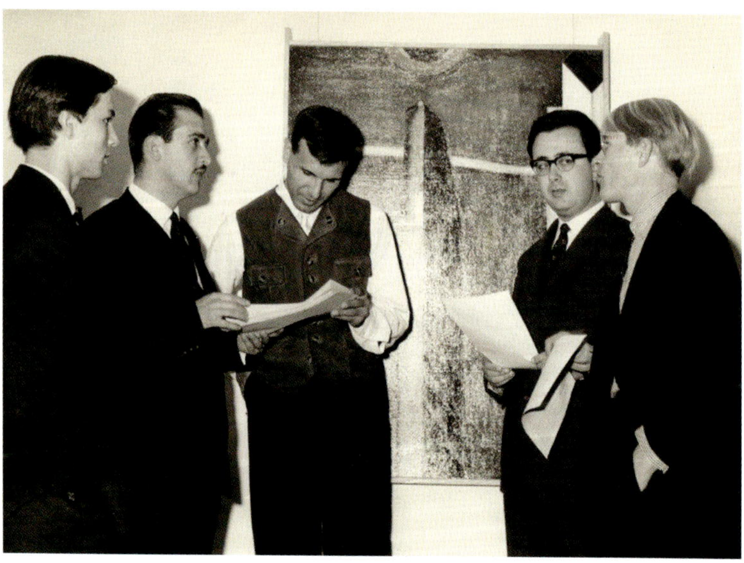

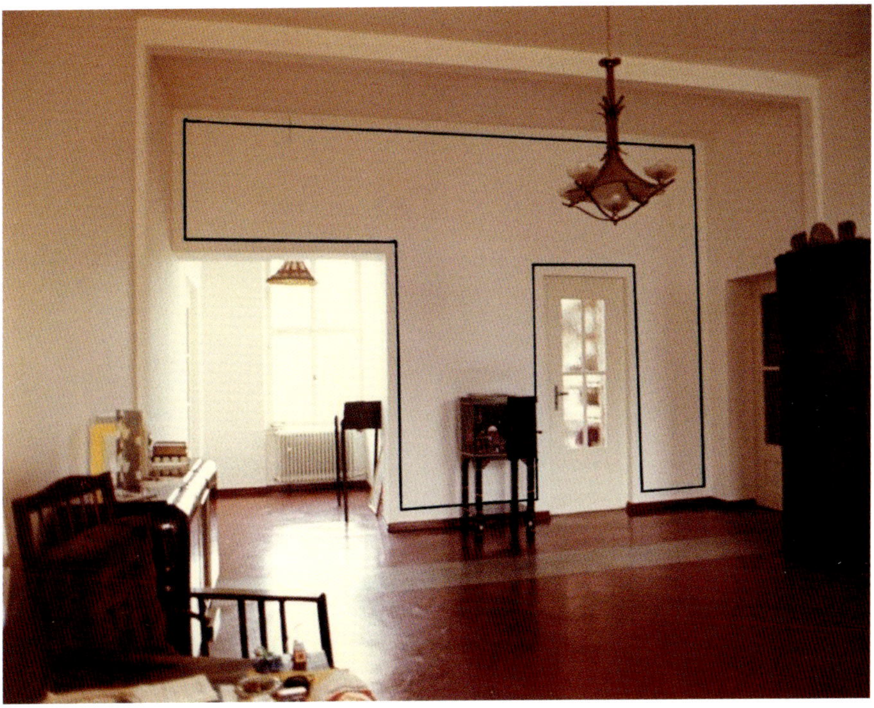

10
Wandmalerei von Blinky Palermo bei Franz Dahlem, Ahastraße 7, Darmstadt, um 1970

11
Markus Lüpertz, Blinky Palermo, Franz Dahlem und Georg Baselitz, 1968

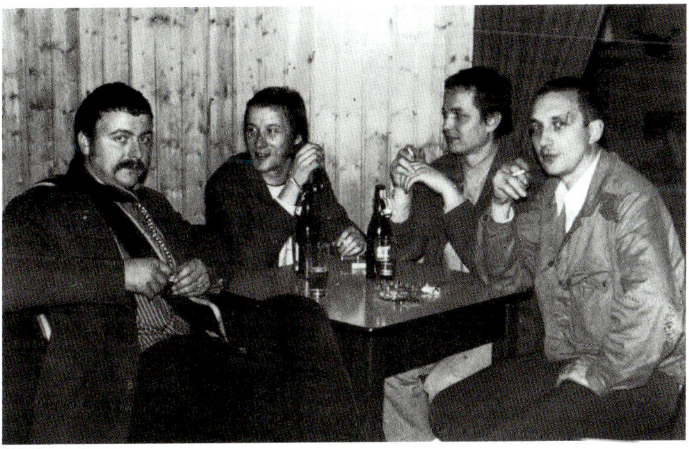

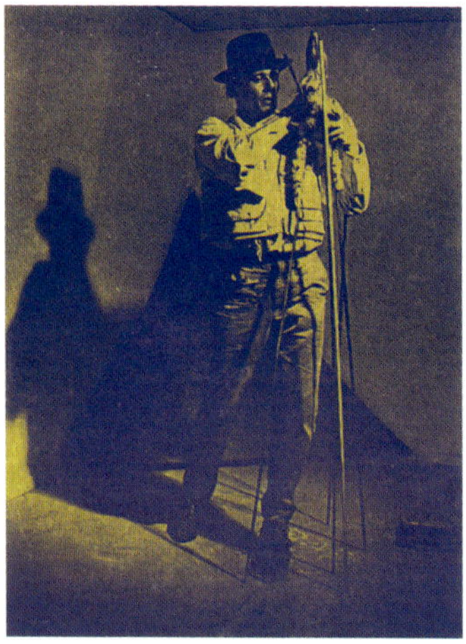

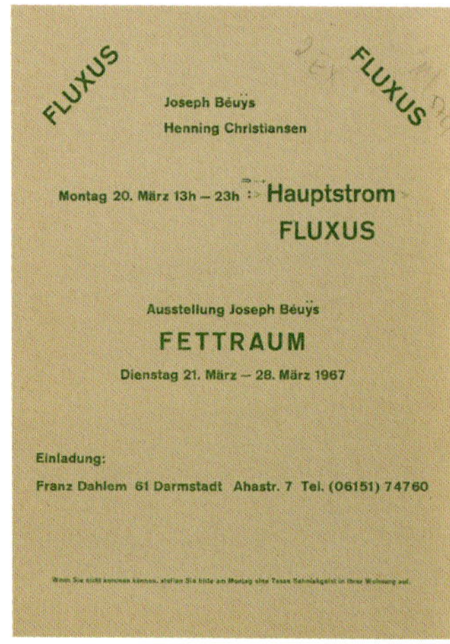

FLUXUS FLUXUS

Joseph Beuys
Henning Christiansen

Montag 20. März 13h – 23h Hauptstrom
FLUXUS

Ausstellung Joseph Beuys
FETTRAUM
Dienstag 21. März – 28. März 1967

Einladung:
Franz Dahlem 61 Darmstadt Ahastr. 7 Tel. (06151) 74760

12

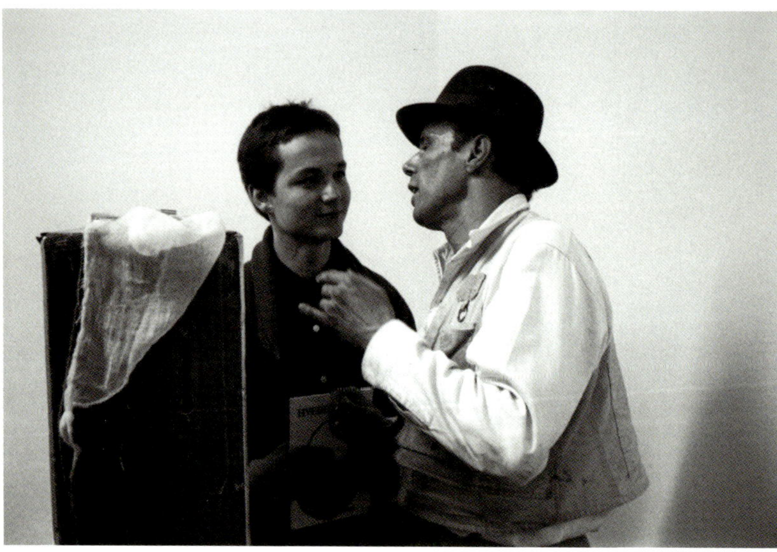

13

12
Joseph Beuys. Fettraum,
Einladungskarte für die Ausstellung
bei Franz Dahlem, Ahastraße 7, 1967.
Foto Hans-Rüdiger Strey,
Vorder- und Rückseite

13–15
Joseph Beuys während der
Aktion *Hauptstrom* im Rahmen
der Ausstellung „Fettraum“
bei Franz Dahlem, 1967,
oben mit Franz Dahlem.
Fotos Camillo Fischer

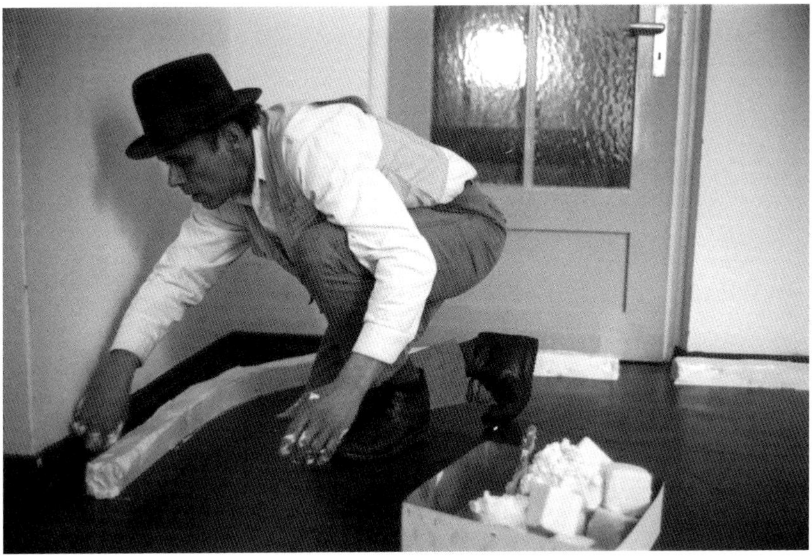

14

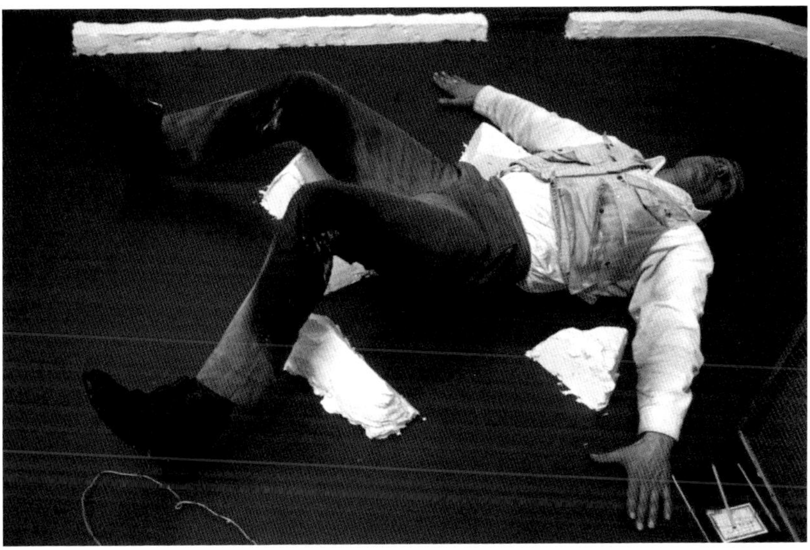

15

16

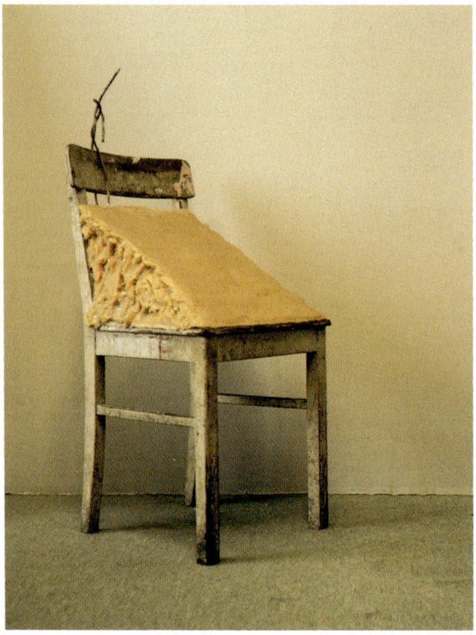

17

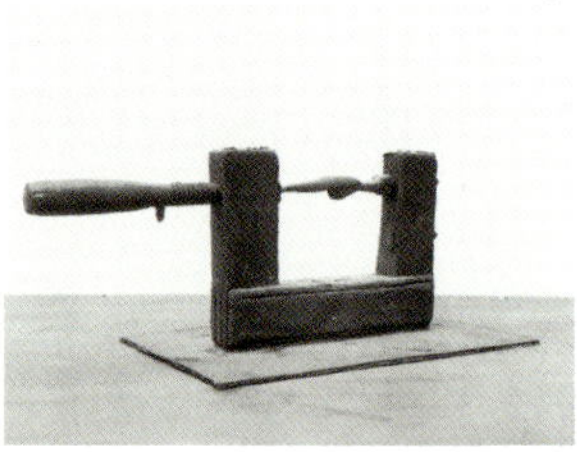

18

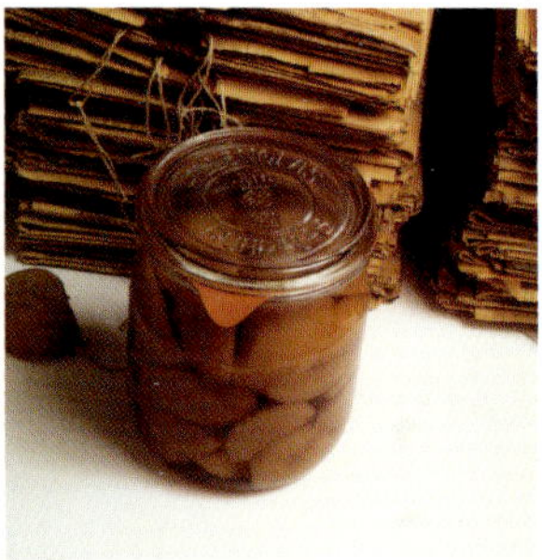

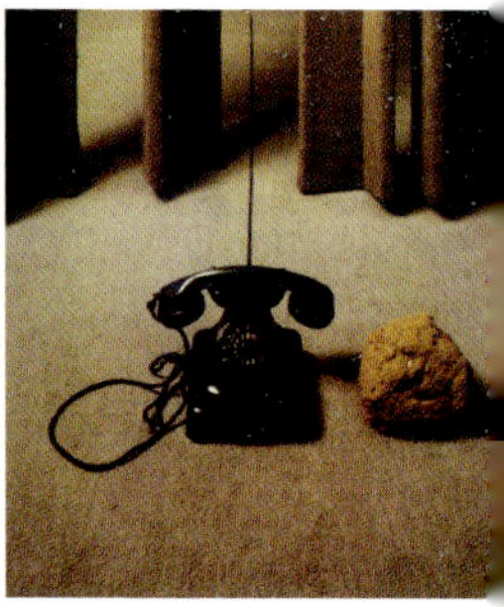

16–19
Aus Joseph Beuys, *Block Beuys*, Hessisches Landesmuseum Darmstadt:
16 *Stuhl mit Fett*, 1963. Holz, Wachs und Metall, 100 x 47 x 42 cm
17 *Bett 1949*, 1966. Bronze, 53 x 25 x 21,5 cm
18 *Fond I*, 1957. Eingemachte Birnen
19 *DAS ERDTELEPHON*, 1967. Telefon, Lehmklumpen, getrocknetes Gras, Kabel, Holz, 19 x 38,5 x 104,5 cm

20
Joseph Beuys, *Capri-Batterie*, 1985. Multiple, Glühbirne mit Steckerfassung, in Holzkiste, Zitrone, 8 x 11 x 6 cm

21
Joseph Beuys, *La rivoluzione siamo Noi*, 197A Lichtpause auf Polyesterfolie, mit handschriftlichem Text, gestempelt, 191 x 100 cm

21

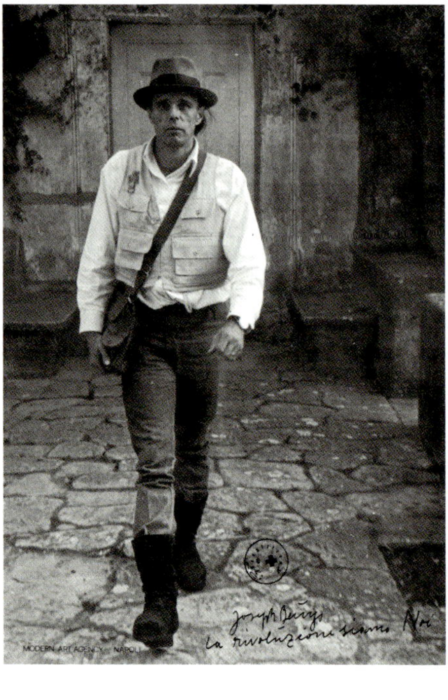

20

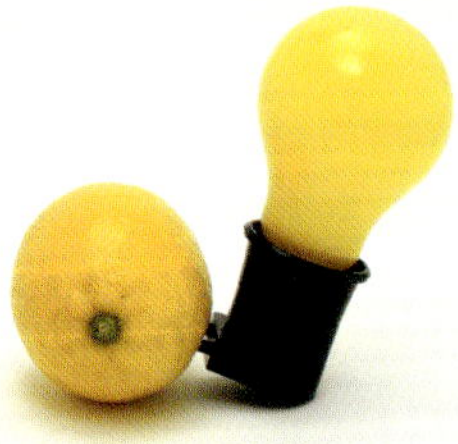

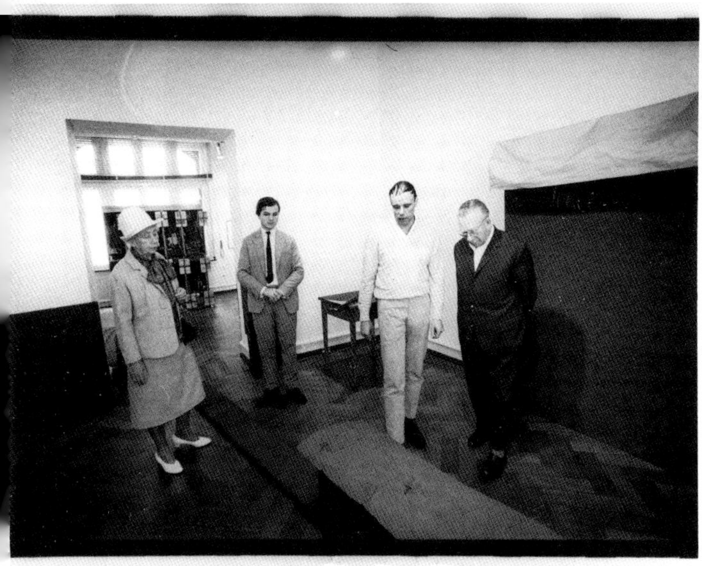

22
Joseph Beuys mit dem Sammlerehepaar Ströher und Franz Dahlem in der Ausstellung „BEUYS“ im Städtischen Museum Mönchengladbach, 1967.
Foto Ute Klophaus

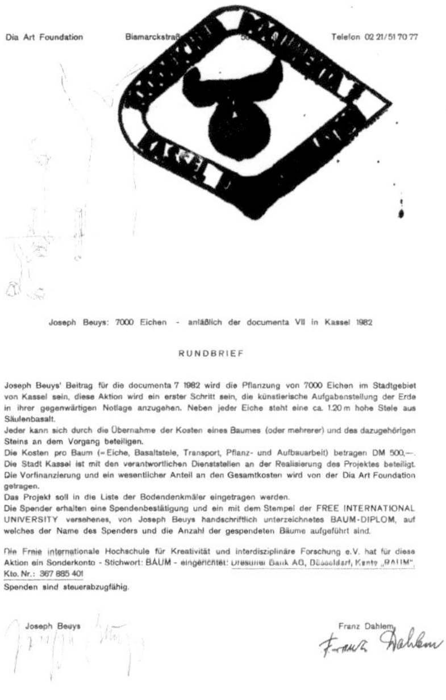

Dia Art Foundation Bismarckstraß[...] Telefon 02 21/51 70 77

Joseph Beuys: 7000 Eichen - anläßlich der documenta VII in Kassel 1982

RUNDBRIEF

Joseph Beuys' Beitrag für die documenta 7 1982 wird die Pflanzung von 7000 Eichen im Stadtgebiet von Kassel sein, diese Aktion wird ein erster Schritt sein, die künstlerische Aufgabenstellung der Erde in ihrer gegenwärtigen Notlage anzugehen. Neben jeder Eiche steht eine ca. 1.20 m hohe Stele aus Säulenbasalt.
Jeder kann sich durch die Übernahme der Kosten eines Baumes (oder mehrerer) und des dazugehörigen Steins an dem Vorgang beteiligen.
Die Kosten pro Baum (= Eiche, Basaltstele, Transport, Pflanz- und Aufbauarbeit) betragen DM 500,—.
Die Stadt Kassel ist mit den verantwortlichen Dienststellen an der Realisierung des Projektes beteiligt.
Die Vorfinanzierung und ein wesentlicher Anteil an den Gesamtkosten wird von der Dia Art Foundation getragen.
Das Projekt soll in die Liste der Bodendenkmäler eingetragen werden.
Die Spender erhalten eine Spendenbestätigung und ein mit dem Stempel der FREE INTERNATIONAL UNIVERSITY versehenes, von Joseph Beuys handschriftlich unterzeichnetes BAUM-DIPLOM, auf welches der Name des Spenders und die Anzahl der gespendeten Bäume aufgeführt sind.

Die Freie internationale Hochschule für Kreativität und interdisziplinäre Forschung e.V. hat für diese Aktion ein Sonderkonto - Stichwort: BAUM - eingerichtet: Dresdner Bank AG, Düsseldorf, Konto „BAUM“, Kto. Nr.: 367 885 401
Spenden sind steuerabzugfähig.

Joseph Beuys — Franz Dahlem

23
Joseph Beuys, Rundbrief *7000 Eichen*, anlässlich der gleichnamigen Aktion zur documenta 7, 1982

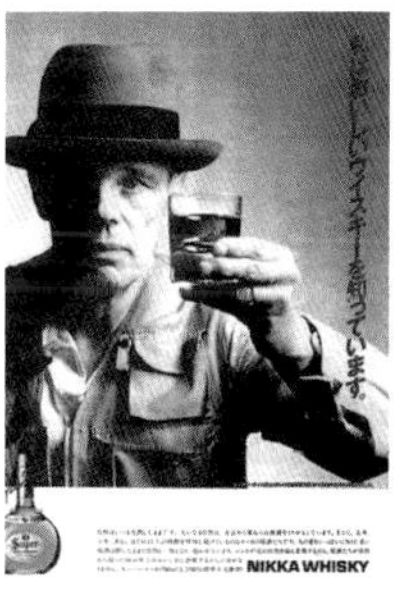

24
Jospeh Beuys wirbt für Nikka Whisky, Japan 1985

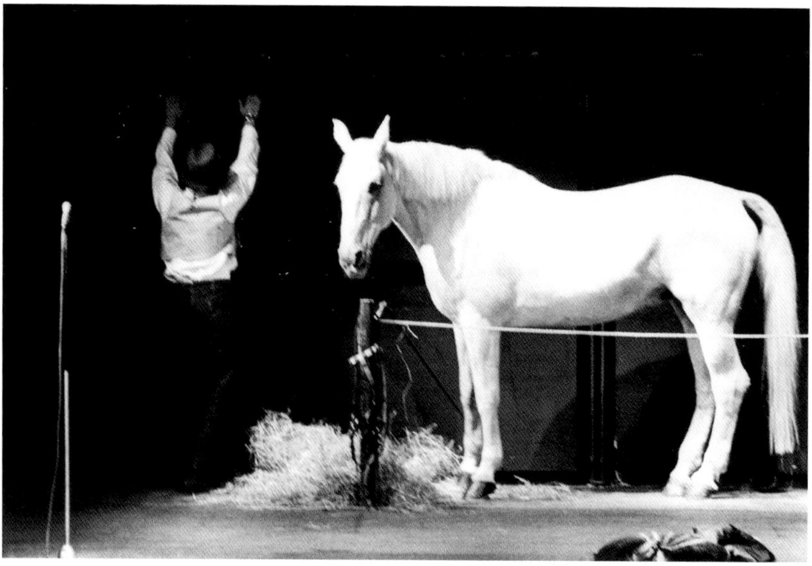

25

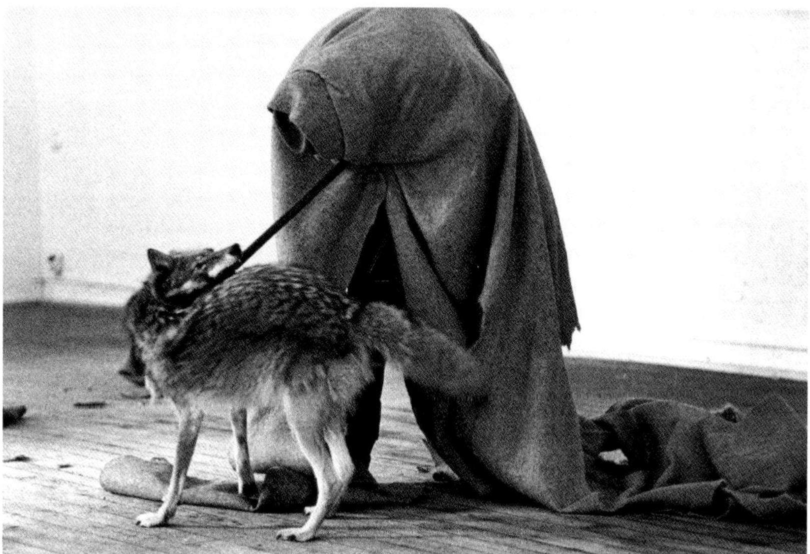

26

25
Joseph Beuys, *Titus / Iphigenie,*
Mai 1969, Theater am Turm, Frankfurt am Main. Foto Abisag Tüllmann

26
Joseph Beuys, *I Like America and America Likes Me,* 1974, Galerie René Block, New York. Foto Caroline Tisdall

27

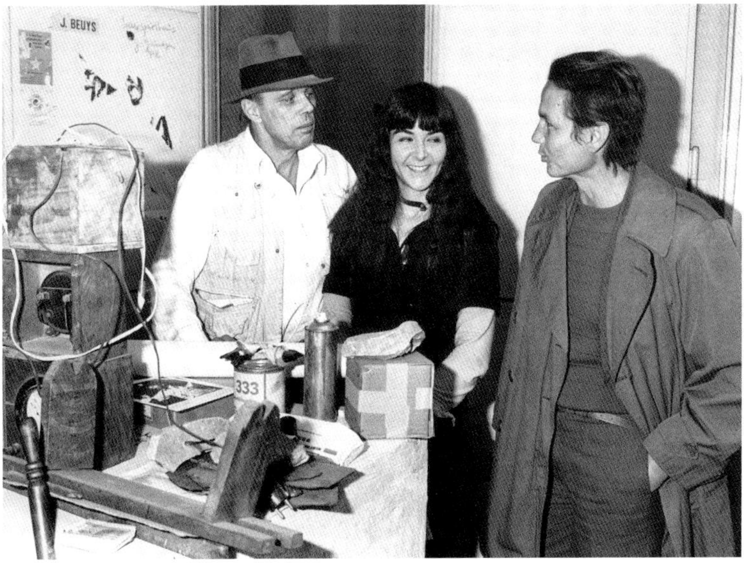

28

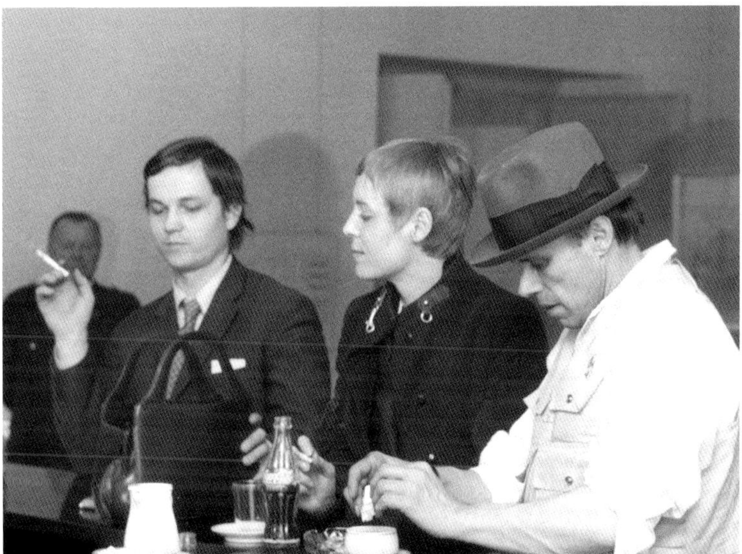

27
Joseph Beuys, Caroline Tisdall und Franz Dahlem, um 1970. Foto Ulrich Horn

28
Franz Dahlem, Hanne Darboven und Joseph Beuys während der Eröffnung der Ausstellung „Sammlung Ströher“, Städtische Kunsthalle Düsseldorf, 1969. Foto Manfred Tischer

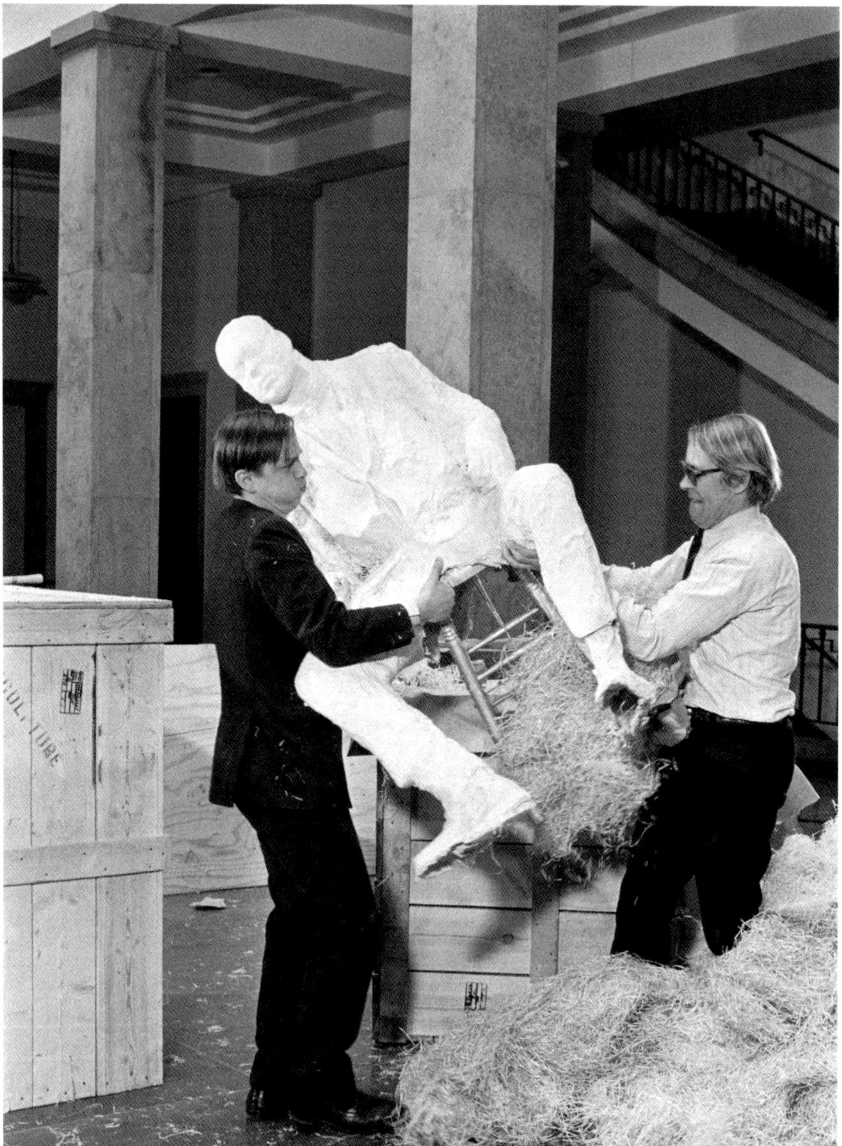

29
Franz Dahlem und Heiner Friedrich packen die Installation *Rock and Roll Combo* (1964) von George Segal aus, Zentralinstitut für Kunstgeschichte, München 1968. Foto Digne Meller Marcovicz

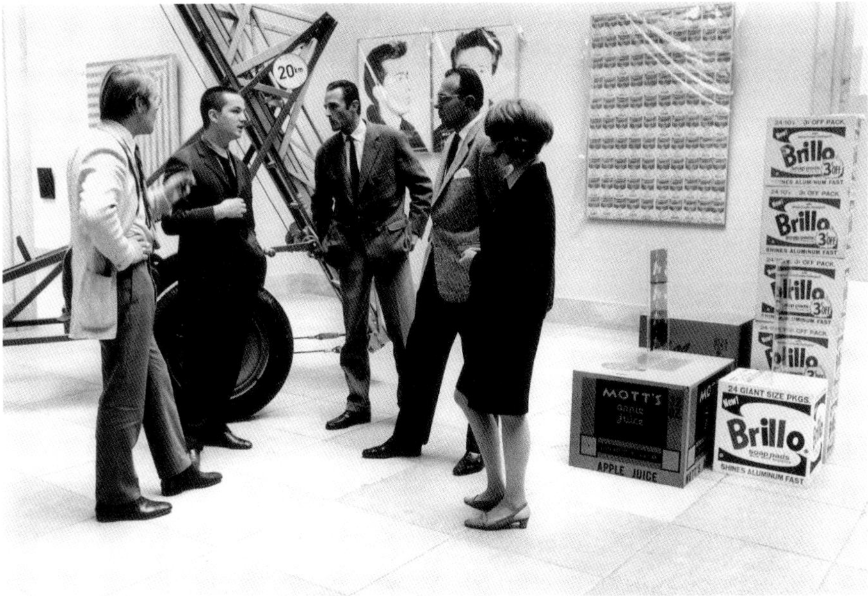

30

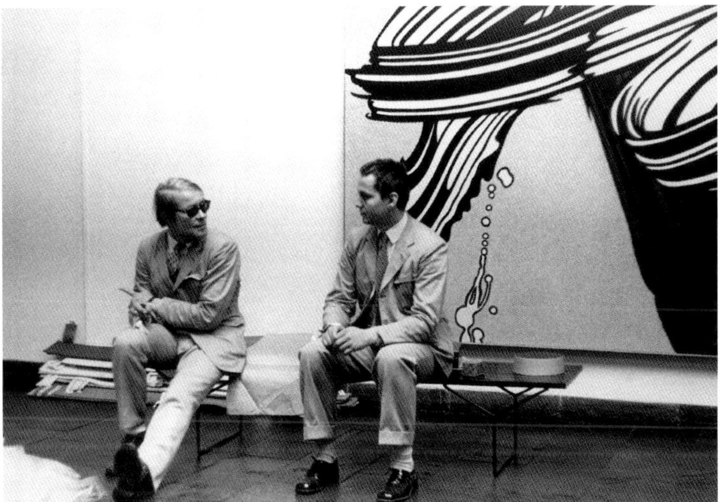

31

30
Heiner Friedrich, Franz Dahlem,
Prinz Franz von Bayern, Christof Engelhorn
und Ulrike von Hase während des Aufbaus
der Sammlung Ströher im Haus der Kunst,
München 1968. Foto Stefan Moses

31
Heiner Friedrich und Franz Dahlem
vor *Yellow and Green Brushstrokes*
(1966) von Roy Lichtenstein,
Sammlung Karl Ströher, 1969.
Foto Angelika Platen

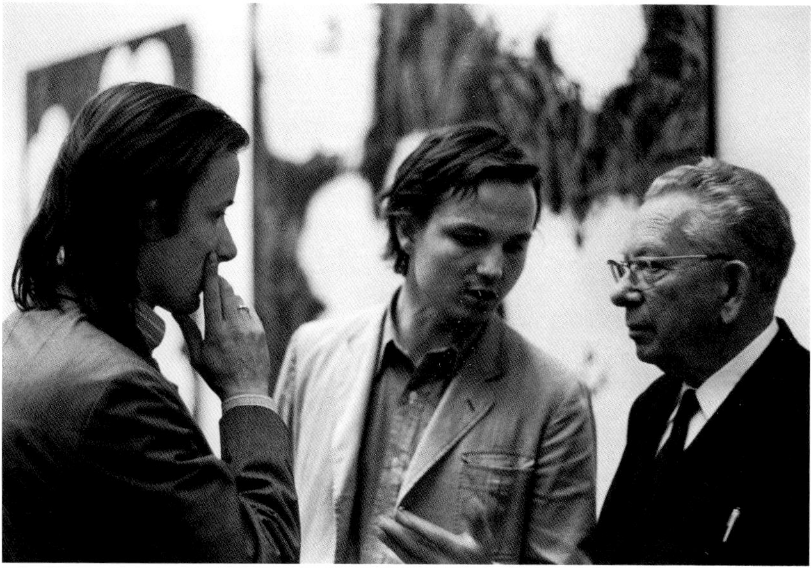

32

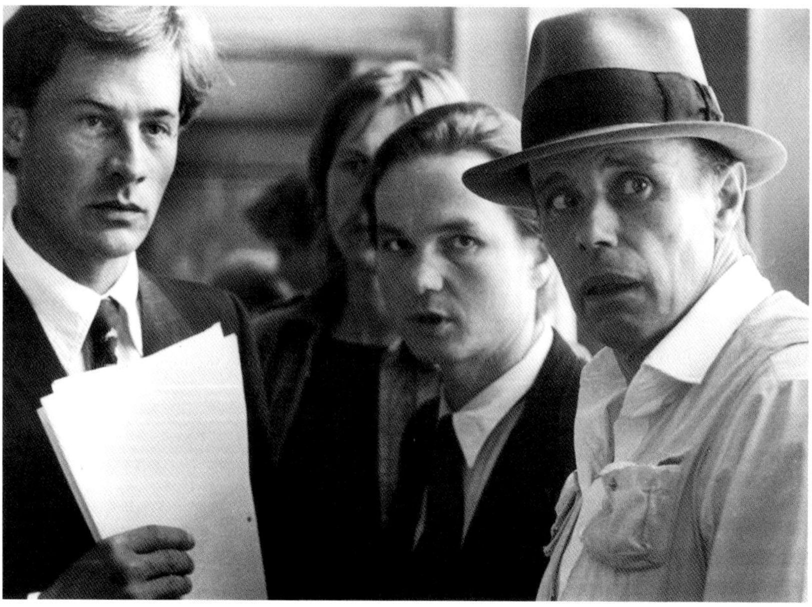

33

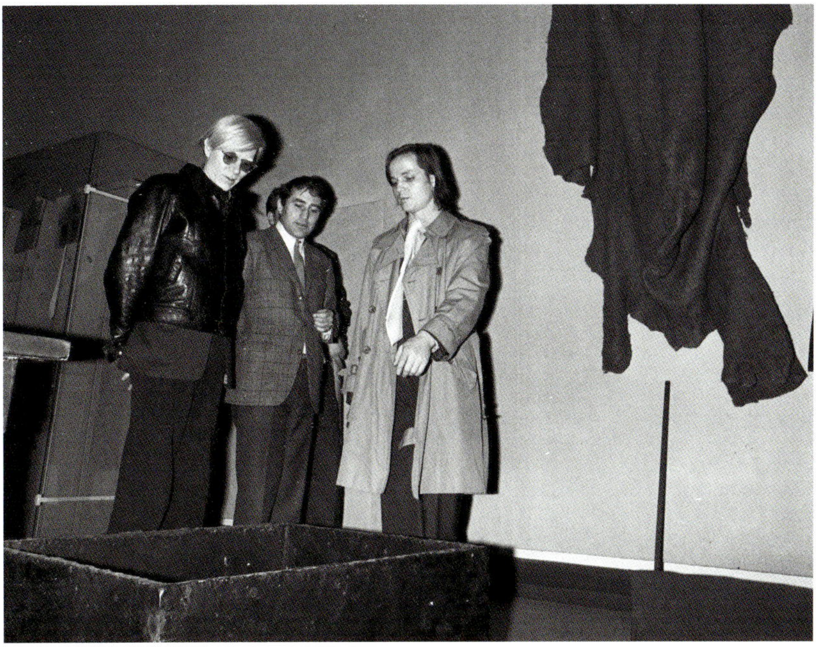

34

32
Blinky Palermo, Franz Dahlem
und Karl Ströher, Hessisches
Landesmuseum Darmstadt, 1970.
Foto Barbara Klemm

33
Heiner Bastian, Franz Dahlem
und Joseph Beuys, Hessisches
Landesmuseum Darmstadt, 1979.
Foto Claus Völker

34
Andy Warhol, Gerhard Bott
und Franz Dahlem im *Block Beuys*,
Raum 2 im Hessischen Landes-
museum Darmstadt, 1971.
Foto Werner Kumpf

35
Andy Warhol und Franz Dahlem
mit seinem Sohn Filipp bei Franz
Dahlem zuhause in Darmstadt,
1971

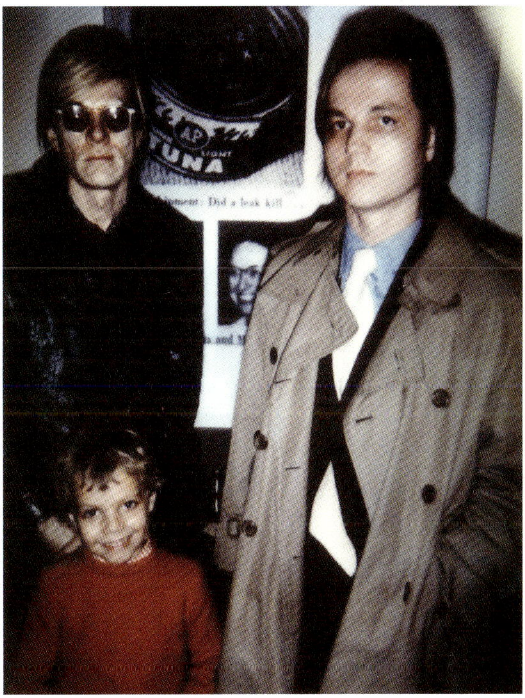

35

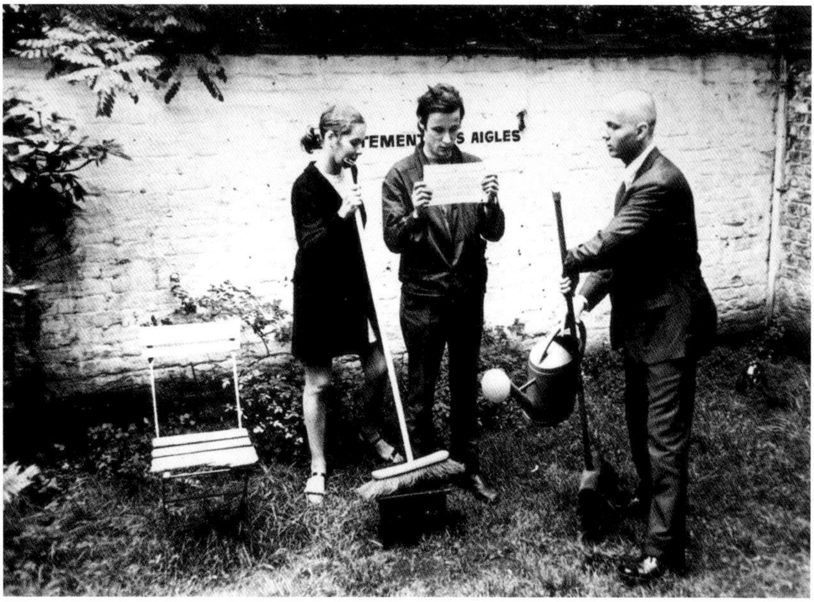

36

36
Oda Dahlem, Blinky Palermo und Franz Dahlem im Garten von Marcel Broodthaers, Brüssel 1969

37
Franz Dahlem mit seiner Frau Oda und den Kindern Filipp, Cyman und Anna vor der Kunstakademie Düsseldorf, 1969. Foto Katharina Sieverding

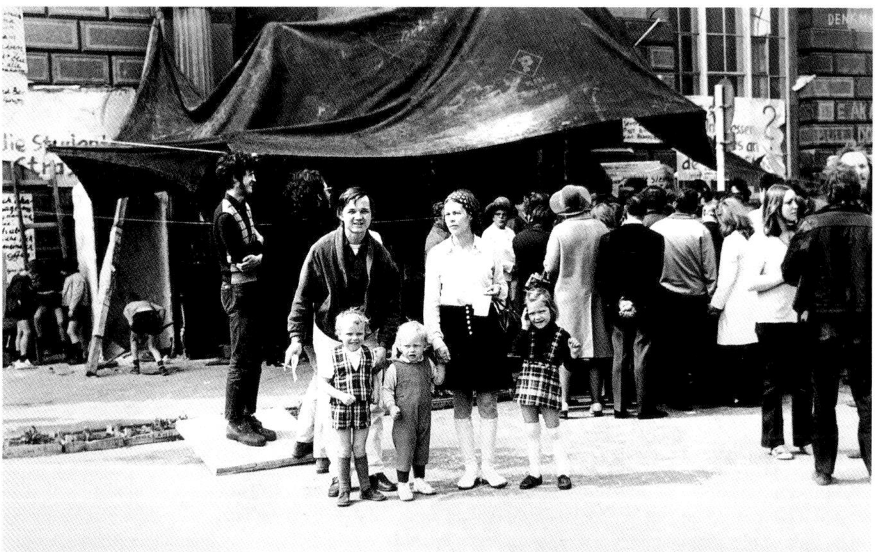

37

nirgendwo mehr. Und die kleinen weißen Vitrinen habe ich dem Nationalmuseum in München abgekauft, dafür habe ich 4800 Mark bezahlt. Das Senckenberg Museum wollte nur eine Spende, ich glaube, ich habe denen für jede Vitrine achthundert Mark gegeben. Die Vitrinen sehen doch toll aus, oder? Man könnte denken, sie sind Teil des Werks. Ich wollte von Eva Beuys später einmal Geld dafür haben. Eva verkaufte ununterbrochen Werke von ihrem verstorbenen Mann und kassierte sehr viel Geld. „Du weißt, dass die Vitrinen mir gehören." – „Ja, Franz, das kann sein, aber wir sind so eng mit dem Geld. Ich kann sie dir nicht abkaufen. Das glaubt doch heute auch kein Mensch mehr, dass die Vitrinen dir gehören." Was willst du da machen?

FL: *Und Beuys war mit den Vitrinen damals einverstanden?*

FD: Der musste mit den Vitrinen einverstanden sein, das war das Einzige, was wir aufgebracht haben. Die eine Vitrine hatte durch den Transport eine angestoßene Ecke, das hat Beuys mit Kitt und Wachs kaschieren wollen, nachher sah es schlimmer aus als vorher. Schließlich hat er sich die Vitrine in Basel restaurieren lassen. Basel hatte nämlich einen erstklassigen Restaurator, Paolo Cadorin, der hat Beuys aber wirklich komplett verachtet. Der fand seine Arbeiten ekelerregend, und das muss Beuys gemerkt haben. Eines Tages fragte er Herrn Cadorin, ob er Filz bügeln könne. „Wir können hier alles." Und dann hat er ihn wirklich seinen Filz bügeln lassen.

Nachdem die Ausstellungstournee der Sammlung Ströher endgültig beendet war, richteten wir Darmstadt ein. Beuys arbeitete in einem Raum an den großen Vitrinen, während ich zwei oder drei Türen weiter mit den kleineren Gegenständen beschäftigt war.
Darunter war ein Glas mit eingemachten Birnen, bestimmt acht 18
oder zehn Jahre alt, die hatten schon viele Ausstellungen gesehen – ich mochte eingemachte Birnen für mein Leben gern. Und als ich sie mir gerade so liebevoll anschaue und mir habe vorstellen wollen, wie sie riechen, da ruft Beuys aus dem Nebenraum: „Franz, lass mir

bitte die Birnen in Ruhe, die hat mir meine Mutter eingemacht." Obwohl er mich nicht sehen konnte, hatte er mitgekriegt, dass meine Gelüste auf seine Birnen losgegangen waren. So ist es. In meinem Leben haben viele Sachen eine Rolle gespielt, die nicht über die Sprache gelaufen sind. Auch nicht über Wissen und nicht über Willen, es war ein anderes Geflecht. Eigentlich wie mit dem Mädel in der Wirtschaft gestern. So hat sich mein Leben mit vielen Leuten abgespielt, jedenfalls wenn es wirklich um sehr nette und liebenswürdige Sachen ging. Sonst kann man es doch gar nicht aushalten.

Darmstadt hat die Sammlung damals für ein Butterbrot ziehen lassen

FD: Ich weiß nicht, ob euch Kunsthistorikern bewusst ist, welche Ausstrahlung die Sammlung Ströher damals hatte. Das Konzept des Landesmuseums wurde ursprünglich von Goethe angeregt. Er weilte als Kurgast in Wiesbaden, als der Staat Nassau die Sammlung von Johann Isaac Freiherr erwarb, und schlug vor, die Kunstwerke, Altertümer und Naturalien gemeinsam in einem Haus zu präsentieren.

In Darmstadt waren im obersten Stockwerk der *Block Beuys* und die Sammlung Kraushar/Ströher ausgestellt: ein ganzer Raum nur Warhol, ein Raum nur Oldenburg, ein Raum nur Lichtenstein. Das war atemberaubend. So etwas hat es vorher nicht gegeben, das ist zum Vorbild für Museen auf der ganzen Welt geworden. Darmstadt hatte damals vielleicht 100 000 Einwohner, das Museum allein hatte 120 000 Besucher im Jahr. Und trotzdem hat Darmstadt die Sammlung sausen lassen. Vor drei oder vier Jahren fragte mich Larry Gagosian: „Weißt du eigentlich, was die Sammlung heute wert wäre? Unter zwei Milliarden Dollar würdest du das nicht mehr zusammenbringen." Darmstadt hat die Sammlung damals für ein Butterbrot ziehen lassen. Einen Teil haben sie an Oberbürgermeister Walter Wallmann nach Frankfurt verkauft, und einen Teil haben sich Ströhers Kinder geholt.

Um den *Block Beuys* zu retten und ihn zusätzlich noch zu vergrößern, habe ich mich bemüht, ihn nach Stuttgart in die Staatsgalerie zu vermitteln. Damals war Lothar Späth Ministerpräsident, und die waren gar nicht abgeneigt. Eva Beuys war empört: „Die

Politiker werden immer unverschämter, Lothar Späth ruft hier abends an und will mit mir Geschäfte machen." Ich sagte: „Reg dich bitte nicht auf. Ich will den *Block Beuys* aus Darmstadt raushaben." Erich Marx, dem der gesamte Werkkomplex damals gehörte, erhielt aus verschiedenen Richtungen Angebote bis zu zwanzig Millionen D-Mark. Das war eine Menge Geld, zumal er nur drei Millionen bezahlt hatte. Lothar Späth musste dann zurücktreten, und zwar hoppladihopp, und von dem Tag an kannte mich in Stuttgart niemand mehr. Ein ganzes Jahr lang habe ich mich umsonst bemüht. Allerdings mit dem Ergebnis, dass der damalige Direktor in Darmstadt, Dr. Beeh, sich dann ins Zeug legte und das Land den *Block Beuys* schließlich für sechzehn Millionen D-Mark von Erich Marx erwarb.

Es wurde sehr viel gehandelt damals. Alle großen Sammler, inklusive Ströher, haben mit der Kunst aus ihren Sammlungen gehandelt. In Berlin gab es den Schwiegersohn vom Siedler Verlag, Volker Diehl, der hatte folgendes Modell: Er verkaufte an Unternehmer Kunstwerke – er hat zum Beispiel sehr viel Palermo verkauft –, die flossen dann ins Firmenvermögen, wurden abgeschrieben und anschließend zum drei- oder vierfachen Preis weiterverkauft. Den Gewinn hat der Unternehmer sich eingesteckt. Ich habe solche Sachen damals nicht gewusst und auch nicht im Traum daran gedacht, so Kunsthandel zu betreiben. Mir ist es eigentlich immer gelungen, in großen Konvoluten zu arbeiten oder Sammler zu großen Ankäufen zu bewegen. Ich bekam regelrecht einen Wutanfall, wenn ich bei einem Sammler auch nur ein Bild sah, das ich nicht akzeptieren konnte. Ich habe sie alle rausgeschmissen und verkauft oder verkaufen lassen.

FL: *Wie sah so ein Wutanfall aus?*

FD: Das habe ich mir gar nicht anmerken lassen. Es war ein innerer Grimm darüber, dass die so belanglose Sachen kauften. Dass es im Grunde genommen immer über irgendwelche Kunsthändler eine einzige Rumschieberei war. Die waren überhaupt nicht daran interessiert, dem Künstler zuliebe etwas zu kaufen, sondern ihrem Geld zuliebe haben sich die meisten etwas gekauft.

Erich Marx hat auch eine Zeit lang bei mir eingekauft. Es war ein schwieriger Vorgang, aber es hat geklappt: Eines Tages kam der Berliner Kunsthändler Markowski in Begleitung von Marx, der mir damals unbekannt war, auf der Messe in Basel zu mir an den Stand und sagte: „Wir würden uns für Ihre Baselitz-Bilder interessieren." Da habe ich gesagt: „Herr Markowski, Sie können sich für alles interessieren, ich verkaufe Ihnen nichts." Ich hatte von Arnulf Rainer nicht viel Gutes über Markowski gehört, es hieß, er würde nicht zahlen und sei dann plötzlich verschwunden und solche Geschichten. Ich wollte mit dem nichts zu tun haben, obwohl er sehr nett war, aber das Geschäftsgebaren war nicht gerade vertrauenserweckend. Nach zwei Tagen stand Marx wieder bei mir am Stand, dieses Mal ohne Markowski: „Herr Dahlem, ich hätte doch so gerne Ihre Bilder gehabt." – „Herr Marx, es tut mir furchtbar leid, ich kenne Sie gar nicht, ich weiß weder, wer Sie sind, noch, was Sie machen. Ich weiß ehrlich nicht, ob ich Ihnen Bilder verkaufen will." Daraufhin lud er mich ein, ihn in Berlin zu besuchen, natürlich auf seine Kosten, und als ich wieder in Darmstadt war, hatte er mir tatsächlich ein Ticket nach Berlin zukommen lassen, inklusive einer Reservierung im Kempinski Hotel. Also reiste ich nach Berlin, und da ich nicht ins Kempinski wollte, kündigte ich Folker Skulima an: „Ich schlafe eine Nacht bei dir."

Vorher ist mir noch etwas sehr Witziges passiert: Ich kam irgendwie nicht direkt aus Darmstadt, sondern aus Amsterdam – warum, weiß ich heute nicht mehr –, und bevor ich nach Schiphol zum Flughafen rausgefahren bin, fiel ich in eine Gracht. Ich glaube, ich war bei der Gelegenheit mit Bernd Lohaus zusammen. Der war Beuys-Schüler und heiratete später Anny de Decker, mir der er die Galerie Wide White Space in Antwerpen gründete. Es war noch eine Stunde bis zum Abflug, und ich hatte keinen zweiten Anzug dabei. Also habe ich mich kurzerhand ausgezogen, habe die Kleider ausgewrungen und wieder angezogen. Alles an mir stank nach dieser Gracht, die BEA hat mich trotzdem mitgenommen. In Berlin fuhr ich dann direkt zu Folker Skulima in die Fasanenstraße. Dort haben sie die Hände über dem Kopf zusammengeschlagen, als sie mich sahen. Wir sind noch am selben Abend in das nächstbeste Kaufhaus gegangen, und ich habe mir für hundertzwanzig Mark, vielleicht waren es auch nur achtzig Mark, einen Anzug gekauft, irgendetwas Schäbiges, Billiges. In dem nagelneuen Gewand ging ich am nächsten Morgen zu Marx ins Büro am Kurfürstendamm, und er war hoch erfreut, mich zu sehen.

Das Büro war in zwei mit einem Durchbruch verbundenen Häusern untergebracht, alles picobello, professionell bis ins Letzte, und er hatte wunderschöne Sekretärinnen. Ich habe mich etwas umgeschaut und habe sofort gedacht, die Bilder hänge ich nicht allein ab: „Herr Marx, Sie haben doch bestimmt einen Bürodiener oder einen Hausmeister, der soll bitte einen Bürowagen mitbringen, damit wir die Bilder nicht tragen müssen." Es war wirklich kaum ein Bild dabei, das man auch nur zweimal hätte anschauen wollen, mit sehr wenigen Ausnahmen: zwei Zeichnungen von Werner Heldt, *Berlin am Meer* oder so ähnlich, ein blaues Aquarell von Fritz Kuhn, ein Bild von Eduard Bargheer und ein Bild mit einem Kind, das einen Ballonstrauß in der Hand hielt, von einem Stuttgarter naiven Maler aus den 30er-Jahren. Der liebte die Farben, das sah man. Das Bild fand ich bezaubernd. Als ich mit der Arbeit fertig war, ging Marx mit mir durch alle Räume. Der Adamsapfel ging immer rauf und runter. Als wir wieder in seinem Büro waren, wollte er wissen: „Herr Dahlem, nach welchen Kriterien haben Sie die Bilder ausgesucht?" – „Herr Marx, die Bilder, die jetzt noch hängen, sind die einzigen anständigen Bilder, die ich in Ihrer Sammlung entdecken konnte." Da kam er auf mich zu, nahm mich in den Arm und sagte: „Herr Dahlem, das sind die einzigen Bilder, die ich selbst gekauft habe." Damit war die Sache geritzt. Ich habe ihm dann drei Baselitz-Bilder verkauft und eine Liste gemacht, was er sich in

Zukunft noch anschaffen soll. Das habe ich Folker Skulima erzählt, und flott wie er war, hat er Marx kurz darauf einige Bilder angeboten, darunter Polke und Twombly. Es dauerte nicht lange, da bekam ich von Marx einen Anruf: „Herr Dahlem, ich habe mir einen Twombly gekauft, und wenn ich das Bild jetzt so vor mir habe, denke ich, da ist ein Bleistiftstrich zu viel drin.“ Das kann man ja erst mal gar nicht glauben. Ich habe mich über solche Dinge aber nicht aufgeregt. Ich habe mir gedacht, man muss dem Mann irgendwie klarmachen, dass das bei Twombly alles Bleistiftstriche sind. Jetzt wollte ich aber nicht nach Berlin fliegen, um den Bleistiftstrich zu untersuchen. Heiner Bastian, den ich übrigens bei der Eröffnung der Ströher-Sammlung in der Nationalgalerie kennengelernt hatte, war damals beim Propyläen-Verlag und hat unter anderem Publikationen zu Beuys und Twombly gemacht. Den rief ich an und sagte: „In Berlin lebt ein Sammler, der ein Bild von Twombly gekauft hat und nun der Meinung ist, es sei ein Bleistiftstrich zu viel in dem Bild. Lass doch bitte ein erstklassiges Ektachrom anfertigen und schicke es Twombly nach Rom. Der soll entscheiden, ob der Strich in das Bild gehört oder nicht.“ Twombly hatte nicht gleich am ersten Tag Lust, sich das anzuschauen, es hat mehrere Monate gedauert, irgendwann meldete er sich aber zurück: „Rechts unten der Strich ist nicht von mir.“ So begann die Beziehung zwischen Heiner Bastian und Erich Marx. Die *Drei Helden* von Baselitz, die ich Marx verkauft hatte, waren nach Einschätzung Heiner Bastians drittklassige Kunst und wurden irgendwann einmal aus der Sammlung entfernt. Bastian hat dann aufgebaut, mit Beuys hat er angefangen. Marx war sehr wichtig für Beuys. Er hatte nämlich nie richtig Geld für große Projekte, und mit Marx konnte er immer rechnen, der hat das Geld vorgeschossen, und Beuys hat es ihm später zurückgezahlt.

Was Twombly angeht, muss ich Heiner Bastian wirklich ein großes Kompliment machen: Er hat eine erstklassige Twombly-Sammlung zusammengebracht. Und dann hat er noch etwas

Geniales gemacht: Er hat schon sehr früh Zeichnungen von Andy Warhol in einem Umfang gekauft wie kein anderer zu der Zeit. Marx hat sich noch lange auch immer wieder an mich gewandt. Wenn er wirklich schwere Entscheidungen treffen musste, ging abends, wenn er seinen Rotwein trank, bei mir das Telefon: „Soll ich, soll ich nicht?“ Wegen Anselm Kiefer hat er komischerweise nie angerufen. Kiefer hätte ich nicht erlaubt. Ist aber wurscht. Kiefer konnte man letzten Endes nicht aufhalten.

Die Realität ist,
die Leute entscheiden sich nicht bewusst dagegen,
sondern sie leben ohne jeden Verstand

FD: „La rivoluzione siamo Noi".[32] Das ist ein Weltbild. Das kannst du 21
einem Typen in der Mongolei zeigen und der weiß, was los ist.
Beuys hatte eine Seele. Manche Sachen habe ich oft gar nicht ver-
standen. Ich wusste nicht, warum sich Beuys mit Marcel Duchamp
auseinandersetzt. Oder dieses *Telefon*. Ich sah aber sofort, dass 19
Beuys ein Künstler war. Das andere ist alles haarsträubend. Fluxus! Das ist Bastelei. Die haben sich übernommen mit ihren Aktionen. Es war ja alles richtig, aber so erreichst du nichts, mit Salat-Happening. Das war fernab der Realität. Das waren so richtige Universitätsidioten, Abiturienten. Ich habe nie verstanden, wie man sich in eine Universität setzen und sich diesen Quatsch da anhören kann, den die Professoren erzählen. Ich habe Heiner einmal zu einem Proseminar über Leonardo da Vinci begleitet. Der Professor redete und redete und redete. Am Ende durften die Studenten sich einbringen, es hat aber kein Mensch etwas gesagt, bis ich mich zu Wort meldete: „Alles schön und gut mit den Erfindungen von Leonardo da Vinci, aber der einzig Wahre war doch Gerolamo Cardano." Cardano [1501–1576] hat mich tief beeindruckt. Sein älterer Sohn wurde in Mailand gefangen genommen, während er selbst sich in Pavia aufhielt. Des Gattenmordes beschuldigt, wurde er trotz der Verteidigungsrede seines Vaters mit dem Schwert hingerichtet. Es war eine der größten Niederlagen Cardanos, es hat ihn regelrecht zermartert.

Irgendwann sagte ich zu Heiner: „Schau bitte mal raus, es ist schönstes Wetter. Bei der ersten Pause gehe ich." – „Wo willst du denn hin?" – „Ins Ungererbad." Das war wirklich um einiges besser als die Universität von München um die Zeit. Im Schwimmbad waren nämlich lauter hübsche Mädchen. Du schleckst nie den Teller aus, gell?

FL: *Nein.*

FD: Weil du ein ungezogenes Kind bist. Das ist doch mit das Beste. Mittlerweile gehört es zur westlichen Kultur, dass alles in den Abwasch kommt. Franzosen lecken heimlich aus. Anderswo essen sie mit den Fingern. Und du bist nicht bereit, deine schöne Zunge einmal schamlos in den Teller zu halten. Du hast Angst. Schau, die Zitrone, die Tomate, das Öl und du willst das alles wegschmeißen. Ich glaube, die Deutschen schmeißen jedes Jahr viele Millionen Tonnen Lebensmittel weg. Man muss nicht jeden Tag Philosoph sein und Gedichte und Musikstücke schreiben. Man muss ein Leben haben, das ein bisschen normal ist. Findest du nicht?

FL: *Die meisten führen doch ein ziemlich normales Leben.*

FD: Nein. So, wie die sich waschen, so, wie sie essen, so, wie sie ihren Tag verleben, das ist nicht normal. Zehn, zwölf, vierzehn Stunden im Büro sitzen – ist das normal?

FL: *Und was ist normal?*

FD: Mäßig, aber regelmäßig. Die Leute sollen ja arbeiten. Ich sage nicht, dass niemand arbeiten soll oder dass niemand essen soll, aber in Maßen. Die Realität ist, die Leute entscheiden sich nicht bewusst dagegen, sondern sie leben ohne jeden Verstand, sie denken nicht nach. Sie lechzen nur nach der Peitsche. Die Peitsche heißt ja, ich will mehr. Schau dir nur einmal den Sport an. Was Fußball in den 70er-, 80er-Jahren war und was Fußball heute ist. Ein Großteil der Gesellschaft hat einen Feudalismus entwickelt, der stellt von der Renaissance bis Napoleon alles in den Schatten. Früher waren sie auch üppig am Geldausgegeben, aber immerhin haben sie etwas hinterlassen, was man anschauen kann, heute noch. Und sie haben die Leute zu hohem Handwerk gebracht. Dann haben sie ihre verfluchten Kriege geführt und haben sich alle miteinander totgeschlagen, dummerweise. Das hat uns wirklich sehr viel Kraft gekostet.

Oder schau dir die Spiele der alten Römer an: Die Sklaven, die gegen Tiger und Löwen kämpfen mussten. Das ist doch heute gar nicht anders. Sie müssen nicht gerade gegen Löwen kämpfen, aber sie sind mit dreißig, fünfunddreißig Jahren fix und fertig und kaputt.

FL: *Ich mache jetzt einen Tee.*

FD: Liebes Kind, darf ich ohne dich schon eine Zigarette rauchen?

FL: *Selbstverständlich.*

FD: Das dritte Auge, das dritte Ohr, der zweite Mund. Die Pflanze hat auf dem Rücken den Magen und auf dem Bauch die Lunge. Das Blatt zumindest. Und trinkt mit dem Fuß, das sind die Wurzeln. Interessantes Lebewesen. Wir wissen ja noch gar nicht, was Leben wirklich ist, genauso wenig wie wir wissen, was Wasser ist. Wir wollen das alles wissen, aber wir sind noch nicht dran. Stattdessen müssen wir uns mit den Systemen abarbeiten, die der Mensch mit seinem Gehirn-Theater vorantreibt. Wenn das Gehirn-Theater einmal aufhört und das Gehirn in seiner echten Funktion noch mal in Erscheinung tritt, wird es interessant, was dabei herauskommt. Wir müssen nicht den Materialismus überwinden, um dann ins Gegenteil, wovon die Leute meinen, es sei das Geistige, zu gelangen. Als sei der Materialismus unten, und das Geistige oben. Das ist absoluter Quatsch. Nehmen wir die Wissenschaft: Die Tatsache, dass Konfuzius[33], soweit man ihn in Deutsch lesen kann, von Jesuiten übersetzt worden ist, hatte eine stärkere Verfremdung zur Folge als die erste Fälschung seiner Schriften nach seinem Tod.

Weißt du, dass die Vorstellungen von Meister Eckhart[34] von denen des Konfuzius gar nicht so sehr abweichen? Der eine hat 500 v. Chr. gelebt, der andere um 1300. Meister Eckhart war für mich am Anfang unerträglich zu lesen. Bis ich dahintergekommen bin, dass er sich im Grunde nicht nur mit dem Glauben beschäftigte, sondern auch mit den Theologen seiner Zeit, und in ihnen hat er schon damals Übeltäter ersten Ranges entdeckt. Er hat sich dann an die Beginen gewandt, das waren die Frauen, die Gott tüchtig liebten und sich in den Städten der Armen- und der Krankenpflege gewidmet haben. Denen hat Meister Eckhart Predigten gehalten, von einer solchen Süßigkeit und Liebenswürdigkeit. Zu Beginn habe ich gedacht, der hat nicht alle Tassen im Schrank. Bis ich merkte, dass die Sprache von uns gar nicht mehr richtig verstanden werden kann. Und weil ich vorhin auf die Akademiker geschimpft habe: Ich hätte sehr gern Germanistik studiert, neben Biologie, nur, um Mittelhochdeutsch lesen zu können. Jetzt lese ich manchmal Mittelhochdeutsch und ahne, was das eigentlich für eine Sprache ist. Die haben damals tolle Sachen geschrieben.

Der Tee ist erster Klasse. Den trinke ich aber noch nicht. Frauen können ja sehr heiß trinken. Oder ich bin vielleicht besonders empfindlich. Aber ich habe oft gesehen, dass Frauen sehr heiß essen und trinken können.

FL: *Was schreibt uns René Block? „Grüße ins Chiemgau".*

FD: Die Galerie von René Block und die Events, die er da gemacht hat, akzeptiere ich irgendwo. Weil das in Berlin eine ganz andere Situation war. Du weißt, wie Berlin in den 60er-Jahren ausgeschaut hat: viergeteilte Stadt, arm und korrupt bis in die Knochen. Und subventioniert, von der Ford Foundation. Das ganze kulturelle Leben in Berlin ist eigentlich von der CIA finanziert worden, das nehme ich jedenfalls schwer an. Und da war René Block schon ein Gegengewicht. Obwohl das Programm in Deutschland außerhalb Berlins kaum eine Rolle spielte. Die *Münchener Abendzeitung* hat nie etwas über René Block geschrieben, die *FAZ* erst recht nicht. Wenn es nach Skandal roch, hat sich eher der *Spiegel* darum gekümmert. Dementsprechend war dann die Meldung.

Wie kann ein Militär in dieser Form ausrasten?

FD: Weißt du, was mich auch so aufgeregt hat? Beuys ist in seiner Schule wirklich von lauter Deppen umgeben gewesen, die seine Studentenpartei übrigens dankbar akzeptiert und anerkannt haben. Dort hat er sich an dieses akademische Gehabe gewöhnt, mit den Leuten zu diskutieren. Für mich war Diskutieren das Allerletzte. Ich hatte etwas zu sagen, und die anderen hatten zu folgen.

FL: *So ist es ja heute noch.*

FD: Ich konnte nicht erkennen, worin der Diskussionsbedarf bestand. Beuys ermahnte mich damals: „Du bist zu radikal, Franz." Im Rahmen des *7000-Eichen*-Projekts[35] hatten wir unzählige Sitzungen, da gab es eine Tagesordnung, und dann wurde über die Spenden und Aktivitäten und was sonst noch alles gelaufen war, gesprochen. Vor allen Dingen aber wurde sehr viel gelabert. Am Ende der Tagesordnung gab es immer eine freie Diskussion. Und mittendrin saß Margarete Mitscherlich. Die war altersmäßig eher die Großmutter von der ganzen Bagage, aber sie verlieh der Veranstaltung eine gewisse Autorität. Ich war nicht Mitglied der Studentenpartei, sondern war nachweisbar der Gauner von Beuys, das Kapitalistenschwein von der Bankseite oder von der Polizei oder wofür sie mich gehalten haben. Obendrein trug ich auch noch einen Trenchcoat, das war bei denen eigentlich verboten. Die Spenden für die *7000 Eichen* liefen jedenfalls nicht richtig, obwohl Fernando Groener und die anderen gerne erzählten, was sie mit ihren Maßnahmen schon alles erreicht hatten, nur Geld brachte keiner bei. Das meiste Geld habe ich besorgt, und da habe ich mich auch mal zu Wort gemeldet: „Das liegt nicht an der fehlenden Organisation oder an der Studentenpartei oder dem Baumbüro, sondern an der Gesellschaft.

Die ist derart geizig" – ich glaube, ich habe auf Bayerisch gesagt: „Die sind alle ruachert." Es hat doch kein Mensch freiwillig Geld hergegeben, für Kunst schon gar nicht. Ich habe also irgendwie rumgemotzt, dass die Sache so nicht zu bewältigen sei, woraufhin sich Frau Mitscherlich in die Unterhaltung einmischte: Es war ihr nicht akademisch genug formuliert, was ich da von mir gab. Ich habe Beuys damals einen guten Rat gegeben: „Das Projekt kostet mehrere Millionen Mark. Wenn es nicht gelingen sollte, das Geld herbeizuschaffen, trittst du einfach zurück. Kein Mensch verpflichtet dich, das Projekt aus eigener Tasche zu zahlen. Dann müssen wir eben klein beigeben: Statt der siebentausend Bäume werden es dann vielleicht nur fünftausend." Große Empörung, vor allem vonseiten der Studentenpartei und des Baumbüros. Frau Mitscherlich mischte auch wieder mit, und da habe ich zu ihr gesagt: „Was denken Sie eigentlich, woher das alles kommt? Elend wird gedacht. Das kommt in den Büchern von Ihnen und Ihrem Mann überhaupt nicht vor. Sie können im Nachhinein Geschichte, Soziologie, Bevölkerungskunde und so weiter brillant rekonstruieren, um zu erklären, was die Leute gut oder schlecht gemacht haben und warum daraus Konflikte entstanden sind. Das erklärt aber nicht, warum so viel gemordet worden ist." Beuys war sprachlos. Er hätte mir am liebsten den Mund verboten, weil er der Meinung war, Frau Mitscherlich sei von höherer Intelligenz und hätte entsprechend eine bessere Position in der Gesellschaft als ich. Und da muss ich sagen, hat sie sich wirklich fair verhalten. Sie bedeutete Beuys, er solle mich ausreden lassen. Ich fuhr fort: „Elend entsteht ja nicht wie Kartoffeln. Es wird nicht ausgesät, keimt und wächst. Elend ist ein Teil menschlicher Intelligenz. Und das sind wir. Wir sind am Elend beteiligt." Großes Schweigen im Saal. Man wollte mir weder recht geben noch mir widersprechen, sondern am liebsten das Thema wechseln.

FL: *Margarete und Alexander Mitscherlich argumentieren in ihrer Schrift „Die Unfähigkeit zu trauern", dass die Menschen nach dem Zweiten*

Weltkrieg primär mit dem Wiederaufbau beschäftigt waren und sich drängenden Fragen, etwa denen nach Schuld und Trauer, dadurch verweigerten.[36]

FD: Sie haben ja recht. Aber sie benennen nicht, dass es wirklich die Verbrecher waren und dass der Verbrecher im Menschen verwurzelt ist. Das hat Robert Musil schon mit dem Moosbrugger in seinem *Mann ohne Eigenschaften* zu erklären versucht.[37] Beuys sagte einmal zu mir: „Franz, im Krieg sind die Besten zuerst gestorben." Und genau so war es. Die Kriminellen, die es immer schon gegeben hat, konnten sich im Krieg richtig austoben. Hitler hat sich doch regelrecht der Verbrecher bedient, um seine Macht aufzubauen. Er hat sogar die Führungskräfte der SA ermorden lassen. Der Stabschef der SA, Ernst Röhm, war in Bad Wiessee am Tegernsee im Urlaub. Dort wurde er verhaftet und am folgenden Tag im Gefängnis in München Stadelheim erschossen.

Es wurde immer gemordet und totgeschlagen. Denk nur einmal an Cicero und die Catilinarische Verschwörung. Cicero ist mit einem Henker von Haus zu Haus gegangen und hat ganze Familien aufhängen lassen. Es gibt noch eine andere Geschichte, die mich sehr beeindruckt hat, weil sie so fantastisch ist – ich sage aber gleich dazu, ich habe sie nie verifizieren können: Persien ist ein Riesenreich, da gab es mehrere Tausend Steuereinnehmer. Und irgendeinem Xerxes ist aufgefallen, dass diese ihn betrogen hatten, woraufhin er veranlasste, sie alle in einer Nacht hinzurichten. Und genau so haben auch Hitler und Stalin regiert. Mussolini hat es versucht, Franco auch – die sind alle über Leichen gegangen. Friedrich Paulus, Oberbefehlshaber in der Schlacht von Stalingrad, war von 1943 bis 1953 in sowjetischer Kriegsgefangenschaft, anschließend wurde er ehrenvoll in Dresden aufgenommen, wo er bis zu seinem Tod am Elbufer in einer der schönsten Villen lebte. Der Mann muss ein Gemüt gehabt haben wie ein Metzgerhund.

FL: *Warum können manche Menschen so skrupellos morden?*

FD: Wie kann man Militär werden? Das ist die erste Frage. Die zweite

Frage ist: Wie kann ein Militär in dieser Form ausrasten? Das sind ja keine Einzelpersonen. Die Militärs haben ein System des absoluten Gehorsams in der Armee erzwungen. Auch in Friedenszeiten. Das ist schon der erste Fehler. In einem Regiment von 6000 Leuten sind ja nicht ausschließlich Mörder oder irgendwie auffällige Typen, die Blut lecken wollen. Sondern das ist eine ganz gemischte Gruppe, die aber innerhalb dieses Regiments oder der kleineren Einheiten unter dem Zwang von ein paar Übeltätern stehen. Die etwas intelligenteren Leute sind ja häufig schon bei der Aufnahme in die Armee krank geworden, die haben die Ausbildung gar nicht durchgestanden. Hinzu kommt die Maschine, die Waffen. Du hältst ein Maschinengewehr oder stehst an einer Kanone. Jetzt stell dir vor, du bist selbst bombardiert worden. Irgendwann stellt sich dir nicht mehr die Frage: Willst du jemanden totschlagen oder nicht totschlagen? Du wirst zu einem Teil dieser Kriegsmaschine. Hast du mal Ernst Jünger gelesen? Da wundert dich doch gar nichts mehr. Der schreibt wirklich brillant über die Sache. Oder Erich Maria Remarque, *Im Westen nichts Neues*.[38]

Einige haben wirklich gelitten wie die Schweine. Die waren zerstört, geisteskrank oder was weiß ich. Die sind heimgekommen und haben an den Händen und Füßen nur noch gezittert.

FL: *Weißt du etwas über die Zeit, in der Beuys in eine „Lebenskrise" geriet?*

FD: Wer sagt denn das? Der war im Lazarett.

FL: *Nein, später, um 1956/57, in der Zeit als er bei den van der Grintens wohnte.*

FD: Woher weißt du das?

FL: *Zum Beispiel schreibt H. P. Riegel darüber in der Beuys-Biografie.*[39]

FD: Der Immendorff-Schüler. Den Jungen konnte ich nie leiden.

FL: *Kennst du ihn persönlich?*

FD: Ja, natürlich, Maria war doch auch Immendorff-Schülerin. Ich mochte den Immendorff eine Zeit lang. Ich habe auch seinen Fußpilz geheilt, in Antwerpen.

Ich habe mit Beuys nie darüber geredet. Aber es gibt Zeichnungen

von ihm, da siehst du den kompletten Zusammenbruch. Und dann kamen von ihm auch so verstiegene Sachen, in einer Zeichnung
kommt das Wort „Tränenaschenteig“ vor. Ich glaube, ich habe es 71
schon einmal gesagt: Beuys ist der Einzige, der den Zweiten Weltkrieg durch sich hat durchgehen lassen. Und zwar das Leid und das Elend. Er war ein sehr sensibler Mensch. Daher war der Dichter Adam Reinhard Lynen auch sein bester Freund. Er hat monatelang bei ihm in Düsseldorf gewohnt, im Souterrain. Lynen hat die *Kentaurenfährte* geschrieben, das müsstet du wirklich mal lesen, das hat sehr viel mit Beuys zu tun.[40] Seine Frau Ruth Lynen war später eine Freundin von mir. Mit ihm hatte ich nie einen persönlichen Kontakt, aber für Beuys war er sehr wichtig.

Beuys hat immer zu den Soldaten gehalten, das ist ihm zum Teil sehr verübelt worden. Dabei gab es unter den Millionen Soldaten eben auch 50 000, die das alles gar nicht wollten. An diese Leute hat Beuys sich gewandt, als er sagte: „Ihr seid keine Verbrecher, ihr seid immer tolle Jungs gewesen.“ Die Rücksichtslosesten von allen waren doch die Geldleute. Die Geldleute haben die Kriege in der Hand gehabt.

FL: *Wer sind die Geldleute?*

FD: Frag mich nicht, wer Geldleute sind. Vielleicht Bankdirektoren. Es gab zwei oder drei deutsche Industrielle, die sind in der Nazizeit aufgebaut worden und besitzen ihr Vermögen bis heute. In diesen Systemen hat es immer Leute gegeben, die in der Gesellschaft Gruppen gebildet haben. Man muss sich wirklich fragen, wie ein Volk mit so einer Tradition und so einer Vergangenheit für etwas wie Auschwitz verantwortlich zeichnen kann. Beuys sagte einmal zu mir: „Franz, wir sind längst in einer Zeit angekommen, in der die Menschen kalt getötet werden.“ Du wirst noch davon hören, vielleicht wenn du achtzig oder neunzig Jahre alt bist, und du wirst dich an unser Gespräch erinnern, wenn nämlich die chinesischen Großstädte mit fünfzehn bis dreißig Millionen Einwohnern nicht mehr richtig ernährt werden können, weil das ganze Wirtschaftssystem zusammenkracht. Was glaubst du, was dann passiert? Wir sind heute sieben Milliarden Menschen, die können ohne mit der Wimper zu zucken zwei Milliarden umlegen. Und das machen die auch. Glaub ja nicht, dass es nicht gemacht wird. Deswegen diese Insel und der Rückzug in die Kunstnische. Der Fußball hat klar gewonnen. Wenn ich das geahnt hätte, wäre ich Fußballer geworden. Damit hätte ich immerhin Geld verdient. Dann hätten wir heute einen großen Besitz. Vielleicht wäre ich ein guter Fußballer geworden.

FL: *Hast du denn je gern Fußball gespielt?*

FD: Nein, das kann ich wirklich nicht behaupten. Ich habe gar nichts gern gespielt letzten Endes. Ich bin ein guter Radfahrer gewesen, aber nur, weil ich mich fortbewegen musste. Bevor ich mein erstes Motorrad hatte, bin ich Radlfahrer gewesen.

Wir sind jetzt erst im Jahr 2016. Wir haben keine chiliastischen Gedanken des Weltuntergangs[41]. Ich glaube sogar, dass die Welt weitergeht. Ich glaube, der Mensch wird durch diese ganzen Schrecken hindurchgehen, durch diese ganzen Grausamkeiten, und wird sich weiterentwickeln. Nicht ethisch, es werden nicht alle nach Immanuel Kants Maximen leben, sie werden nach anderen Maximen leben. Ich habe einmal eine Doktorarbeit über die Finanzierung der Kriege vor dreihundert, vierhundert Jahren gelesen. Da bist du sprachlos, ich schwöre es dir: Es geht nicht um Moral oder die Opfer oder sonst irgendetwas, es geht einzig und allein um die Geldströme. Und so ist es doch bis heute. Es geht um Geld und um Macht. Wenn in Europa sagen wir mal dreißig Großgrundbesitzer den Willen haben, eine bestimmte Entwicklung zu betreiben, und auch ihre Beziehungen oder ihr Netzwerk entsprechend aufbauen, dann beherrschen sie es. Die haben ihre Leute. Die können die anderen so was von kaltstellen und ruinieren. Letzten Endes haben wir gar keine andere Chance, als uns zu verkriechen und in der Nische zu überleben.

Es ist ja noch nicht zu Ende. Wir müssen nicht zurück bis zu

Gaia, der personifizierten Erde, aber was die Biologie uns gelehrt hat, ist, dass wir uns aus Zellen entwickelt haben und diese Zellen haben eine Evolution durch das gesamte Tierreich durchgemacht. Das heißt, kurz gesagt, dass wir mit der Natur blutsverwandt sind. Das ist eine erhabene Idee. Davon habe ich schon 1961 in der Brienner Straße in München in einem Vortrag gehört. Damals wurde darüber gesprochen, wie viele Tonnen Sternenstaub jeden Tag auf die Erde runterregnen. Und es ist erwiesen, dass bestimmte Atome überhaupt nur entstanden sind, weil irgendwo draußen im Universum eine Supernova entsteht. Das Atom für Wasserstoff ist entstanden, als das Universum bereits zwei Milliarden Jahre alt war. Vorher gab es kein Wasser. Ich habe in der Türkei einmal mehrere Tage lang in einem Heilbad gesessen und darüber nachgedacht, wo das Wasser bleibt, das noch nicht abgeregnet ist. Ich wollte sogar ein Gedicht darüber schreiben, leider ist mir nichts eingefallen. Ich war wirklich erschüttert, ich bin nicht dahintergekommen, wo sich das Wasser befindet, das noch nicht abgeregnet war. Inzwischen weiß ich mehr darüber, warum ich es noch nicht entdeckt habe.

Jetzt muss man sich aber vorstellen, diese Prozesse interessieren die Finanzleute nicht. Die haben alle ein fürchterliches Ego. Und dieses fürchterliche Ego ist mit Sicherheit genauso grauenhaft wie das der Perser oder der Azteken – das hat es durch die gesamte Geschichte hindurch gegeben. Die Anthroposophen sprechen vom Erdzeitalter, so wie es die Steinzeit, die Eisenzeit, die Bronzezeit gab und so weiter. Sie sprechen immer von einer Entwicklung, die Erde entwickelt sich aber nicht, sondern sie hat in irgendeiner Form eine Anlage, die in Erscheinung tritt. Vor wie viel Jahren sind siebzig Prozent aller Lebewesen auf der Erde ausgerottet worden? Vor zweihundertfünfzig Millionen Jahren?

FL: *Der Jura begann etwa vor zweihundert Millionen Jahren und endete vor hundertfünfundvierzig Millionen Jahren.*

FD: Das war die Zeit der Dinosaurier. Es folgte eine Eiszeit, die muss die ganze Erde umfasst haben. Da kann man doch aus heutiger

Perspektive von einer echten Katastrophe sprechen. Der Erde war es aber wahrscheinlich komplett wurscht. Die hat es hinter sich gebracht wie alle anderen Veränderungen, die sie durchgemacht hat, auch. Wie aber haben die Einzeller es geschafft, aus diesem ganzen Chaos wieder herauszukommen und über das Wasser an Land zu kriechen, bis sie Mensch geworden sind? Hier sitzen wir: Du heißt Franziska, und ich heiße Franz.

„Um ein bisschen Erfolg zu haben, muss man erst einmal auf der Hungerliste stehen"

FD: Die Heide hat mich einmal verblüfft. Sie sagte zu mir: „Franz, solange du nicht begriffen hast, dass du aus Feuer und Wasser bestehst, wird aus dir sowieso nichts." Wir mochten uns sehr, wir liebten uns, und ich habe mich nicht getraut, daran Kritik zu üben oder das infrage zu stellen, aber damals war es mir ein Rätsel. Heute weiß ich, dass es hundertprozentig richtig ist. Wir bestehen aus Feuer und Wasser. Das ist unsere Grundsubstanz.

Heide war die Frau von Uwe Lausen, für mich war sie eine uralte 6
Frau, Uwe dagegen war fast ein embryohaftes Wesen. Dass die zusammengefunden hatten, war eigentlich unglaublich. Leider konnte Heide ihn nicht beschützen, weil Uwe wirklich harte Drogen genommen hat, sehr harte Drogen. In dem Zustand hat er aber immer noch weiter Bilder produziert, dafür habe ich ihn sehr bewundert. Kurz bevor er starb, war er noch einmal bei mir in Darmstadt. Er kam in einem schwarzen Anzug mit Nadelstreifen, was sehr merkwürdig an ihm aussah, er war nicht rasiert, die Haare ungepflegt und er abgezehrt bis zum Gehtnichtmehr. Wir waren damals mit meinen Kindern Filipp, Cymon und Anna irgendwo an der Weinstraße Spaghetti essen, weil ich wusste, dass Uwe sie so wahnsinnig gern mochte. Er lebte von Spaghetti, solange ich ihn kannte. Uwe blieb mehrere Tage bei uns. Manchmal gingen wir zusammen in die Innenstadt, da setzte er sich in der Fußgängerzone auf den Boden wie ein Bettler und blieb zwei, drei Stunden sitzen. Mir blieb nichts anderes übrig, als neben ihm Platz zu nehmen. Das waren wirklich traurige Stunden, und es wurde kein Wort gesprochen. Irgendwann kam dann ein Anruf aus München, dass

Heide nach Kupferzell in Baden-Württemberg fährt und dort auf ihn wartet. Da wollten sie gemeinsam zum Psychiater gehen. Ich brachte Uwe zum Bahnhof. Anstatt zu Heide nach Kupferzell zu fahren, fuhr er aber direkt nach München, wo er sich dann von irgendeinem Typen LSD besorgt hat. Ich weiß nicht, was mit dem Zeug los war, auf jeden Fall muss Uwe einen Horrortrip gehabt haben, sodass er seinen Arzt anrief und um Hilfe bat. Der gab ihm eine weitere Pille, die es nur noch schlimmer machte. In diesem Zustand rief Uwe bei seiner Mutter an, die sofort verstand: Den muss ich holen. Die Nacht verbrachte Uwe in Beilstein bei Stuttgart im Haus seiner Eltern. Dort hat er sich im Badezimmer die Pulsadern aufgeschnitten und ist gestorben. Uwe ist direkt von mir runter nach Beilstein und ist gestorben. Ich bin noch einmal zu ihm gefahren: Da lag er in seinem weißen Kleid, ganz unschuldig und bleich. Und die Heide stand neben mir.

Ich habe immer viele Tote um mich herum gehabt oder Leute, die krank waren. Michael Werner hat manchmal verrückten Leuten, die bei ihm in der Galerie ausstellen wollten, meine Telefonnummer gegeben. Zum Beispiel habe ich mich ein Dreivierteljahr lang mit einem Schuster aus der Nähe von Limburg unterhalten. Bei mir ging nachts sehr oft das Telefon, und dann war mit Sicherheit irgendein Bekloppter am Apparat, der dringend mit mir sprechen musste. Ich glaube, viele haben das auch verwechselt: Ich hatte wirklich einen Untergrund-Ruf. Gefürchtet und begehrt. Das, was ich gemacht habe, wurde in der Regel verachtet und ist häufig auch als Betrug bezeichnet worden. Der ganze Kunsthandel hat doch eigentlich niemanden interessiert. Außer die Künstler natürlich, die brauchten ja immer Geld. Sigmar Polke hat einmal zu mir gesagt: „Um ein bisschen Erfolg zu haben, muss man erst einmal auf der Hungerliste stehen." Da hatte ich aber bereits alle Hungerlisten hinter mir.

Mit Uwe habe ich viel erlebt. Unter anderem haben wir zusammen Max Ernst im Palais de Tokyo in Paris anlässlich einer

Jahresausstellung avantgardistischer Kunst kennengelernt. Im ersten Saal stand in der Mitte des Raumes ein Schrottmotorrad auf einem Podest. Als ich mich gerade daraufgeschwungen hatte, sprach mich ein älterer Mann an: „Glauben Sie, dass das im Interesse des Künstlers ist?“ Der Mann hatte große, blaue Telleraugen und einen ganz besonderen Humor. Er hat sich mir aber nicht vorgestellt. Ich sagte: „Wenn das ein Kunstwerk ist, kann der Künstler froh sein, dass er das Werk jetzt durch meinen Einsatz vollendet hat.“ Er lachte: „Es sind aber doch Arbeiten von irgendwelchen Künstlern, und da wahrt man einen gewissen Abstand.“ Das war sehr väterlich gesprochen. Später sagte Uwe zu mir: „Weißt du, wer das war? Das war Max Ernst.“

Baselitz hat Max Ernst seine Existenz zu verdanken: Mir wurde einmal in Düsseldorf in der Altstadt ein Bild angeboten, in einem Gästehaus, morgens um drei. Ich war bekifft und besoffen. An der Bar sprach mich ein Typ an: „Du kaufst doch Bilder? Ich habe ein Bild von Max Ernst.“ Weil ich es immer so gemacht habe, habe ich gesagt: „Schreib mir deinen Namen, deine Adresse und deine Telefonnummer auf.“ Ich steckte den Zettel in die Tasche und als ich am nächsten Morgen aufwachte, holte ich ihn heraus und rief an.

So etwas kann wirklich nur mir passieren: An dem Tag habe ich 60 000 Mark verdient. Kurz vorher hatte ich ein anderes Geschäft gemacht, daher hatte ich etwas Geld. Ich fuhr also zu dem Mann, um mir das Bild anzusehen, und erkundigte mich, was er für das Bild haben wollte: „Was kann man denn dafür verlangen?“ – „Ich handle mit Gegenwartskunst. Das ist irgendetwas aus den 30er-Jahren. Ich weiß es nicht.“ – „Gibst du mir 20 000 Mark?“ Ich war einverstanden. Er gab mir eine Tragetasche, ich legte das Bild hinein, gab ihm das Geld und fuhr nach Hause. Kurz darauf habe ich es bereut, denn das Bild war nicht signiert. Über Folker Skulima habe ich an Max Ernst ein Foto schicken lassen, und der ließ bald ausrichten, er hätte das Bild noch nie gesehen. Wie ich später erfahren habe, erwartete er für die Beglaubigung seiner Bilder einen

Obolus, das wusste ich damals aber nicht. Ich habe das Bild dann zu Siegfried Cremer in die Staatsgalerie Stuttgart gebracht, der hat es auf einem ultravioletten Tisch betrachtet und hat sofort feststellen können, dass es ein echter Max Ernst war. Er fand das Bild brillant, gönnte mir aber mein Glück nicht und sagte: „Schauen Sie, dass Sie das Bild bald verkaufen. Die Untermalerei ist so schlecht, so, wie Sie es transportieren, bröckelt Ihnen in zwei oder drei Jahren die Farbe runter." Ich habe dann noch herausgefunden, dass das Bild vorher einmal in Düsseldorf im Ehrenhof ausgestellt war, dazu gab es auch eine Abbildung, und damit hatte ich den endgültigen Beweis, dass es sich nicht um eine Fälschung handelte.

Irgendwann war Polke aus Berlin bei mir, sah das Bild und sagte: „Franz, ich weiß jemanden, der das Bild kaufen will." Emilio Arditti aus Paris hat mir dann tatsächlich ohne mit der Wimper zu zucken 80 000 D-Mark für das Bild gezahlt. Die Künstler haben immer sofort gerochen, wenn ich Geld hatte. Baselitz schickte mir gleich zwanzig Bilder, in einem offenen Kohlenwagen, von Worms nach Darmstadt.

Ein Gänseblümchen ist ein Gänseblümchen, weil es gern ein Gänseblümchen ist

FD: Mit Heide blieb ich bis zu ihrem Tod befreundet. Eines Tages sagte sie: „Franz, ich gehe mit dir in die Berge." Sie wohnte drüben in Aschhofen, und dort in der Nähe konnte man mit der Gondel zur Kampenwand hochfahren. Oben gab es ein Wirtshaus, da haben wir uns ein Zimmer genommen. Eigentlich war es eher ein Matratzenlager. Bei Sonnenschein sind wir angekommen, dann gab es Regen, Schnee und wieder Regen, sodass wir lange unterstehen mussten. Wir sind bestimmt sechs oder sieben Stunden lang gewandert. Wir fühlten uns, als wären wir im Himalaja. Zwischendurch haben wir kräftigstes Gras geraucht. Der ganze Weg war ein einziger Rausch.

Am nächsten Tag sind wir nach einer kleineren Wanderung wieder hinabgefahren. Heides VW stand komplett unter Wasser, weil sie vergessen hatte das Schiebedach zuzumachen. Ich habe das Wasser mühsamst mit den Händen herausgeschöpft. Als wir dann von unserer wunderbaren Bergtour zurück in ihr Haus kamen, war auf einmal der Strom weg. Ich habe irgendeinen Kommentar gemacht, und sofort fuhr sie mich an: „Halt dich da raus, du verstehst davon nichts." Ich sagte: „Heide, rede nicht in dem Ton mit mir." Und haute mit der Faust an die Wand: „Und jetzt gibt es Licht!" Und ich schwöre dir, es ward Licht im ganzen Haus. Heide war sprachlos.

Am Ende war sie auf sechsunddreißig Kilogramm abgemagert, Heide hatte schweren Krebs. Ich oder ihre Kinder haben sie damals füttern müssen. Am Nachmittag, wenn die Dämmerung einsetzte, hat Heide eine kleine Graszigarette gedreht, und dann haben wir miteinander einen Joint geraucht. Damit ging es ihr etwas besser, nicht lang, aber wir konnten uns immerhin eine Weile unterhalten. Ich schlief damals in dem Zimmer über ihr, und im Boden war ein Loch, ehemals ein Speiseaufzug. Obwohl ein Brett darüber lag, hat man wirklich alles hören können. Und Heide fing um sieben oder acht Uhr morgens an, Schubertplatten zu spielen, die *Gesänge*, die *Winterreise* …

> Drei Sonnen sah ich am Himmel stehen,
> Hab' lang' und fest sie angesehn;
> Und sie auch standen da so stier,
> Als wollten sie nicht weg von mir.
> Ach, meine Sonnen seid ihr nicht!
> Schaut Andren doch ins Angesicht!
> …

Das habe ich mir drei oder vier Wochen lang angehört. Ich hatte zu dem Zeitpunkt schon mehrere Selbstmordversuche hinter mir, und das war immer mit Schubert-Liedern losgegangen. Nach so einem Vorfall war ich einmal sieben Monate lang im Krankenhaus, ich konnte Schubert nicht mehr ertragen. Da bin ich zu Heide runtergegangen und habe gesagt: „Heide, ich fahre jetzt." Sie schaute mich an und sagte: „Ich verstehe dich." Ich habe nicht „Auf Wiedersehen" gesagt, ich habe nicht gesagt: „Gute Besserung", ich habe nicht zu ihr gesagt: „Stirb endlich", ich bin einfach gegangen.

FL: *Wer hat sich statt deiner dann um sie gekümmert?*

FD: Ich hatte Ruth Lynen runtergeschickt. Und ich habe immer geglaubt, die Frau hätte Heide bis zu ihrem Tod begleitet. Das stimmte aber nicht, es war die Magdalena, wie sie mir später einmal selbst erzählte. Magdalena war die Freundin von Gottfried Überfeld, ein sehr enger Freund von Uwe. Heide ist vielleicht vier Wochen, nachdem ich weg war, gestorben. Ich war nicht auf ihrer Beerdigung. Den Termin hat die Familie mir verschwiegen. Kunigunde, ihre

Schwester, und die Mutter in Kupferzell wollten mit mir nichts zu tun haben. Da kann man nichts machen. Heide war meine einzige Seelenfreundin, über Jahre hinweg. Ich hatte sonst niemanden.

FL: *Wo hast du in der Zeit gewohnt?*

FD: In Darmstadt. Oda, ich und die Kinder sind manchmal nach Italien gefahren oder nach Jugoslawien, und auf der Rückreise haben wir bei Heide Halt gemacht, sind da acht oder zehn Tage geblieben und sind dann nach Darmstadt zurückgefahren. Auch wegen der Kinder. Ich habe Heide heimlich ein bisschen ernährt und war wirklich froh, als der Rechtsanwalt Gunzenhauser irgendwann begann, ihre Fotos zu kaufen. Heide hatte von Uwe und mir sehr viele Nackt- 4
fotos gemacht und Gunzenhauser war scharf auf die Bilder. Heide hat sie nicht gern rausgerückt, aber sie hat es gemacht. Sie hat nämlich über ihn Opium gegen ihre Schmerzen bekommen. Dann gab es noch Professor Murkner, der hat Zeichnungen von Uwe gekauft. Ein weiterer Freund war Olbrecht, über den kam 1968 die Ausstellung bei Stangl in München zustande. Aber das war alles nicht berauschend, die haben vielleicht achthundert oder höchstens zweitausend Mark für ein Bild gezahlt. Das war damals schon kein richtiges Geld. Aber Heide brauchte es.

Zwischendurch war sie mit dem Schauspieler Anthony Higgins zusammen, der war eine Zeit lang in München, er ist der Vater ihrer Tochter Diana. Heide und er haben sich sehr geliebt. Er war allerdings schwer eifersüchtig. Einmal wollte er mich erstechen. Heide nahm mich an der Hand und sagte: „Franz, lauf, lauf! Der meint es ernst, er bringt dich um!“ Ich bin eigentlich ein sturer Hund, aber ihr zuliebe habe ich mich davongemacht.

Aschhofen liegt sehr einsam. Wir sind dort manchmal zwanzig, dreißig Kilometer am Stück zu Fuß gegangen, zusammen mit Tara, einem Bernhardiner, den Heide mit Haferflocken ernährt hat. Bernhardiner sind Aasfresser, deswegen sind sie auch berühmt als Lawinenhunde. Heide aber wollte ihren Hund zum Vegetarier machen. Zum Glück hat der örtliche Metzger ihm hin und wieder heimlich Knochen über den Zaun geschmissen. Auf unseren langen Spaziergängen haben wir uns gegenseitig ununterbrochen Geschichten erzählt. Wir waren nicht auf dieser Welt, ich schwöre es dir, und wir haben es sehr genossen. Es gab damals sieben oder acht Kilometer von ihr entfernt ein wunderschönes Tal im Wald. Dort lief ein Bach, und an einer Stelle war ein kleiner Wasserfall, wo wir gerne baden gingen. Um uns herum nur Frösche, Libellen und Moos. Im Sommer ist es wunderbar gewesen. Viele Jahre später ging ich dort in Gedenken an Heide noch einmal hin, da hatten sie das Moor trockengelegt, alles war mit Brennnesseln zugewachsen, der Ort war verschwunden. Die Spaziergänge mit Heide sind ein Teil meiner Seele. Das vermisse ich. Heide war von einer gewissen Weisheit, sie war nicht in dem Sinne gescheit, aber sie hat eine gewisse Weisheit besessen. Sie hat sich nie bemüht, irgendwie intellektuell daherzureden, sondern sie hat die Dinge auf eine kurze Formel gebracht: Ein Gänseblümchen ist ein Gänseblümchen, weil es gern ein Gänseblümchen ist. Das kann man nicht oft genug hören. Da kannst du dir die Welt vorstellen. Das ist eine uralte Welt. Die Menschen sind ja zum Teil wunderbare Wesen. Du musst dir vorstellen, dass die Leute zum Beispiel aus Flachs Tücher weben konnten. Im Rottal in Niederbayern wurden solche Tüchlein gewebt, die sind dann am Hof von Burgund für teures Geld gekauft worden. Da hatten die Bauern wieder eine Einnahme, wenn sie unterwegs nicht totgeschlagen worden sind. Am Rhein sind sie dann wahrscheinlich ins Wasser gegangen, die Flüsse waren ja früher die Autobahnen. Sogar Dürer ist von Nürnberg bis nach Holland per Schiff gereist. Wusstest du das? Es gibt ein Tagebuch von ihm, in dem er das beschreibt.

Heide hat auch eine Reihe von Zeichnungen gemacht. Religiöse Zeichnungen, in denen sie die Welt aus ihrer Sicht darstellt oder Teile der Spiritualität, so wie sie sie verstanden hat. Das sind kleine Formate, vielleicht dreißig Stück.

FL: *Das heißt, sie war dem Spirituellen zugewandt?*

FD: Ja, hundertprozentig. Sie glaubte auf jeden Fall an Engel. Da habe ich auch nichts dagegen gehabt.

FL: *Glaubst du auch an Engel?*

FD: Ich brauche nicht daran zu glauben. Es gibt sie. Es gibt sie schon seit Jahrtausenden. Es sind alles menschliche Vorstellungen. Und es gibt sie in vielen Kulturen. Viele Naturvölker haben diese Vorstellungen von Wesen, die zwischen Himmel und Erde existieren. Aber bei uns ist es ausgebaut worden. In Cherubim und Seraphin und Luzifer und an der Rechten Gottes und was weiß ich.

FL: *Wer ist eigentlich das Kind auf dem Foto mit dir und Andy Warhol?* 35

FD: Das ist mein Sohn Filipp. Den gibt es nicht mehr. Der ist mit neunzehn Jahren gestorben. Damals war Andy zwei Tage lang bei mir in Darmstadt, das ist in meiner Wohnung. Es waren außerdem noch Joe Dallesandro, Anton Krätz, Eduard Beaucamp und zwei oder drei andere Leute dabei. Der Constantin-Filmverleih rief ständig bei uns an: „Andy Warhol gehört uns, sorgen Sie dafür, dass er jetzt endlich nach München kommt!" Die hatten ihn nach München eingeladen, um seinen Film *Trash*[42] dort vorzustellen. Andy ist aber in Frankfurt gelandet, und weil er wusste, dass ich in Darmstadt wohnte, ist er erst zu mir rübergefahren. Was nicht erlaubt war, weil die anderen die Reise bezahlt haben.

FL: *Und was habt ihr zwei Tage lang in Darmstadt gemacht?*

FD: Hände gehalten. Andy und ich saßen uns gegenüber, haben Tee getrunken und uns an den Händen gehalten. Ihm gefiel meine Wohnung. Fred Hughes, sein Manager, hat ihn auf seiner Reise begleitet. Ach nein! Der eigentliche Grund seines Besuches war ein anderer, und daran siehst du, dass Andy manchmal wirklich ein Kindskopf sein konnte: Er wollte mir *Interview*[43] verkaufen. Da habe ich aber sofort gesagt: „Das mache ich nicht!"

FL: *Was wollte er dir verkaufen?*

FD: Die Zeitschrift *Interview*, die sollte ich kaufen. Wer ihn am Ende wirklich gerettet hat – das muss man sagen –, war Heiner. Und zwar, indem er ihm die Bilder abgekauft hat. Andy ist von irgendeiner Mafia erpresst worden, wegen der Filmrechte, die sollte er abgeben oder zwei Millionen Dollar bezahlen. Und Andy hat das Geld nicht gehabt, damals noch nicht.

66 Soll ich dir jetzt die Kirche von St. Wolfgang zeigen? Das sind bloß zwei Kilometer von hier. Die Kirche ist abgesperrt. Gegenüber wohnt eine Frau, die hat den Schlüssel und die muss ich erwischen. Das war einmal ein Wallfahrtsort. Die Leute aus St. Wolfgang am Wolfgangsee sind zur Wallfahrt immer zu uns runtergegangen, und unsere Leute sind zu denen rübergegangen. Weil es eine Wallfahrtskirche ist, gibt es keinen Friedhof. Die Ausstattung ist zum Teil dreihundert Jahre alt. Es ist eine der wenigen Kirchen, die ihre alten Bilder behalten durften. Ich war schon jahrelang nicht mehr drin, bestimmt drei oder vier Jahre nicht mehr. Die Kirche ist sehr bäuerlich, sehr bescheiden. Aber sie haben dort ein paar Fresken freigelegt, die wirklich eindrucksvoll sind. Ich liebe die Kirche.

Wenn uns keiner aufmacht, müssen wir uns damit zufriedengeben. Als Ersatz kann ich dir unsere Kirche oben zeigen, die ist auf. Wolfgang ist ja der Heilige der Bayern. Es gibt das Gerücht: eine Wolfgang-Kirche muss einen Brunnen haben, ein Beil und einen Schlupfstein. Das Beil hat er genommen, um den Standort seiner Kirche zu bestimmen. Er hat das Beil irgendwo im Wald geschmissen, und da, wo es fiel, wurde die Kirche gebaut. Angeblich musste sogar der Teufel ihm helfen, weil er sich nicht wehren konnte. An deiner Stelle würde ich mal die *Legenda aurea* lesen.[44] Das ist natürlich alles an den Haaren herbeigezogen, aber da kriegst du raus, warum der Laurenzius geröstet und der Sebastian durchbohrt wurde, diese ganzen Märtyrer- und Heiligengeschichten.

Hiep, Hiep, ich habe den Vesuv gesehen, hap, hap, ich find ihn so wunderschön …

FD: Ich erzähle es dir, damit du was verstehst: Ihr macht euch alle keine Vorstellung, wie arm ich war, von Kindheit an. Ich bin Waisenkind auf dem Land gewesen, da bist du gar nichts wert.

FL: *Aber wieso denn Waisenkind? Ich dachte, du bist bei deinem Vater* 1
aufgewachsen?

FD: Mein Vater ist gestorben, als ich zwölf Jahre alt war. Den habe ich überhaupt nur zwei oder drei Jahre lang erlebt. Der kam total krank aus dem Krieg. Es war sein Wunsch, die Familie in eine Wohnung zusammenzuführen, und als er es dann geschafft hatte, ist er auch schon tot gewesen. Er ist sehr jung gestorben, mit 54.

FL: *Und deine Mutter?*

FD: Meine Mutter ist nach einem Terrorangriff mit Gas in München im Rosental 9 verschüttet gewesen, sechs Tage lang. Sie kam als Wahnsinnige aus dem Keller heraus. Ihr Bruder hat sie nach Vaterstetten in ein Pflegeheim gebracht, und da blieb sie bis zu ihrem Tod.

FL: *Hattest du Geschwister?*

FD: Fünf. Buben und Mädchen. Während der Nazizeit sind die Buben und die Mädchen in getrennte Heime gekommen. Es gab keine gemischten Kinderheime. Das Traurige ist, die Familien meiner Eltern kamen aus guten Verhältnissen. Meine väterliche Familie war sogar steinreich. Die hatten in Aschaffenburg die Zellstoffwerke, und sie haben eine eigene Brauerei gehabt. Alles kaputt und verloren und vorbei. Die Mutter meiner Mutter war Georgine von Berchem, Freifrau von Berchem-Hainhausen. Die waren gut bürgerlich. Das war eigentlich eine dolle Familie, die haben aber alle von dem Familienvermögen gelebt und hatten keine eigenen

Einnahmen. Daher wurde das Vermögen immer geringer: Erst kam die Inflation, dann kam der Krieg, und zu guter Letzt auch noch die Währungsreform. Das waren nicht von Haus aus Proleten. Proleten können sich helfen. Verstehst du? Meine Mutter wäre nie auf die Idee gekommen, irgendwo als Putzfrau zu arbeiten. Auch nicht, wenn sie gesund gewesen wäre. Und dann kam noch etwas hinzu: Die Familie war komplett zerstritten. Der reichere Teil der Familie wollte von dem armen Teil, den wir dargestellt haben, nichts wissen, allein schon, weil mein Vater in seiner Familie das schwarze Schaf war. Die Ehe meiner Eltern galt als Katastrophe.

Irgendjemand muss in dem Krieg ja verloren haben. Der Zweite Weltkrieg war nicht umsonst. Es ist heute schwer vorstellbar, aber ich kann dir sagen: Bereits 1952 gab es schon keine Kriegsverlierer mehr, niemand wollte sich zu den Verlierern zählen. Wir hatten nun durch persönliche Umstände in dem Krieg wirklich komplett verloren, vor allen Dingen die Kinder. Und so wurde ich Bierbrauer.

FL: *Wo hast du gelernt?*

FD: In Schäftlarn bei München. Zwischen München und Wolfratshausen, unten an der Isar, das war eine Benediktinerabtei. In dem Kloster war mein Onkel Stiftskapitular.

FL: *Und da hast du auch gewohnt?*

FD: Ja. Ich durfte im Kloster wohnen, im Internat. Wenn der Onkel Heinrich ein bisschen Anstand gehabt hätte, hätte er dafür gesorgt, dass ich eine freie Stelle im Gymnasium bekomme. Aber nein, ich musste Bierbrauer werden – weil mein Großvater einmal eine Brauerei gehabt hatte. Das war die Entscheidung des Jugendamts, ich war zum Schluss Jugendamtskind. Mein Vater ist 1950 gestorben, bis 1953 waren wir noch in München in der Wohnung, mit einer Pflegemutter.

FL: *Du und deine fünf Geschwister?*

FD: Drei, wir waren zu viert. Die anderen waren viel älter, die wohnten nicht mehr bei uns. Das Jugendamt hat die Kinder nach dem Tod des Vaters in einer Wohnung vorgefunden. Die haben sich ausgerechnet: Wenn wir alle Kinder auf irgendwelche Kinderheime verteilen, müssen wir pro Kind hundertfünfzig oder zweihundert Mark bezahlen – lassen wir sie in der Wohnung, da gibt es noch die Frau, die übernimmt die Kinder und bekommt von uns ein bisschen Geld. Das waren damals keine großen Summen. Vielleicht haben sie der Anni fünfhundert Mark für die Tätigkeit angeboten, die Wohnung hat wahrscheinlich vierhundert Mark gekostet. Und was hat die Anni dann gemacht? Sie hat in dem Haus in zwei Zimmern ein Bordell eingerichtet.

FL: *Anni war eure Pflegemutter?*

FD: Anni war die Pflegemutter. Kurz nach meiner Geburt kam sie als Kindermädchen zu uns, sie hatte aber eine Vorstrafe, wie wir später erfahren haben. Ich glaube, sie war in irgendeiner Form mit meinem Vater liiert, um es ganz ehrlich zu sagen. Das war eine Zumutung für sie, weil er immer krank war. Mein Vater ist im Ersten Weltkrieg sehr schwer verletzt worden. Zwischendurch war Anni in Hamburg. Als der Zweite Weltkrieg zu Ende war, kam sie zurück nach München, um uns zu suchen. Du musstest damals eine Stellung haben, um Lebensmittelkarten zu bekommen, und in Hamburg hatte sie auch nichts. Irgendwie hat sie meinen Vater und meinen Bruder Walter gefunden. Walter war der Ältere, der kam nach dem Krieg aus irgendeiner Kriegsgefangenschaft zurück. Wir Kinder wurden aus den Kinderheimen rausgefischt und dann sind wir alle zusammen als Familie einer Frau in der Theresienstraße zugeordnet worden. Leuten, die sich als Nazis im Krieg schuldig gemacht hatten, wurden damals ausgebombte Familien in ihre Wohnungen einquartiert, was zu großem Unfrieden führte.

FL: *Und nachdem dein Vater gestorben war, hat eure Pflegemutter ein Bordell in der Wohnung eingerichtet?*

FD: Ein Bordell für elegantere Herrenbesuche. Es ist kein Straßenstrich gewesen, immerhin. Das hat die Anni sozusagen für sich gemacht. Wir haben davon gar nichts mitgekriegt. Ich kann mich jedenfalls nicht erinnern, dass ich das damals wusste. Aber das Jugendamt hat es gewusst, Anni stand nämlich auf einmal vor der Tatsache, dass sie ins Gefängnis musste. Und dann wurden die Kinder wieder verteilt. Die ältere Schwester wurde in eine Erziehungsanstalt gebracht, der Konrad kam in ein anderes schreckliches Heim, und ich sollte eine Lehre beginnen. Da gab es drei Möglichkeiten: Die Bäcker haben ihre Lehrlinge bei sich schlafen lassen, die Wurstmacher – das war früher ein eigener Beruf, nicht Metzger, sondern Wurstmacher – und die Bierbrauer. Der Beamte vom Jugendamt schlug vor, dass ich Bierbrauer werden sollte, weil der Großvater einmal Besitzer einer Brauerei gewesen ist. Der ging wohl davon aus, die Brauerei gäbe es noch, dabei war sie schon seit dem Ersten Weltkrieg nicht mehr in Familienbesitz. Ich habe mich zuerst in München bei zwei Brauereien beworben, die haben mich aber nicht genommen. Ich war so ein kleiner verhungerter Typ, den wollten sie nicht.

FL: *Wie alt warst du damals?*

FD: Vielleicht vierzehn oder fünfzehn. In Schäftlarn hat es dann geklappt, weil Onkel Heinrich ein gutes Wort für mich eingelegt hat. Warum erzähle ich das eigentlich? Das hängt mir alles zum Hals raus. Wie lange ist das her? Siebzig Jahre. Das spielt doch heute keine Rolle mehr. Es macht mich nachträglich traurig, weil es relativ hoffnungslos war. Alle Ansätze, die ich genommen habe, sind ins Leere gelaufen. Ich war sogar auf dem Max-Gymnasium, genau wie Heiner, der hat dort sein Abitur gemacht. Im ersten Jahr war ich ein Einser-Schüler, das hatte ich meinem phänomenalen Gedächtnis zu verdanken. Da lebte mein Vater noch, und der war hoch erfreut, dass ich Latein lernte. Ich sollte nämlich Förster werden, damit wir in Zukunft genügend Brennholz hätten. Später sollte ich natürlich zum Oberforstrat aufsteigen, es war nicht vorgesehen, dass ich ausschließlich mit der Büchse durch den Wald laufe und Hasen totschieße. Mein Vater ist dann gestorben, und als mein älterer Bruder Walter auch auszog, weil er eine Freundin hatte – er wohnte damals in der Türkenstraße und wir in der Theresienstraße –, hat die Anni mit uns machen können, was sie wollte. Und weil sie faul war und am Anfang noch kein Bordell hatte, war das Haushaltsgeld knapp. Von dem knappen Geld hat sie größenwahnsinnig Kleider gekauft, anstatt uns etwas zu essen zu kaufen, also habe ich angefangen, in den Ruinen, die überall um uns herum waren, Altmetall zu sammeln. Fensterbretter waren zum Beispiel früher aus echtem Zinkblech. Die habe ich aus den Ruinen entfernt und habe sie zum Altwarenhändler in die Nordendstraße gebracht. Ich bin schon immer mit einem siebten Sinn durch die Stadt gelaufen, ich habe eigentlich immer etwas gefunden. Für das Kilo wurde damals vielleicht 1,70 Mark bezahlt, für Messing fünf Mark, für Gusseisen siebenunddreißig Pfennig, für Blech zehn Pfennig oder fünf Pfennig und für Eisen zwölf Pfennig. Ich bin abends nie heimgekommen, ohne dass ich fünf oder zehn Mark in der Hand hatte. Davon habe ich dann in der Amalienstraße Lebensmittel eingekauft. Tomaten, Gurken und solche Dinge. Fleisch war bei uns nie auf dem Tisch, Käse gab es auch nicht, das hat mich aber nicht gestört. Wir sind irgendwie zurechtgekommen.

FL: *Hattest du damals das Gefühl, dass du für die Familie sorgen musst?*

FD: Das war kein Gefühl. Ich habe für sie gesorgt!

FL: *Deine Geschwister waren jünger als du?*

FD: Ich war der Dritte. Die Älteste war bei einer Tante im Kloster. Die Mädchen wurden in der Familie etwas bevorzugt behandelt, für die Buben hatten sie wenig übrig.

Ich hatte aber ein ungeheures Glück: Es gab einen Komponisten, Engelbert Humperdinck, von ihm ist die Oper *Hänsel und Gretel.* Und entweder war sie die Enkeltochter oder die Tochter von Humperdinck – die Frau war ein Engel. Sie wohnte in der Schleißheimer Straße und hatte schwere Arthrose an den Fingern. Vor allem aber war sie Wissenschaftlerin, sie schrieb dreißig Jahre lang an einem mittellateinischen Wörterbuch, das in der DDR herauskam. Ich glaube, sie betreute den Buchstaben D. Das war ein Jahrhundertwerk. Weil ich in der zweiten Klasse mit den Noten so runtergekommen war, machte meine Lateinlehrerin den Vorschlag,

Frau Humperdinck zu fragen, ob sie mir Nachhilfeunterricht geben würde.

FL: *In der zweiten Klasse?*

FD: In der Oberschule. Frau Humperdinck war einverstanden, und dann zahlte die Schule ihr das Geld für die Nachhilfe. Das waren vielleicht drei Mark in der Stunde. Die Humperdinck und ich mochten uns regelrecht, obwohl sie wirklich nicht sehr attraktiv war. Sie war eine fünfzigjährige, ziemlich verhärmte Frau. Obendrauf hat sie sich noch das Elend angetan, ein schwer erziehbares Kind in ihr Haus aufzunehmen. Der war vielleicht sechzehn Jahre alt, und sie konnte sich null gegen ihn durchsetzen. Ich glaube, der hat sie auch gehauen. Aber ich und sie, wir liebten uns, und sie hat mir in null Komma nichts dazu verholfen, dass ich wenigstens einen Dreier in Latein geschrieben habe. Sie ging mit mir auch einmal auf ein Ruinengrundstück, aber nicht, um Alteisen zu sammeln, sondern um frische Pflanzen zu suchen. Die nahm sie für ihren Salat.

Eines Tages kam ich zum Eisenhändler in die Nordendstraße, da hatte der Vater gesoffen und der Sohn hat kein Geld rausrücken wollen, was für mich eine Katastrophe war. Ich war spät dran, bin in die Amalienstraße in das Geschäft vorgelaufen und habe versucht, anschreiben zu lassen. Das wollten sie aber nicht machen, wahrscheinlich, weil wir den Ruf hatten, dass wir nie Geld hatten. Die Frau vom Bäcker Wild gegenüber war auch gerade in dem Laden und hat mir dann tatsächlich mein Essen bezahlt. Das waren 2,80 oder drei Mark, mehr war es nicht. Durch diese ganzen Zwischenfälle reichlich verspätet lief ich nach Hause. Da stand Frau Humperdinck in der Tür und ließ sich von Anni übelst beschimpfen: „Du blöde Kuh, was machst du denn aus dem Franz? Der liest ja nur noch. Mir ist es egal, was er für Noten hat. Schau doch mal, wie du aussiehst mit deinen dicken Fingern, du bist so hässlich.“ Frau Humperdinck liefen die Tränen runter. Ich ging auf sie zu und nahm ihre Hand, woraufhin Anni über mich herfiel wie eine Furie. Sie zerrte mich in die Wohnung und sagte zur

Humperdinck: „Hau ab und lass dich hier nie mehr blicken. Der Franz kommt auch nicht mehr zu dir.“ Anni hat es gehasst, dass ich nachmittags bei der Humperdinck Nachhilfeunterricht nahm, weil ich in der Zeit kein Eisen sammeln konnte.

In der dritten Klasse der Oberschule wurde mir dann angeboten, dass ich ein ordentliches Zeugnis bekomme, also nicht lauter Fünfer und Sechser, wenn ich im Gegenzug die Schule verlasse. Das hat die Anni sehr gerne angenommen, denn so sparten wir die 7,50 Mark Schulgeld im Monat. Der langen Rede kurzer Sinn: Das Jugendamt sah in meiner Akte, dass mein Großvater einmal eine Brauerei hatte, erzählte mir das mit dem Bäcker und dem Wursthersteller und dann ging ich nach Schäftlarn in die Klosterbrauerei zu meinem Onkel. Ein Teil meiner Jugend.

FL: *Und jetzt gehen wir rauchen.*

FD: Muss ich wieder rausgehen und frieren?

FL: *Soll ich dir eine Jacke oder eine Decke bringen?*

FD: Nein, jetzt rauchen wir. Wenn du noch mal Lust hast, einen Tee zu machen, mach mir auch eine Tasse, bitte.

FL: *Möchtest du einen Yogitee oder etwas anderes?*

FD: Ich mag vor allen Dingen nicht mehr gefragt werden. Das habe ich heute schon Maria erklärt. Sage ich Nein, ist es falsch, sage ich Ja, ist es falsch, sage ich nichts, ist es auch falsch.

Dein Tonband läuft noch. Ich singe zwischendurch ein Lied, damit du nicht so lange Pausen hast:

Hiep, Hiep, ich hab den Vesuv gesehen,
hap, hap, ich find ihn so wunderschön,
doch das Schönste in Napoli ist die Tina-Marie.
Tina, Tina, Tina, oho, du süße, kleine Bambina.
Aha. Ich muss gestehen, in solche Augen sah ich noch nie.
Hiep, Hiep, ich hab den Vesuv gesehen,
hap, hap, ich find ihn so wunderschön,
doch das Allerschönste in Napoli ist die Tina-Marie.

Oder ich singe:

Lebe wohl, du schwarze Rose, schwarze Rose von Hawaii.
Wenn ich andre Mädchen kose, denke ich nur an dich dabei.

Auch ein schönes Schmalzlied. Und dann gibt es noch ein Lied. Das habe ich immer bewundert:

Du bist die Rose,
Die Rose vom Wörthersee,
Holiolioliholie, holioliolie.
Du bist die Schönste,
Die Schönste vom Strandcafe,
Holiolioliholie, holioliolie.

Und alle Herren an den Tischen,
Die Fischer beim Fischen,
Sie kommen um ihre Ruh.
Und auch die alten Karawanken,
Sie wanken und sie schwanken.
Und schuld dran
Bist nur du - du - du - du.

Du bist die Rose,
Die Rose vom Wörthersee,
Holiolioliholie, holioliolie.

Das ist mein Lieblingslied. Ich bedauere, dass Elvis Presley es nicht gesungen hat. Oder Janis Joplin hätte es singen müssen.

Wie du es machst, ist es verkehrt. Machst du nichts, ist es auch verkehrt. Sage ich „Ja, ich will eine Decke“, dann denke ich mir, jetzt denkt sie: „er ist nie zufrieden.“ Sage ich „Nein“, dann muss ich ein bisschen frieren, und sie denkt sich: „Aha, er nimmt von mir nichts an." Also sage ich „Ja", ist es verkehrt, sage ich „Nein", ist es auch verkehrt. Am besten, ich werde nicht gefragt, und ihr macht, was ihr richtig findet. In der Hoffnung, dass es für mich in irgendeiner Form brauchbar ist. Das ist alles, was ich will. Ich mag auch nicht gefragt werden: „Willst du das essen oder jenes essen?" Das, was auf den Tisch kommt, esse ich. So bin ich groß geworden. Warum soll das jetzt anders sein?

Ich habe in dein Tonband reingesprochen. Ohne dich.

FL: *Machst du mir die Tür auf?*

FD: Siehst du, da geht es schon los. Kannst du nicht sagen: Bitte, mach mir die Tür auf?

FL: *Lieber Franz, bitte, mach mir die Tür auf.*

FD: Du sollst nicht rumsülzen. Einfach sagen: Tür auf, bitte. Mit dir komme ich mir vor wie in einer Wohngemeinschaft.

FL: *Ich frage dich jetzt nicht, wo du sitzen willst.*

FD: Die wichtigsten Entscheidungen meines Lebens habe ich ohne Zeugen getroffen. Ich habe auch nie etwas notiert, aufgeschrieben oder sonst irgendwie festgehalten, nichts dergleichen.

FL: *Daher dein gutes Gedächtnis. Ich schätze, es sind jetzt zwölf Grad.*

FD: Ich nehme an, es sind weniger. Neun Grad vielleicht. So warm war es heute nicht. Und wir hatten immer einen leichten Ostwind. Im Osten ist es schnell kühler. Ich genieße es auf jeden Fall. Ich wollte eigentlich immer schon aus der Stadt raus.

FL: *Du bist doch jetzt schon sehr lange aus der Stadt raus.*

FD: Seit dreißig Jahren. Wir waren allerdings auch viel in New York.
Wir haben Sinzig eigentlich verlassen, weil wir so viel in Amerika 54
waren. Mehr als neunzig Tage im Jahr. Und ich wollte die Miete im Zehnthof dann nicht mehr zahlen, das war sehr teuer und stand das halbe Jahr leer.

FL: *Und wie kamst du nach Sinzig?*

FD: Erst bin ich in Bad Breisig gewesen, am Rhein, in der Villa Lucia zusammen mit Herrn Schmitz-Avila. Maria und ich lebten ja zu Anfang in Köln, dann wurde sie schwanger. Zu der Zeit wohnte sie in der Lindenstraße, auf achtzehn Quadratmetern, da kannst du wirklich kein Kind auf die Welt bringen und großziehen.

FL: *Und wo hast du gewohnt?*

FD: Auf acht Quadratmetern in der Bismarckstraße. Ich bin sehr gerne in Thermalbädern gewesen, ich gehe heute noch rein, und da waren wir einmal in Bad Breisig und als wir rauskamen, wollte ich nicht sofort ins Auto steigen und nach Köln zurückfahren und bin ein bisschen spazieren gegangen. Da sehe ich zum Rhein runter einen sehr schönen Garten. Entweder war der Zaun nicht dicht, irgendwie bin ich jedenfalls hineingekommen, und es dauerte nicht lange, bis mich jemand ansprach, was ich auf seinem Grundstück verloren hätte. „Ich habe mich nur etwas umsehen wollen. Ich hatte den Eindruck, die Villa steht leer." Das war eine Art-Deco-Villa aus den 20er-Jahren. „Nein, sie steht nicht leer, ich wohne im ersten Stock." – „Und das Parterre mit der großen Terrasse?" – „Der Mann sitzt im Gefängnis, der hat seine Schulden nicht bezahlt und hat Hochstapelei begangen." Ich habe mir von Herrn Schmitz-Avila die Adresse des Hausbesitzers geben lassen und mich kurz darauf bei ihm gemeldet. Der erklärte mir, die Wohnung wäre sehr schwer zu vermieten, weil der Mieter noch einen gültigen Vertrag hätte, aber im Gefängnis säße. Ich hatte damals überraschenderweise Geld. Es gab immer Zeiten, in denen ich Geld hatte. Ich glaube, damals hatte ich gerade den *Filzanzug* von Beuys verkauft.

FL: *An wen?*

FD: An Daniel Buchholz. Später ist er nach Amerika weiterverkauft worden. Der *Filzanzug* hat eine Zeit lang 120 000 Mark gekostet. Ich hatte ihn einmal für fünfhundert Mark erworben, das war eine
38 Edition, die René Block herausgegeben hatte.[45] In dem Anzug bin ich eine Woche lang durch Köln gelaufen.

FL: *Du hast den Anzug für 120 000 D-Mark an Daniel Buchholz verkauft?*

FD: Nein, vielleicht für 80 000 Mark. Daniel wollte ja auch Geld verdienen. Da hingen zwei, drei Leute in dem Geschäft. Jedenfalls hatte ich dann das Geld und habe dem Hausbesitzer in Bad Breisig angeboten, zwei Jahresmieten im Voraus zu zahlen. Das waren vielleicht 30 000 oder 40 000 Mark. Es war nicht so wahnsinnig teuer wie in Köln. Und es sind alle liebend gern darauf eingegangen, vor allen Dingen der Mann im Gefängnis. Also bin ich mit der schwangeren Maria von Köln nach Bad Breisig umgezogen, da war sie bestimmt schon im siebten Monat, sie hat auf jeden Fall schon einen Bauch gehabt.

Vorher ist uns noch etwas passiert: Wir waren in Baden-Baden zur Polke-Eröffnung. Ich hatte wieder irgendein witziges Geschäft gemacht und hatte sehr viel Geld dabei, bestimmt sechstausend, siebentausend Mark. Nach der Eröffnung sind wir gleich weiter nach Paris gefahren. Kennst du die Kirche mit dem Wandbild von Delacroix? Saint-Denis du Saint-Sacrement – dort in der Gegend war ein Hotel, ich glaube Hotel Manolo, und da sind wir eingezogen. Maria ist es dann aber durch die Schwangerschaft so schlecht gegangen, dass ich mit ihr nach Knokke an die Nordsee gefahren bin. Da haben wir im Hotel Cervantes gewohnt.

Jetzt hole ich zwei Teller raus und dann essen wir die Weißwürste.

Wir fuhren zurück nach Köln, kaum noch einen Pfennig Geld in der Tasche, kamen in der Lindenstraße in der Wohnung von Maria an, da hatte ihr Mitbewohner, der in Düsseldorf am Schauspielhaus Theatermaler war, sie rausgeschmissen. Er war der Hauptmieter, sie war nur Untermieterin und hatte irgendwie vergessen, zwei Mieten zu bezahlen – das kann man ihr zutrauen, dass sie es wirklich vergessen hat. Wir saßen dann in der Nähe von der Händelstraße und wussten nicht, was wir machen sollten. Erstens hatte ich wirklich keinen Pfennig Geld mehr, zweitens war es zehn Uhr abends. Ich hätte mich natürlich in ein Hotel einmieten können, das hätte ich die ersten zwei, drei Tage ja nicht bezahlen müssen, und dann hätte ich schon wieder Geld besorgt. Es war aber gar nicht notwendig, denn Günther Förg kam über den Hahnentorplatz gelaufen, sah uns und sagte: „Wo kommt ihr denn her?“ – „Wir kommen gerade aus Paris." – „Wunderbar. Was habt ihr heute Abend noch vor?" – „Ehrlich gesagt, sind wir in einer großen Verlegenheit." – „Was ist denn los?" – „Wir haben momentan keine Wohnung." Da sagte Günther sofort: „Ich habe doch noch das Atelier in der Roonstraße, da könnt ihr übernachten." Er hatte sich damals in einem Neubau, dort, wo Tanja Grunert ihre Galerie hatte, ein sehr schönes Apartment gekauft, hatte das alte Atelier aber auch noch. Und dort war alles vorhanden: Ein Bett, ein Badezimmer und eine Küche. Bevor Günther uns allein ließ, nahm er mich zur Seite und sagte: „So wie ich das sehe, brauchst du Geld." – „Ja, Geld wäre gerade nicht das Schlechteste." Da langte er in seine Tasche und gab mir tausend Mark. Das war wirklich toll von ihm. In dem Atelier haben wir gewohnt, bis wir nach Bad Breisig gezogen sind, mietfrei. Günther war ein Freund bis zu seinem Tod.

Das ist ja scharfer Senf. Wieso ist das ein scharfer Senf? Dazu musst du einen süßen Senf nehmen. Du nimmst diese zwei Teller, dann legen wir die Semmeln drauf, du darfst die Brezel essen, eine bessere habe ich im Moment nicht.

FL: *Wie lange habt ihr in Bad Breisig gewohnt?*

FD: Ich schätze ungefähr ein Jahr. In Sinzig, etwa acht Kilometer von Bad Breisig entfernt, gab es einmal im Jahr ein Feuerwerk. Das habe ich mir angesehen, und da sah ich von der Kirche oben den Zehnthof. Hinten im Hof war ein Gebäude, das war bestimmt achthundert Jahre alt, aber renoviert, Fenster, alles neu, nur noch nicht ganz fertig. Ich fand dann heraus, dass das Anwesen Dieter Schewe gehörte. Herr Schewe war Sozialdemokrat. Als Ministerialbeamter im Bundesarbeitsministerium war er mitverantwortlich für die Rentenreform. Der hat sogar den Chinesen die deutsche Rentenform erklärt: Er hat dreitausend Chinesen in einem Hörsaal in China erzählt, wie das Rentensystem in Deutschland funktioniert. Also er hatte eine Position, und weil der Zehnthof so ruinös herumstand, hat er ihn irgendwann einmal gekauft und auf Vordermann bringen lassen, allerdings mit finanzieller Unterstützung des

Denkmalschutzamts. Die haben ihm dann Auflagen gemacht, dass er den Hof irgendwie als Kultureinrichtung zugänglich machen muss. Ich habe das ganze Haus gemietet und habe auch die Miete ein ganzes Jahr im Voraus bezahlt. Nach ungefähr zehn Jahren war die Auflage für die kulturelle Nutzung abgelaufen, und dann wurde es sehr ekelhaft. Außerdem hatte ich einen sehr dämlichen Mietvertrag abgeschlossen und das ganze Haus als Gewerbe gemietet. Das hatte ich mit Herrn Schewe vorher so besprochen. Ich habe ihn gefragt: „Wie sollen wir es machen, sollen wir einen Teil Miete gewerblich machen wegen der Malerei, und einen Teil Wohnung?" Da sagte er eiskalt zu mir: „Machen Sie doch alles gewerblich." Ich weiß nicht, ob wir davon einen Vorteil hatten, mietmäßig auf jeden Fall nicht. Aber einen Gewerbemietvertrag kannst du innerhalb von drei Wochen kündigen. Wir haben damals noch einen Prozess gegen ihn geführt, den wir verloren haben, und dann mussten wir raus. Jetzt sind wir hier.

Peter Brant hätte mich damals am liebsten umgebracht

FD: In dem Viertel, wo wir in New York wohnen, fühle ich mich wohl wie in München. Die Gegend war mal sehr heruntergekommen, das ist erst in den letzten zwanzig Jahren so elegant und teuer geworden. 52

FL: *Habt ihr immer in dem Flavin-Haus gewohnt?*

FD: Vom ersten Tag an, im Butter-Chicken-Egg-Building. Früher war dort der Markt, unten war der Hafen, wo die Schiffe die Waren reingebracht haben. Weil es ein Brickstone-Hochhaus ist und immer in Schattenlage war, konnte dort die Butter lagern. Später hat sich Claude Berri, der Regisseur, in dem Haus eine Etage gekauft, Dan Flavin hatte zwei Etagen und Meyer Weisman eine. Meyer Weisman war auch Künstler, und er war der ideale Mitbewohner. Er hatte eine Sammlung von karibischer Musik, die hat er Tag und Nacht gespielt. Maria und ich saßen oft hinten in dem Zimmer, wo man die Musik am besten hören konnte, und haben gelauscht, wie in einem Konzert.

Die Wohnung von Claude Berri war meistens leer, ab und zu hat er sie französischen Künstlern überlassen. Und Flavin war mit seinem Diabetes lange im Krankenhaus, sein ganzes Geld ging für seine Krankheit drauf. Wir sind dann in sein Apartment gezogen, und als Meyer Weisman nach Venezuela zurückging, hat Maria sein Studio übernommen. Warum der wieder nach Venezuela gegangen ist, ist mir ein Rätsel. Da würden mich keine zehn Pferde hinbringen.

Ich kenne inzwischen sehr viele Leute in New York, vor allem durch die Schule und durch die Kinder. Genau gegenüber von uns war die Pre-School, und weil die Kinder von klein auf das Englische beherrschen sollten, haben wir sie dort angemeldet. Die Erzieherin, Sarah, konnte Chinesisch, Deutsch und Englisch. Dadurch war der Einstieg für die Kinder nicht so schwer. Zum Schluss haben die 25 000 Dollar im Jahr verlangt, das musst du dir mal vorstellen.

Unsere Kinder waren in der Schule absolut beliebtest. Vor allen Dingen war ich auch sehr beliebt. Ich habe diese bayerische Tour draufgehabt, wenn es zum Beispiel die ersten Kirschen gab, habe ich zwei Steigen Kirschen gekauft und habe sie in der Schule vorbeigebracht. Oder in der Duane Street gab es die Duaneganter Bäckerei, da habe ich mindestens einmal in der Woche einen Karton mit Croissants, Cheesecake und anderen Leckereien gekauft und habe ihn im Büro der Schule abgegeben. Das hat sonst keiner gemacht. Ich habe mich wirklich so benommen, als wollte ich sie mit Lebensmitteln bestechen, sie haben es aber alle genossen. Und die Kinder haben gute Noten gehabt. Drüben wie hier. Roxana hat immer eifrig gelernt. Die kam aus der Schule heim, hat sich hingesetzt und hat ihre Hausaufgaben gemacht. Vinzenz fiel in der Regel nachts ein, dass er noch Aufgaben machen muss.

Das ist der vierte Teil meines Lebens, da muss es ja ein bisschen gemütlicher zugehen als in den ersten drei Vierteln, oder?

Obwohl wir in New York auch gearbeitet haben. Wir haben zum Beispiel downtown Guggenheim diese große Ausstellung mit Andy Warhol gemacht, „The Last Supper".[46] Die lief zwei Jahre lang. Peter Brant hätte mich damals am liebsten umgebracht. Er war der Landlord, ihm gehörte das Haus, und ich habe als Erstes die zugemauerten Fenster aufmachen und alles renovieren lassen. Peter durfte es dann bezahlen. Weißt du, was a Waschel ist? Das sind diese breiten Pinsel, womit die Maler weißeln. In Amerika gibt es keine Wascheln, da gibt es nur Pinsel oder Rollen. Ich wollte aber auf keinen Fall, dass diese Riesenmauern gerollt werden. Ich glaube, die eine Wand war sechsunddreißig Meter lang und fünf Meter hoch, da siehst du jede Unebenheit. Außerdem zieht die Farbe immer so raus, und dann entsteht eine Struktur, die ich absolut nicht leiden kann. Ich habe Peter gebeten: „Schau, dass du irgendwie Iren kriegst, die können am besten malern." Albaner, Griechen und Türken sind zum Beispiel gut für Pflasterlegen, die haben in SoHo ganze Straßenzüge neu aufgepflastert. Die sind erste Klasse. Und die Iren können eben sehr gut malern. Ich habe den Männern damals die Wascheln aus Deutschland mitgebracht, das geht in die Arme, aber nach drei Tagen hatten sie begriffen, wie sie es machen müssen. Vor lauter Begeisterung habe ich gleich noch zwei Kästen Bier raufgeschafft, die Iren sind ja dafür bekannt, dass sie richtige Schluckspechte sind. Das Gebäude sah nach der Renovierung aus wie neu. Dann waren darin noch so schöne Säulen aus Gusseisen, die wollte ich goldfarben anstreichen lassen. Da sagte Peter sofort: „Wenn, dann richtig. Real gold." Also wurden sie mit 24-Karat-Blattgold überzogen. Das sah aus wie goldene Butter, wirklich toll. Und ich habe noch einen Trick draufgehabt: Als die Wände weiß gestrichen waren, haben wir ein Pigment, ein helles Blau, in die Kübel einrühren lassen. Damit wurde die Decke gestrichen, sodass sie einen ganz leichten blauen Schimmer hatte. Das konntest du wirklich nur sehen, wenn du es wusstest, machte den Raum aber optisch höher. Germano Celant, der damals Kurator im Guggenheim-Museum war, hat einen solchen Wutanfall gekriegt: Es wäre geschmacklos, Andy Warhol so eine Kathedrale zu bauen. Wir waren in einem sehr teuren Hotel unten am Broadway – Germano und ich standen in der Lobby und brüllten uns an, sodass die Gäste regelrecht indigniert waren.

FL: *Konntest du mit ihm Deutsch sprechen?*

FD: Nein, Englisch. Wenn ich in Rage komme, fallen mir mehr Worte ein. Ich fragte ihn, ob er meine Arbeit zerstören wolle. „You are destroying my work!" Ich kenne Germano schon sehr lange. Wir haben uns in Mailand kennengelernt. Damals habe ich eine Fontana-Ausstellung für die Dia Art Foundation in Köln zusammengeholt. Das war 1981, und die Ausstellung war in der

Bismarckstraße 50, in den Räumen, in denen bis 1980 die Galerie Heiner Friedrich war, die sind von der Lindenstraße in die Bismarckstraße gezogen. Später hat Gerhard Richter dann die Räume übernommen.

Germano war eigentlich immer sehr nett. Dass ausgerechnet er uns im Guggenheim Steine in den Weg legen würde, hätte ich nie gedacht. Damals lief der Mietvertrag zwischen Peter Brant und dem Guggenheim, das zu der Zeit unter der Leitung von Thomas Krens stand, aus. Und weil Peter acht oder zehn Bilder aus der Serie *The Last Supper* von Andy Warhol gekauft hatte und Heiner die restlichen Bilder besaß, hatte Peter die Idee, eine gemeinsame Ausstellung zu machen. Zuerst wurden die Bilder in der Pinakothek in München gezeigt, damals noch im Haus der Kunst, im Anschluss kamen sie nach New York. Das war 1999. Und wer ist in die Ausstellung reingelaufen? Vor allem Latinos und Schwarze. Zum Teil, weil die Damen herausgefunden hatten, dass es die beste Innenstadttoilette am Broadway war. Die hatten da sieben oder acht Kabinen, und die Handwaschgelegenheiten waren picobello. Und ich sage dir, die Leute haben wirklich ein anderes Empfinden für Bilder als das Kunstpublikum: Sie liebten Andy Warhol, weil *Last Supper* Christusbilder sind. Mit erhobenen Händen standen sie vor den Bildern und haben gebetet. Peter Brant hatte in der Ausstellung zweitausend Besucher in der Woche, ohne irgendeine Reklame. Die Presse hat es totgeschwiegen. Und trotzdem.

Durch einen Betrug von Peter Brant, Thomas Krens und Germano Celant sind wir dann nach zwei Jahren rausgeschmissen worden. Zehn Jahre waren uns versprochen.

FL: *Sie hatten euch versprochen, dass ihr dort zehn Jahre lang Ausstellungen machen könnt?*

FD: Nein, die *Last Supper*-Ausstellung sollte für zehn Jahre in dem Gebäude bleiben. Long-Term-Exhibition. Das ist doch das Markenzeichen von Heiner und mir, immer schon gewesen. Da wir aber keine schriftliche Vereinbarung getroffen hatten, wurde es ein leeres

Versprechen. Später hat es ihnen leidgetan, auch wenn sie es nicht zugegeben haben. Die Ausstellung wäre ja zu 9/11 noch gelaufen. Was glaubst du, was das für ein Trost gewesen wäre!

Ich habe gerade meinen Mittagsschlaf gemacht, da rief Heiner aus New York an: „Franz, ich habe es immer gesagt, die Amerikaner spinnen, die lassen am Hudson-River die Flugzeuge zu tief fliegen. Jetzt haben sie den Salat, in den Nordturm des World Trade Centre ist ein Flugzeug reingesaust." Mein erster Gedanke war: „Das glaubst du doch selber nicht, dass es ein Versehen war. Das ist ein Terrorakt gewesen." Wir haben den Fernseher eingeschaltet, als gerade die ersten Bilder gesendet wurden. Heiner saß in Tribeca vorne im Franklin Café. Auf einmal schrie er: „Jetzt kommt schon wieder so ein Idiot, der fliegt auch zu tief." Das Flugzeug stürzte in den Südturm. Da war auch Heiner klar, dass es sich nicht um ein Versehen handelte.

Wir hatten für den 11. September Flugtickets nach New York, haben die Reise aber nicht angetreten, weil unsere Tochter Céline bei ihrem Pferd bleiben wollte, und da habe ich gesagt: „Den Flug kann man umbuchen, wir bleiben jetzt erst mal bei dem Kind."

Ich habe zum Beispiel auch veranlasst, dass in der 22. Straße im Namen von Beuys Steine und Bäume gesetzt werden, als Weiterführung des *7000-Eichen*-Projekts in Kassel. Das lief über die Dia Art Foundation. In der Zeit wurden in New York auch andernorts schon wieder mehr Bäume gepflanzt, und dann begannen die Leute, Fahrrad zu fahren. Maria und ich waren mit die Ersten, die in Tribeca mit dem Radl herumgefahren sind. New York hat sich sehr verändert. Ich war 1966 das erste Mal dort. Damals hat kein einziger Mann eine Wollmütze getragen. Das gab es nicht. Es sei denn, er war Matrose. Berufswollmützenträger. Heute hat da drüben jeder eine Wollmütze an.

FL: *Und früher trugen sie Hüte?*

FD: Ja, oder eine Kappe, aber natürlich keine Baseball-Kappe. 1993 haben wir in Chelsea in der 22. Straße das Arnulf Rainer Museum 55-57 gemacht. Das hat alles sehr viel Zeit in Anspruch genommen. Das Gebäude musste komplett renoviert werden, und dann wurde gestritten, wer es bezahlt. Ich wollte einen ordentlichen Fußboden drin haben, sie haben mir aber nur eine Farbe genehmigt, die sich als Orange herausstellte, nachdem sie verstrichen und getrocknet war. Arnulf Rainer ist in New York wirklich abgelehnt worden. 1995 sind wir dann rausgeschmissen worden, was nicht in Ordnung war. Wir sind damals Opfer einer bestimmten New Yorker Bevölkerung geworden. Darüber will ich aber kein Wort verlieren.

Beuys wollte ja nicht irgendwie ein Zebra haben

FD: Jetzt komme ich zu der Ausstellung der Kunsthalle München zurück, die 1967 in Darmstadt stattgefunden hat: Ich bekam von Ströher wie erhofft einige Leihgaben, durfte bei der Hängung der Ausstellung aber nicht dabei sein, das wollte Götz Adriani allein machen. Ich habe es ihm aber nicht ganz überlassen wollen, also ging ich zwischendurch irgendwann einmal hin, und da sehe ich kein einziges Bild von Baselitz hängen, was mich sehr gestört hat. Schorsch hatte mir zwei oder drei Bilder für die Ausstellung gegeben: „Wo sind denn die Bilder von Baselitz?“ – „Die stelle ich nicht aus.“ Umgehend wandte ich mich an den Direktor: „Das ist eine Ausstellung der Kunsthalle München und die wird nicht zensiert, auch nicht von Herrn Adriani.“ Gerhard Bott hat es sofort begriffen und sicherte mir zu: „Ich sorge dafür, dass die Bilder gehängt werden.“ Zwei Tage später kam ich wieder und sah immer noch keine Baselitz-Bilder. Wieder ging ich zu Adriani: „Haben Sie vor, die Bilder irgendwie …“ – „Die Bilder hängen.“ Da hat er die Bilder in die hinterste Ecke auf zwei Stellwände gehängt, sodass sie nur sichtbar waren, wenn man zufällig dort hinter die Wand gelaufen ist. Aber ich konnte nichts dagegen machen.

Für andere Künstler hat Adriani sich wiederum sehr eingesetzt: Mit den *7000 Eichen* von Beuys waren wir immer ein bisschen in Geldnot. Die Spenden liefen nicht. Beuys wollte fünfhundert Mark für einen Baum, ich glaube, wir haben vierundfünfzig Städte gewinnen können, die je einen Baum übernommen haben. Und dazu kamen vielleicht noch ein paar Hundert Leute, die gespendet haben, aber wirklich nicht ausreichend, um das Projekt zu stemmen.

Eines Nachts rief mich Beuys aus Japan an: „Franz, ich habe das
Geld für die *7000 Eichen*.“ – „Donnerwetter. Wie hast du das denn
24 geschafft?“ – „Ich habe Reklame gemacht. Für Whisky.“ Ich war
wirklich etwas erstaunt, weil er eigentlich sehr alternativ war. „Wie
schaut die Reklame aus?“ – „Ein Portrait von mir mit Whiskyglas in
der Hand.“ Dafür hat Beuys 100 000 D-Mark bekommen, das hat
ihn wirklich aus einer gewissen Verzweiflung geholt. Und das haben
wir Adriani zu verdanken: Ich glaube, das lief über irgendwelche
Leihgaben. Er hat eine hochkarätige französische Ausstellung, die
er für Tübingen zusammengestellt hatte, nach Japan übergeben, und
dadurch hatte er Kontakte und hat Beuys dann diesen Werbeauf-
tritt vermittelt.

Ein Museum aus Amerika hat auch noch eine schöne Spende gemacht, ich glaube fünftausend oder zehntausend Dollar. Die waren damals mit einer Reisegruppe auf der documenta, und meine Tochter Anna hatte das Bryn Mawr College bei Philadephia besucht und konnte daher sehr gut Englisch; sie hat den Amerikanern das Projekt *7000 Eichen* vorgestellt, und daraufhin haben die uns aus ihrem Museumsetat Geld gespendet. Wir waren unentwegt damit beschäftigt, Geld zu beschaffen. Ich war sogar auf dem Kunstmarkt in Basel mit einem eigenen Baumstand. Da haben wir aber höchstens 14 000 oder 15 000 D-Mark eingenommen, manche Leute waren wirklich hartnäckigst und haben gar nichts gegeben, obwohl sie mit Beuys zum Teil schon sehr viel Geld verdient hatten.

Zu guter Letzt musste ich auch noch für die Schulden des Baumbüros aufkommen. Nach dem Tod von Beuys kam IBM nämlich auf die Idee, dass sie ihr Kopiergerät zurückhaben wollen. Das waren Leihgeräte, und du musstest für jede Kopie einen bestimmten Betrag, sagen wir mal zwei Pfennig, an IBM bezahlen, das war praktisch die Leihgebühr. Das Gerät ist auf der documenta von allen benutzt worden, aber es hat nie jemand dafür bezahlt, und die Rechnung wurde dann an mich weitergeleitet.

FL: *Wie kamen sie denn auf dich?*

FD: Das wüsste ich auch gerne. Vielleicht, weil ich den ersten Brief für das Projekt mit Beuys zusammen unterschrieben hatte. Beuys 23 war wirklich größenwahnsinnig: Er hat die Spendenquittungen einfach selbst ausgestellt. Der Wirtschaftsreferent der Stadt Kassel ermahnte ihn damals, die Sache innerhalb von acht Tagen zu bereinigen, und drohte, andernfalls müsse Beuys die Steuern aus eigener Tasche zahlen. Es musste also dafür gesorgt werden, dass die Spendenquittungen wieder eingesammelt werden. Ich fuhr in die Akademie nach Düsseldorf und sagte zu Johannes Stüttgen: „Wir brauchen die Namen und Adressen derjenigen, denen Beuys eine Spendenquittung ausgehändigt hat, das Wirtschaftsreferat hat mir angeboten, die Quittungen noch einmal über die Stiftung der documenta auszustellen." Da wollte Johannes mir am liebsten an die Gurgel gehen: „Du hast Beuys gar nichts zu sagen." – „Ich mache dich zu Kleinholz, wenn du nicht in zehn Minuten in meinem Auto sitzt. Wir fahren zu Beuys, kassieren die Quittungen ein und dann geht es gleich weiter nach Kassel." Und genau so haben wir es dann gemacht. In Kassel hat man uns schon erwartet. Es hatten sich ein Wirtschaftsreferent, ein Kulturreferent, ein Finanzmann und einer von der documenta versammelt, um die Aliens aus Düsseldorf, die selbstständig Spendenquittungen ausstellen, zu empfangen. Ich saß sieben Stunden lang in dem Büro, bis alle Quittungen sauber waren. Johannes benahm sich wirklich, als sei Beuys der Bundespräsident oder der Bundesfinanzminister oder der Kaiser von Düsseldorf. Dabei haben die Jecken da unten gar nichts gehabt. Kennst du dieses Lied?

Wärst du doch in Düsseldorf geblieben
Schöner Playboy, du wirst nie ein Cowboy sein.
Wärst du doch in Düsseldorf geblieben,
Das wär' besser für dich und für Düsseldorf am Rhein.

Das ist der einzige Karnevalsschlager, den die Düsseldorfer jemals hervorgebracht haben. Der war Beuys genauso präsent wie dieser Hit von den Minstrels aus dem Jahr 1970:

Ja, grüezi wohl, Frau Stirnima,
  sagged Sie, wie labbed Sie, wie sind Sie au' so dra?
Ja, grüezi wohl, Frau Stirnima,
  sagged Sie, wie labbed Sie, wie gaht's däm Ihrem Ma?

Beuys konnte sich über dieses Lied sehr amüsieren. Ich habe es das letzte Mal bei einem Besuch in Wien angestimmt: Da saßen drei Schweizer Damen im Frühstückszimmer meines Hotels, die konnten das Lied von Anfang bis Ende singen und die anderen Gäste haben mit den Ohren gewackelt.

Beuys ist damals zunehmend prominent geworden, aber er wurde in irgendeiner Form immer gehässig behandelt. Irgendwann einmal sagte er zu mir: „Weißt du, was mein größtes Vergnügen ist? Ich war jetzt mit der Concord in New York, und du machst dir keine Vorstellung, wie ich eingestiegen bin: Es waren lauter Businessleute unterwegs, top angezogen, alle mit geschwollener Brust, weil sie für 15 000 Dollar fliegen konnten, und dann kam Professor Beuys, und alle drehten sich nach ihm um." Beuys hat bei einfachen Leuten wirklich einen richtigen Schlag gehabt. Ich war zum Beispiel auch dabei, als er sich einmal Kupferplatten ausgesucht hat. Die fuhren mit dem Gabelstapler los und holten, wie bestellt, acht Kupferplatten. Da sagte Beuys: „So geht es nicht. Ich will die Farbe kontrollieren." Die waren sprachlos. Die Leute haben zu Hunderten und zu Tausenden Kupferplatten für die industrielle Verarbeitung hergestellt, und dann kommt Beuys und will die Farben kontrollieren. Die einen sind etwas gelber, die anderen etwas roter, sie sind unterschiedlich. Der Vorarbeiter, der wusste, dass es der Professor aus Düsseldorf war, sagte sofort: „Wenn der Professor das sehen will, zeigen wir es ihm." Und dann haben die bestimmt hundert Platten durchgeschaut, bis die acht Platten wirklich astrein alle dieselbe Farbe hatten. Beuys wollte ja nicht irgendwie ein Zebra haben. Und ich kann dir sagen, von Platte zu Platte kamen mehr Arbeiter dazu. Irgendwann standen vierzig Leute um uns herum, und als die letzte Platte ausgesucht war, haben alle geklatscht – nicht laut, nicht aufdringlich, aber sie haben geklatscht. Totale Anerkennung. Solche Geschichten hat es viele gegeben. Wie kamen wir jetzt darauf?

FL: *Über den Kaiser von Düsseldorf.*

FD: Genau! Sagen wir mal, es gab dort keinen Kaiser. Düsseldorf muss im 18. und 19. Jahrhundert eine interessante Stadt gewesen sein. Kennst du das Buch *Ansichten vom Niederrhein* von Georg Forster?[47] Da bist du erstaunt, wie er Deutschland beschreibt: Aachen, Köln, alle katholischen Städte verkommen, Bettelei ohne Ende, eine gewisse Armut und eine darniederliegende Wirtschaft. In den evangelischen Städten wie Düsseldorf hingegen herrschten Reichtum und Sauberkeit. Also die Akademiker, die Mönche und wer noch alles, die haben sich ja wirklich eine Geschichte zurechtgelogen, dass sich die Bäume biegen, da wird keine einzige Statistik angeführt. Ich bin heute nicht mehr so fit, in der Schule war Geschichte mein Lieblingsfach. Unseren Hauptschullehrer habe ich zur Verzweiflung getrieben, weil ich immer bereit war, mit ihm zu streiten. Der war damals schon ein älterer Mann, vielleicht vierundfünfzig oder sechzig Jahre alt. In der Regel ließ er sich auf meine Anmerkungen ein, und ich habe ihn wirklich niedergeredet. Irgendwann einmal hat er mich dann aber rausgeschmissen: „So, Dahlem, es reicht, jetzt gehst du vor die Tür." Die Klasse war in diesen Unterrichtsstunden immer mucksmäuschenstill.

Willst du noch mehr von der Schulzeit wissen? Als ich das erste Mal zum Max-Gymnasium ging, habe ich unterwegs einen Mann nach dem Weg zum „kommunistischen Gymnasium" gefragt, weil ich das Wort „humanistisch" nicht kannte. Da habe ich direkt eine Watschen gekriegt, vor der Ursulakirche in der Kaiserstraße. Er meinte wohl, ich wollte ihn auf den Arm nehmen, und empfand es als eine derartige Frechheit, dass ich mich bei ihm nach einem kommunistischen Gymnasium erkundigte. Eine Frau, die das beobachtet hatte, ist mir bis zur Bismarckstraße nachgelaufen: „Wo willst du denn hin?" – „Ich möchte in das Gymnasium." „Kommunistisch" habe ich vorsichtshalber weggelassen, ich dachte, die haut mir sonst die nächste rein. Die Schule war in der Karl-Theodor-Straße, und ich musste durch die Destouchesstraße, das kann sich doch keiner merken! Es war Sommer, in der Zeit war also kein Schulbetrieb, und ich war auf dem Weg, um im humanistischen Max-Gymnasium die Aufnahmeprüfung abzulegen.

FL: *Wer hatte dich dort hingeschickt?*

FD: Mein Lehrer Anselm von der Volksschule, der hielt große Stücke auf mich.

FL: *Das heißt, du warst für die Aufnahmeprüfung angemeldet?*

FD: Ja, das hatte der alles für mich gemacht. Ich glaube sogar, dass er das erste Schulgeld bezahlt hat, weil er wusste, dass es für mich sonst problematisch werden würde. In der Zeit lebte ja auch mein Vater noch, sonst wäre überhaupt nichts gegangen. Ich werde es nie vergessen: Ich musste von der Theresienstraße bis zum Max-Gymnasium rauslaufen – das sind bestimmt drei Kilometer, vielleicht auch vier oder fünf, ich habe es nie überprüft, für mich war es ein langer Weg –, in der Schule wurden wir dann in zwei Klassen aufgeteilt und von einem Benediktinerpater in schwarzer Kutte beaufsichtigt. Als Erstes wurde uns eine Geschichte vorgelesen, darin bat ein Bauer Gott, das Wetter zu organisieren. Es hat ihm zu wenig geregnet oder zu viel oder was weiß ich. Die Geschichte sollten wir auf zwei Seiten nacherzählen. Die anderen hatten schon lange abgeliefert, da schrieb ich immer noch. Ich glaube, ich bin dreimal vorgelaufen und habe mir neues Schreibpapier geholt. Ich habe vierundzwanzig Seiten vollgeschrieben, das war eine Jahrhunderterzählung, allerdings mit so vielen Rechtschreibfehlern, dass später im Lehrerkollegium darüber beratschlagt wurde, ob sie einem

Deppen, der so viele Fehler macht, den Zugang ins Gymnasium überhaupt erlauben können. Glücklicherweise konnte ich beim Pater einige extra Punkte machen, als er uns aufforderte das *Vaterunser* aufzusagen. Ich habe mich sofort gemeldet: „Soll ich es in Deutsch oder in Latein aufsagen?" – „Wenn du es kannst, in Latein."

> Pater noster, qui es in caelis,
> sanctificetur nomen tuum.
> Adveniat regnum tuum.
> Fiat voluntas tua, sicut in caelo, et in terra.
> Panem nostrum cotidianum da nobis hodie.
> Et dimitte nobis debita nostra,
> sicut et nos dimittimus debitoribus nostris.
> Et ne nos inducas in tentationem,
> sed libera nos a malo.
> Quia tuum est regnum et potestas
> et gloria in saecula.
> Amen.

Der Pater war sprachlos. Ich war damals zehn oder elf Jahre alt. Ich weiß nicht, warum ich das konnte. Wahrscheinlich haben wir es in irgendeinem Kinderheim mit einer Ordensschwester lernen müssen. An diesem ersten Tag in der Schule ist mir noch etwas Fürchterliches passiert: Die Stunde war aus, und alle Kinder liefen hinaus. Es waren, sagen wir mal, vierundfünfzig Kinder, es gab ein Gedränge, der Pater mittendrin. Da schnappte ich mir ein Stück Kreide von der Schultafel und malte dem Pater ein Hakenkreuz auf den Rücken. Frag mich nicht, warum ich das gemacht habe. Kinder machen solche Sachen, ohne darüber nachzudenken. Er hat es ja auch gar nicht gemerkt, bis ein Kind rief: „Hä, hä, Pater, schauen Sie mal, was Sie auf dem Rücken haben." Der zog sich sein Obergewand, den Skapulier, nach vorne, sah das Hakenkreuz und beorderte sofort die ganze Klasse zurück an ihren Platz. Er bedrohte uns in einer Form, davon machst du dir keine Vorstellung: „Liebe Kinder, ich verzeihe euch." – Mit dieser falschen Stimme, uns gefror das Blut in den Adern. – „Wir machen jetzt alle die Augen zu, und der, der es war, hebt die Hand." Ich habe natürlich nicht die Hand gehoben. Ich dachte, bevor ich mich von dem umbringen lasse, soll lieber die ganze Klasse dran glauben. Dieses Mistvieh von Pater hat das eine Stunde lang mit uns getrieben, während die Eltern draußen warteten, um ihre Sprösslinge abzuholen. „Das hätte ich nicht erwartet, so ein Bösewicht. Ich weiß gar nicht, ob ich euch ins Gymnasium aufnehmen kann." Die Bedrohung, die von dem Pater ausging, hat mich wirklich schwer beeindruckt.

Es gab später einmal einen anderen Vorfall, in den ich aber nicht direkt verwickelt war: Irgendwelche Migrantenkinder, Griechenkinder oder was weiß ich, fanden auf der Ludwigstraße einen Geldbeutel mit 54 000 Reichsmark. Sagen wir mal, das wären heute fünftausend Euro. Aber immerhin 54 000 Mark waren 54 000 Mark. Und die Deppen haben das Geld behalten. Ein Teil davon zirkulierte dann in der Volksschule an der Bazeillesstraße, und irgendwann fiel natürlich auf, dass die Kinder lauter Fünfzig- und Hundert-Mark-Scheine hatten. Wir erhielten damals einen moralischen Vortrag ersten Ranges, dass man nicht stiehlt, dass man zurückgeben muss, dass man nicht lügen darf und so weiter. Und dann sagte der Lehrer: „Ich möchte wissen, wie ihr euch als Finder verhalten hättet, schriftlich." Alle haben natürlich geschrieben, dass sie das Geld zurückgegeben hätten, außer mir. Ich hätte das Geld behalten. Ich habe die Geschichte gar nicht verstanden. Ich dachte, wenn man 54 000 Mark findet, gehören sie einem. Daran wird deutlich, dass ich offenbar keinerlei Moral hatte, keine Ethik und gar nichts.

FL: *Wie war deine Beziehung zu deinen Klassenkameraden?*

FD: Da hat es immer Freundschaften gegeben. Ich hatte im Gymnasium einen sehr netten Freund, Uli Birngruber. An den denke ich fast jeden Tag – nein, natürlich nicht, aber ich denke oft an ihn, ich denke liebevoll an ihn. In der Bazeillesschule, zu der Zeit war ich ja im Kinderheim in St. Wolfgang, ungefähr eineinhalb Jahre lang, da hatte ich zwei oder drei Freunde. Ich habe die Schule damals überhaupt nicht verstanden. Vorne stand der Lehrer, und dazwischen saßen gestapelt die Kinder. Wie im Kino. Ich saß ganz hinten und habe immer gestaunt, was die Kinder für Antworten geben, überhaupt wie sie sich benehmen. Ich war nie richtig involviert in die Schule. Ich hatte ein brillantes Gedächtnis, habe aber nie Hausaufgaben gemacht – ich konnte mit zehn Jahren weder lesen, rechnen noch schreiben. Das hat mir aber gar nichts ausgemacht. Ich fühlte mich nicht irgendwie saudumm oder so. Rechnen konnte ich dann blitzartig. Wir hatten einen Mathematiklehrer, Herr Vogel, der hatte einen Hund, einen Terrier, den hat er morgens vor der Schule angebunden, und dort musste er warten, bis der Unterricht beendet war und Herr Vogel ihn wieder mit nach Hause nahm. Ich mochte den Hund, und der Hund mochte mich. Einmal hat Herr Vogel eine sehr komplizierte Aufgabe an die Tafel geschrieben. Das war in der dritten Klasse im Gymnasium. In der Unterrichtsstunde zeichnete ich ein Portrait von ihm, was natürlich nicht unbemerkt blieb. Er kam ganz langsam auf mich zu und nahm mir das Blatt ab. Als er sein eigenes Antlitz erblickte, war er sprachlos. Die Zeichnung muss aber gut gewesen sein, er wollte sie nämlich nicht mehr hergeben. „Ihr habt eine halbe Stunde Zeit, die Aufgabe zu lösen." Ich habe nichts gerechnet, jedenfalls nicht auf dem Papier. Ich habe mir die Aufgabe aber an der Tafel angeschaut. Als die anderen Schüler ihre Blätter vorne beim Lehrer abgeliefert hatten, wurde ich aufgefordert: „Dahlem, was ist mir dir?" – „Die Lösung von der ersten Aufgabe ist 44,6, die zweite 73,8 und die letzte 21,4." Die Zahlen denke ich mir jetzt natürlich aus, jedenfalls hatte ich ein Ergebnis errechnet! Und da war der Vogel wirklich platt: „Du rechnest uns jetzt an der Tafel vor, wie du das gerechnet hast." Ich ging an die Tafel und schrieb es so auf, wie ich es im Kopf überlegt hatte. Der Lehrer war begeistert. Von dem Tag an gehörte ich zu seinen Lieblingsschülern.

Eine Zeit lang war ich auch der Liebling meines Kunsterziehers und bisweilen der gesamten Klasse. Die Lehrer waren ja zum großen Teil kriegsgeschädigt, daher hatten wir zum Beispiel einen Kunsterzieher, der eigentlich schon längst in Pension hätte sein müssen. Der war bestimmt einundsiebzig Jahre alt. Während die Klasse tobte, turnte und Papierflieger durch den Raum schickte, stand der Kunstlehrer vorn und sprach unbeirrt über die Farbe Grün. Der war nicht aus der Ruhe zu bringen. Eine beliebte Aufgabe war „Bäume malen". Da kam die ganze Klasse zu mir, weil ich die schönsten Stämme malen konnte, das hat den Lehrer aber auch nicht irritiert. Ich mochte ihn wirklich sehr gern und habe gar nicht verstanden, dass die Klasse so ungezogen zu ihm war. Ein anderer Lehrer las uns immer Karl-May-Geschichten vor, Winnetou, Old Shatterhand … das war sein Unterricht. Der war sehr beliebt, und es war mucksmäuschenstill in der Klasse, wenn er vorgelesen hat. Uli Birngruber und ich waren die beiden einzigen Einser in Latein, obwohl ich nie Vokabeln gelernt habe. Ich habe das einmal überflogen, und dann war es abgespeichert. Uli kam aus einer Zahnarztfamilie, der wollte schon damals immer die Revolution ausrufen. Ich hatte keine Ahnung, was eine Revolution war, aber ich war sein Anhänger, sein einziger. Er hat Manifeste entworfen und wollte den Mitschülern beibringen, dass sich etwas ändern muss. 1946 war der erste Wahlkampf in Bayern. Nach dem Krieg gab es ja erst eine Militärregierung, ab 1946 wurden Parteien im amerikanisch besetzten Bayern wieder zugelassen, es gab die Bayern-Partei, die CSU, die SPD, die FDP und die Kommunisten. Wir waren selbstverständlich Kommunisten. Es gab aber andere, den Arnold zum Beispiel, der war absolut CSU. Der war ein bisschen größer als wir und wollte uns Kommunisten immer an die Gurgel. Wir haben uns einen Spaß daraus gemacht, das wurde nicht so ernst genommen.

Die Kinder waren früher viel kindlicher als heute. Viel kindlicher!

FL: *Hast du dafür eine Erklärung?*

FD: Vielleicht, weil sie in der Schule einen Freiraum hatten, den sie zu Hause nicht hatten. Außerdem waren unsere Klassen so groß, dass die Lehrer uns einfach nicht in den Griff bekamen, jedenfalls nicht ohne Gewalt. Da ist zwischendurch immer mal der Blitz eingeschlagen, und dann war es für eine Zeit lang wieder gut. Was man auch nicht vergessen darf: Die Leute waren damals froh, dass es überhaupt noch Kinder gab, dass wir nicht alle durch die Bomben umgekommen waren. Ich glaube, man hat die Kinder wirklich anders betrachtet, und zwar mit einer großen Dankbarkeit. Wir waren die neue Generation.

Während meiner Lehrzeit bin ich einmal von der katholischen Jugend in Wolfratshausen in ein Lager eingeladen worden. Dort fand täglich eine Besinnungsstunde statt, in der einer der älteren Jugendlichen den Kindern etwas über den katholischen Glauben erzählt hat. Zu anderen Zeiten durften wir aber auch grillen, rumhauen und schwimmen. Vor allen Dingen mussten wir nicht jeden Morgen in die Arbeit gehen. Und es wurden Wettkämpfe aller Art veranstaltet. Das waren die vierzehn schönsten Tage meiner Bierbrauer-Lehrzeit. Allein das Lagerfeuer! Ich habe ungeheuer gern geheizt. Ich war wirklich der Lagerfeuerverwalter hoch drei. Und in der letzten Woche gab es einen Abschlusswettkampf mit unterschiedlichen physischen und geistigen Disziplinen: Zum einen laufen, springen, sich an einem Seil über einen Abgrund hangeln, und zum anderen anhand von Abbildungen auf Postkarten Baustile von Kirchen bestimmen und lauter solche Sachen. Auf die Plätze, fertig, los! Die Gruppen waren nach ihrer katholischen Jugendzugehörigkeit eingeteilt: Es gab Buben aus Ebenhausen, aus Icking, Wolfratshausen und so weiter. Wir waren die Schäftlarner, und wir hatten einen wahnsinnig dicken Hund in der Gruppe, der kaum laufen konnte. Er ist an jedem Hindernis gescheitert, und wie er dann an dem Seil hing ... es war die reinste Katastrophe. Ich habe meinen besten und stärksten Buben gesagt: „Bringt den bloß rüber!“ Die Wissensfragen konnte ich alle beantworten, inklusive Barock und Gotik. Eine Rechenaufgabe gab es auch noch, und so konnte ich wettmachen, was wir beim Radfahren, Laufen und so weiter verloren hatten. Wir waren sechs oder sieben Mann, alle topfit, nur der Dicke war immer die letzte Lokomotive. Irgendwann haben wir ihn einfach verschwinden lassen: „Du gehst jetzt in den Wald und kommst am Ende wieder zu der Gruppe dazu.“ Wir konnten nicht auf ihn warten, das wäre Blödsinn gewesen. Mit dem hätten wir nicht einen Punkt gemacht. Unsere Gruppe ist dann wirklich Zweiter geworden. Das war ein Erfolg. Dort bekam ich meine erste Urkunde.

Ein Künstler, der wirklich Bilder malt, geht nie ins Bunte

FD: Du weißt, dass speziell die Deutschen in den 50er-Jahren immer die Sahara bewässern wollten? In der chinesischen Provinz Guizhou haben sie jetzt ein Astro-Wok gebaut:

> „Das dort nach siebzehn Jahren fertiggestellte, in dieser Woche auf Empfang geschaltete Observatorium mit dem Namen Fast besteht aus einer fünfhundert Meter breiten, parabolisch geformten Schüssel. Diese reflektiert elektromagnetische Wellen aus dem All an eine Zentralantenne, wo die Signale gesammelt und zur Auswertung an die Computer der Astronomen geschickt werden. Die im Vergleich zu Licht deutlich langwelligere Radiostrahlung hat den Vorteil, dass sie Staubwolken im Weltall ebenso durchdringt wie die Lufthülle der Erde und somit den Blick auf Himmelsobjekte freigibt, die mit optischen Teleskopen nicht sichtbar sind. Gerne wird darauf hingewiesen, dass man mit so einem Gerät auch Signale außerirdischer Lebewesen empfangen könnte, sofern die Aliens elektromagnetische Wellen im richtigen Frequenzbereich aussenden. Die Fast-Schüssel ist im Bereich von rund siebzig Megahertz bis drei Gigahertz aktiv, was UKW-Frequenzen wie auch die Bänder irdischer Mobilfunknetze einschließt. Das ist mit der Grund, warum im Umkreis von fünf Kilometern kein Mensch mehr wohnen darf. Für den Bau mussten nach offiziellen Angaben achttausend Menschen umgesiedelt werden. Die Betroffenen sollen mit Geld und Arbeitsplätzen an anderen

> Orten entschädigt worden sein. Mehr als fünfzig Jahre lang war die dreihundertfünf Meter große Schüssel bei Arecibo auf Puerto Rico das weltweit wichtigste Instrument für Radioastronomen. Die Anlage war sogar Schauplatz für die Schlusssequenz eines *James Bond*-Films. Diese Ehre muss sich das neue Instrument in China erst noch verdienen. Bislang nennen es Einheimische nur den ‚riesigen Wok'."[48]

Du kannst also Gemüse darin braten.

Weißt du, was mich an der ganzen Rezeption der Ästhetik, von Kunst und Konzept und wie das alles heißt, unglaublich stört? Du musst dir einmal vorstellen, was die Technik in den letzten fünfzig Jahren für riesige Apparate hervorgebracht hat. Da bleibt dir die Spucke weg. Das sind Infrastrukturen. Da können die Künstler wirklich nicht mithalten. Deswegen bin ich der Meinung, sie sollten ein bisschen bescheidener sein. Beuys spricht zu Recht von einer Sozialen Plastik.[49] Er ist der Einzige, der begriffen hat, dass das kommen muss. Beuys hat auf dem Gebiet wirklich etwas geleistet.

Es hat immer irgendwie so rustikale Positionen gegeben, die am Rande des Erträglichen waren: On Kawara zum Beispiel mit seinem Kalender, mit seinen Tageszeitenbildern.[50] Wir kannten uns persönlich, und er war mir immer sehr sympathisch, aber ich hätte mir nie im Leben auch nur ein Bild von dem gekauft. Kasper König war eng mit ihm befreundet. Also On Kawara kann man ertragen, das kann man in irgendeiner Form ertragen. Auch Roman Opalka mit seinen Zahlenbildern. Aber die Amerikanerin, die diese Linienbilder macht – wie heißt die?

FL: *Agnes Martin.*

FD: Das ist wirklich Schwachsinn. Das ist gequirlter Schwachsinn. Mit Robert Ryman ist es genau dasselbe. Das sind keine Bilder. Es werden auch nie Bilder werden. Das war der verfluchte Akt einer linken alternativen Szene, die den Kapitalismus in irgendeiner Form entleeren wollte. Damit entleerst du aber keinen Kapitalismus, diese

Bilder haben keine Größe. Schau dir dagegen mal einen Barnett Newman an. Ich habe *The Stations of the Cross* in Washington gesehen. Es ist wirklich ein unglaublicher Weg, den Barnett Newman gegangen ist. Das sind für mich religiöse Bilder. Und nicht Rothko mit seiner Kapelle in Houston.[51] Rothko schrammt immer etwas ins Bunte rein. Ein Künstler, der wirklich Bilder malt, geht nie ins Bunte.

Habe ich dir meine Theorie über Malerei schon einmal erzählt? Von Gelb gibt es zum Beispiel hundertneunzig oder dreihundert verschiedene Nuancen. Das haben wir in New York herausgefunden, als Beuys 1979 seine Ausstellung im Guggenheim Museum vorbereitete: Da hatten wir einen Katalog für gelbe Seiden, weil Beuys eine Arbeit reparieren wollte, die beim Transport kaputtgegangen war. Alle standen um ihn herum, inklusive Heiner Bastian und die Direktoren, und Beuys blätterte das Buch Seide für Seide durch. Nicht eine hat er akzeptiert. Da kriegst du schon ein bisschen die Krise mit dem Künstler, wenn der mit nichts zufrieden ist. Beuys bekam seinerseits einen kleinen Zornesausbruch: „Das sind doch alles keine richtigen Seiden." Woraufhin ihm irgendjemand entrüstet antwortete: „Es ist aber alles original aus China." – „Ja, Kinder, wisst ihr denn nicht, wo die besten Seiden gemacht worden sind? In Krefeld!" In Krefeld haben sie die letzten zweihundert Jahre viel bessere Seiden gemacht als in China. Aber durch die moderne Webtechnik ist die Krefelder Seidenindustrie zugrunde gegangen.

Bei Beuys war es nun Gelb. Du kannst genauso von Grün ausgehen, du kannst von Blau ausgehen, du kannst von Rot ausgehen. Das ist jetzt nicht irgendwie genial, sondern es ist einfach so, naturgegeben. So wie jede Tierart ihre Nische hat, in der sie ihr Futter findet und existieren kann und dadurch ihre Form bekommt. Warum ist ein Hase ein Hase? Sag es mir, schnell! Warum ist ein Häschen ein Häschen? Weil ein Häschen gern ein Häschen ist. Das kannst du keinem Biologen erzählen, aber es stimmt. Ein

Gänseblümchen ist ein Gänseblümchen, weil es gern ein Gänseblümchen ist. Und jetzt kommen wir zurück zu den Farben: Ohne die grundlegenden Erkenntnisse von Joseph Fraunhofer wäre die ganze Weltraumforschung überhaupt nicht denkbar. Und ich sage dir: Wenn ein Maler – denen wird doch die Hand geführt – zu dem richtigen Gelb das richtige Rot in das richtige Blau oder was es sonst noch für Farben gibt, ins Bild einbringt, dann wird es nicht bunt, sondern dann ist es eine Schöpfung wie aus der Natur. Und das macht die Bilder so wertvoll. Die Künstler müssen nicht besonders malen können oder irgendwie wahnsinnig interessantes Zeug hervorbringen. Da muss sich auch nicht der eine in dem Rahmen des anderen bewegen, null. Das sind alles Solitäre, die eigentlich nichts miteinander zu tun haben, außer dass sie die Fähigkeit besitzen, malen zu können. Das ist das Entscheidende. Und dann wird es auch ein Bild.

Ich habe mit Arnulf Rainer so ein Erlebnis gehabt: 1999 haben wir die Sammlung von Herzog Franz, früher Prinz Franz, in der Villa Ludwigshöhe in Edenkoben ausgestellt. Das Schloss hat Ludwig I. als Sommerresidenz für sich und seine Familie bauen lassen, 1846 bis 1852. Herzog Franz hat sehr früh auch Arnulf Rainer gesammelt. Er hatte nicht unbedingt große Bilder, aber er hatte radikale Bilder. In der Sammlung waren außerdem Jörg Immendorff, Maria Zerres, Georg Baselitz – der Mann im Unterhemd verkehrt herum –, Gerhard Richters *Stukaflieger*, Sigmar Polke und so weiter. Eine richtig schöne 60er-, 70er-Jahre-Sammlung – alles authentische Bilder. Nun können die frühen Bilder von Arnulf Rainer so etwas lausig Speckiges haben, da könnte man meinen, er hat es mit seiner Malerei etwas übertrieben, zu dick aufgetragen, zu oft übermalt oder was weiß ich. Aber Kind, ich kann dir sagen: Die frühen Bilder von 1956/1957 waren in dem Schloss vor den Wänden von Leo von Klenze wie Juwelen. Überhaupt, die ganze Sammlung – es war wirklich das reinste Schmuckstück.

Jetzt erzähle ich dir noch eine Geschichte zu Rainer: Ich bin öfter zu Beuys gefahren und ich bin öfter zu Rainer gefahren, hin und her zwischen Düsseldorf und Wien. Einmal kam ich zu Beuys, und da fragt er: „Wo warst du denn die ganze Zeit?“ – „Ich war in Wien.“ – „Warst du wieder bei Arnulf Rainer?“ – „Ja.“ – „Weißt du, Franz, überschätz den mal nicht. Er ist nur zu faul, sich eine Farbe herzumischen.“ – Das fand ich toll von Beuys, das war richtige Eifersucht, nach allen Regeln der Kunst. Dann komme ich nach Wien, und Rainer besaß sogar ganz frühe Zeichnungen von Beuys, weil er ihn wirklich verehrt hat. „Siehst du manchmal noch den Beuys?“ – „Ja, den sehe ich sehr oft.“ – „Kennt er eigentlich meine Arbeiten?“ – „Der kennt deine Arbeiten.“ – „Und was hält er von mir?“ – „Soll ich es dir wirklich sagen? Beuys ist der Meinung, du bist zu faul, um dir eine Farbe herzumischen.“ Rainer entwickelte innerhalb von Sekunden einen solchen inneren Zorn, dass er dunkelrot anlief: „Beuys hat doch überhaupt keine Ahnung von meinem tiefen erotischen Schwarz!“ Sie haben sich trotz allem irgendwie respektiert. Ich habe Rainer für Österreich gerettet, was heute weder von ihm noch von seinen Erben und Nachfahren respektiert wird.

FL: *Und Herzog Franz …?*

FD: In unserer Galerie Friedrich + Dahlem lief am Anfang gar nichts. Es hat kein Mensch Kunst gekauft, und damals ist Josef Pankofer gestorben. Er war der Erste, der mich finanziell unterstützt hat. Ich fragte daher Wolfgang Christlieb, der wirklich mein Freund war, einer der wenigen, die ich in München hatte: „Kennst du nicht irgendjemanden, der in München Bilder kauft?“ – „Nein, Franz.“ – „Und wer hat die Bilder in der Alten Pinakothek bezahlt?“ – „Das waren die Wittelsbacher.“ – „Da muss doch noch irgendjemand leben?“ Ich lief zur öffentlichen Telefonzelle, nahm mir das Telefonbuch und schaute nach. Es gab den Wittelsbacher Ausgleichsfonds, die Wittelsbacher Vermögensverwaltung, aber keine Privatperson Wittelsbacher. Ich ging zurück zu Christlieb: „Welcher Wittelsbacher soll das sein?“ Christlieb hat mich wirklich manchmal sehr herablassend angeschaut, wie die Schlange das Kaninchen. Er hat aber Geduld mit mir gehabt. „Du Rindvieh, die heißen Bayern.“ – „Wie Bayern?“ – „Die heißen von Bayern.“ Also wieder zurück zum Telefonbuch, ich weiß es noch ganz genau, die Telefonzelle war am Holzkirchner Bahnhof in München, vor der Unterführung. Und tatsächlich fand ich Franz von Bayern in der Mozartstraße. Das ist direkt unten an der Wiesn. Ich rief sofort an und erreichte Franz von Bayern höchst persönlich. Christlieb hatte mich instruiert: „Solltest du jemals einen von Bayern treffen, musst du ihn mit ‚Königliche Hoheit‘ ansprechen.“ Also sagte ich: „Königliche Hoheit, sind Sie es?“ – Der war ganz erschrocken, dass ich so blöd daherredete. „Ja, worum geht es bitte?“ – „Ich wollte Sie einladen, eine Ausstellung in der Ludwigstraße zu besuchen, dort zeige ich Bilder von Uwe Lausen. Er hatte an dem Nachmittag offenbar nichts vor und sagte, ich könne erst einmal bei ihm vorbeikommen. Ich war damals vielleicht Mitte zwanzig und Prinz Franz war Ende zwanzig, ich glaube er ist fünf Jahre älter als ich. Ich sah wirklich noch aus wie ein Kind, der Prinz war ein bisschen reifer und vornehmer natürlich, schließlich ist er ein echter Prinz. Nachdem der Diener uns Kaffee serviert hatte, habe ich gefragt: „Darf ich einmal Ihre Bilder anschauen?“ Der Prinz war einverstanden und ging mit mir von Zimmer zu Zimmer. Als wir uns alles angeschaut hatten, teilte ich ihm mit: „So können Sie die Bilder in der Wohnung nicht hängen lassen.“ Ich hatte zugegebener Maßen wenig Ahnung von dem, was er da hängen hatte, aber ein Bild gefiel mir sehr gut, das war von Fritz Köhler, einem Düsseldorfer Maler, der 1946 schon ein Bild im Format hundertsechzig mal hundertzwanzig Zentimeter gemalt hat. Eine Landschaft mit sehr viel Himmel und sehr viel Gras, alles ganz zart. Ein sehr schönes Bild. Da es aber nichts Bedeutendes war, begann der Prinz ganz offensichtlich an meinem Sachverstand zu zweifeln. Nichtsdestotrotz kam er kurze Zeit später in die Ludwigstraße in die Ausstellung und kaufte ein Bild

von Uwe Lausen, ein kleines blaues, *Komposition mit Ohr* (1963/64). 5
Irgendwann mochte er es dann nicht mehr und schenkte es mir wieder zurück.

Prinz Franz hat mir einmal erzählt, er sei früher mit dem Fahrrad zu Alfred Kubin nach Zwickledt gefahren, das ist an der österreichischen Grenze, in der Nähe von Passau. Dort hat er Aquarelle gekauft und ist dann mit den gerollten Bildern im Gepäck auf dem Radl wieder nach München gefahren. Das muss um 1948 gewesen sein. Der Prinz war ein Verehrer von Kubin.

Das Kunstsammeln hatte in der Familie Tradition. Schon Kronprinz Rupprecht, der Großvater des Prinzen, hat gesammelt. Früher gab es in München den Vetter in der Fürstenstraße, das war ein Ramschhändler: Da trafen sich 1946 der König von Griechenland, Rupprecht von Bayern und der kleine Prinz Franz, vielleicht zwölf oder vierzehn Jahre alt. Er konnte sich später erinnern, dass er meinen Vater dort gesehen hatte. Mein Vater hat mit dem Vetter immer Geschäfte gemacht, der war unverwechselbar.

FL: *Was heißt das?*

FD: Auf seinem Körper war im Ersten Weltkrieg eine Granate explodiert, und das sah man ihm an: Er war eingefallen, gelb im Gesicht, mit Hut und Staubmantel, weil es ihn immer gefroren hat. Mein Vater hat getauscht und gehandelt: Teppiche, Bilder, Grafiken. Bei den kleinen Händlern in München galt er als echter Fachmann. Ich musste ihn manchmal begleiten und die Mappen tragen, aber an dem Tag, als der Prinz ihn gesehen hat, war ich nicht dabei.

1967 zeigte Beuys in der Galerie nächst St. Stephan in Wien die Ausstellung *Eurasienstab*. Damals war Monsignore Mauer noch der Direktor der Galerie, ein eleganter Geistlicher ersten Ranges und ein echter Weiberheld. Von einer früheren Ausstellung besaß er noch Zeichnungen von Beuys. Ich glaube, er hat für fünfzehn Zeichnungen viertausendachthundert Mark verlangt. Das war für mich damals viel Geld, ich hatte aber Dorette Staab dabei, und die hat es mir geliehen. Auf der Rückreise haben wir uns dann allerdings heftig gestritten, weil am Irschenberg, fünfzig Kilometer vor München, die Lichtmaschine verreckt ist. So etwas konnte Dorette gar nicht leiden. Dabei traf mich überhaupt keine Schuld, wir waren nämlich mit einem alten VW von der Wella unterwegs. Dorette aber tat so, als wenn es mein persönliches Versagen gewesen wäre. Ich weiß nicht mehr, ob der ADAC kam, irgendjemand hat das Auto jedenfalls wieder zum Laufen gebracht. Dann habe ich aber noch etwas gemacht, was Dorette auch nicht gefallen hat – Beuys war übrigens auch noch mit im Auto: Als wir in München ankamen, fuhr ich direkt zur Großmarkthalle. Da gab es einen Schlachthof, und die hatten ein sehr gutes Frühstück. Auf dem Weg dorthin musstest du allerdings an den blutigen Tierleibern vorbei, und Dorette hat wirklich das Kotzen gekriegt. Beuys war auch nicht richtig begeistert, aber mit Dorette hatte ich es mir endgültig verscherzt. Jetzt war ich in der Verlegenheit, dass ich kein Geld hatte, um meine Schulden bei ihr zu begleichen, und da bin ich mit der Mappe mit den Beuys-Zeichnungen zu Prinz Franz gelaufen und habe ihn gebeten, er möge sich das bitte einmal anschauen. Er kannte Beuys überhaupt nicht, hat mir aber dennoch vier Blätter abgekauft. Ich hatte vielleicht auch noch selbst ein bisschen Geld, jedenfalls bin ich am Nachmittag zu Dorette rausgefahren und habe ihr die Scheine auf den Tisch gehauen. Ich wollte meine Ruhe haben.

Ich glaube, der Herzog hat die Zeichnungen damals wirklich mir zuliebe gekauft, nicht weil sie ihm gefallen haben. Er sagte einmal, ich sei wie ein Hausierer ewig an seiner Tür gestanden und hätte ihm Kunstwerke verkaufen wollen, und aus Gottes Gnade und Barmherzigkeit hätte er mir damals die Beuys-Zeichnungen abgekauft. Ganz so war es nun auch nicht, aber ich habe schon gemerkt, dass er zu dem Zeitpunkt noch keinen Blick für diese Zeichnungen hatte.

Leute, die so fleißig sind wie Gerhard Richter, die bringen auch etwas hervor

FD: H. P. Alvermann war einmal bekannter als Beuys. Das kann man heute nicht mehr glauben. Heute stellt es sich so dar, als wenn wir vom ersten Tag an übermächtig die Szene beherrscht hätten. Ach, hast du eine Ahnung! Von Palermo haben wir sieben Jahre lang nicht eine Zeichnung verkaufen können. Baselitz vierzehn Jahre nicht ein Bild. Ein bisschen Grafik vielleicht. Die ersten drei Bilder von Baselitz habe ich für tausendsechshundert Mark das Stück an Thordis Moeller verkauft.

Ich habe in Basel einmal mit Leo Castelli zu Mittag gegessen, und da kamen wir auf Dan Flavin zu sprechen – Leo konnte übrigens sehr gut Deutsch. „Franz", sagte er, „Dan ist mein Hobby. Ich habe siebzehn Ausstellungen mit ihm gemacht und nicht eine einzige Neonröhre verkauft." Ich will damit sagen: In Amerika lief das auch nicht. Es war ja nicht so, dass wir nicht alles versucht hätten. Diese Provinzialität, die sich durch die gesamte Kunstwelt zog, hatte damit zu tun, dass die reichen Leute sich untereinander die Bälle zugeschoben haben. Zum Beispiel war Morris Louis weit berühmter als Barnett Newman. Das war in keinster Weise gerechtfertigt, sondern lag nur daran, dass er den besseren Händler hatte.

Ich bin wirklich froh, dass du jetzt einmal bei mir sitzt: Der Kauf der Sammlung Kraushar und schließlich die Präsentation der Sammlung, inklusive der Werke von Beuys, die in sechs Museen in Europa ausgestellt waren, hat mehr bewirkt als der gesamte internationale Kunsthandel in Paris, New York und London zusammen.

Wir hatten in Köln die Galerie Aenne Abels, die hat damals schon mit Twombly gehandelt. Es wurden wunderbare frühe Bilder von Fontana angeboten und einiges andere mehr. Aber dafür interessierte sich vielleicht eine Gruppe von zwanzig Leuten, Industrielle oder Erben von großem Vermögen. Das war wie ein Club, man kann es sich vorstellen wie einen exklusiven Golfclub, das hatte keine Breitenwirkung.

In der Lindenstraße in Köln entstand 1968 das erste Galeriehaus in Deutschland. Dort eröffneten Heiner und Thordis 1970 sozusagen eine „Dependance" der Galerie Friedrich. Noch im gleichen Jahr habe ich in den Räumen die umgedrehten Bilder von Baselitz gezeigt. Und ich schwöre dir, in der Lindenstraße gingen am Wochenende wirklich bis zu zweitausend Leute durch. Damit fing der ganze Unsinn an: Da ging es nicht um die Kunst, sondern ums Sehen und Gesehenwerden, die rauschten alle nur durch.

Was einen großen Erfolg gebracht hat, war Rudolf Zwirner mit seinem Kölner Kunstmarkt, der 1967 das erste Mal stattgefunden hat. Basel und das alles hat es damals noch nicht gegeben. Zwirner ist wirklich auf den Zug aufgesprungen. Der war vorher schon Generalsekretär der documenta und hatte bei Gerd Rosen in Berlin gearbeitet. Zwirner war ausgebildeter Kunsthändler und entsprechend viel professioneller als alle anderen. Nachdem wir 1967 die Sammlung Ströher ausgestellt hatten, hat er wohl gemeint, er muss irgendwie mitziehen und hat den Kölner Kunstmarkt gegründet. Außerdem hatte er das Vergnügen, Peter Ludwig die Sammlung zusammenkaufen zu dürfen. Zwirner saß wirklich in New York bei Sotheby's und Christie's und hat den Finger nicht mehr runtergenommen. Das war unglaublich. Die Amerikaner haben nicht einmal eine Schrecksekunde gehabt: Bilder, die vorher siebentausend Dollar gekostet haben, wurden plötzlich für 150 000 Dollar verkauft. Andy Warhol ist von Deutschland ernährt worden. Der hatte seinen Welterfolg in Europa, speziell in Deutschland, nicht in Amerika. Und dann ist der närrische Deutsche, Heiner

Friedrich, nach New York gezogen und hat Andy je hundert Bilder aus zwei Serien abgekauft: Die *Shadows* und die *Skulls*. Dass ein Kunsthändler einem Künstler auf einen Schlag hundert Bilder abkauft, das hat es damals nirgendwo auf der Welt gegeben.

FL: *Und wann hat sich der Kunstmarkt der USA für die deutsche Kunst geöffnet?*

FD: Lass mich nachdenken. Ich glaube, das ging mit Richter los. Marian Goodman hat sehr viel Richter gemacht. Fred Jahn hat da irgendwie vermittelt. Aber welche bedeutenden Künstler konnten in Amerika Fuß fassen? Ich glaube, niemand. Als Beuys 1974 seinen Kojoten in der Galerie von René Block in New York machte, war das ein Erfolg für die Galerie, das haben auch irgendwelche Freaks gesehen, aber das war nicht flächendeckend. Was sich bestimmt in Amerika rumgesprochen hat, war, was in Europa ausgestellt wurde, und zwar in Köln. Und das wurde auch gekauft. Kind, du musst dir vorstellen: Als Ströher 1968 die Kraushar-Sammlung erwarb, gab es in New York siebzehn Galerien, davon waren fünfzehn ausschließlich mit klassischer Kunst befasst, mit moderner klassischer Kunst. Es gab vielleicht zwei oder drei Avantgarde-Galerien, davon konnten die Künstler doch nicht leben! Was in Amerika bestimmt auch zur Kenntnis genommen wurde, war die Freundschaft zwischen Beuys und Warhol.

FL: *War das wirklich eine Freundschaft?*

FD: Eine Verehrung. Ich glaube, Beuys wollte das Moderne bei Warhol, was er nicht verstanden hat, akzeptieren, weil es unumkehrbar war. Der hat das strategisch gesehen. Bei Andy war es ein bisschen
anders. Ich weiß noch genau, wie ich ihm die Beuys-Sammlung im 34
Darmstädter Landesmuseum gezeigt habe: Der Adamsapfel ging sichtbar rauf und runter, der hat fast kotzen müssen, als er das gesehen hat. Das war wirklich nicht seine Ästhetik. Aber er hatte einen Heidenrespekt davor, und er hat sofort begriffen, dass es eine andere Welt ist, die er mit seiner Arbeit gar nicht erfassen kann.
Andy hat Beuys regelrecht verehrt. Er hat sogar einmal ein Wahl- 41

plakat für die Grünen entworfen, wofür er wirklich Prügel bekam. Die Kommentare der Leute waren so gehässig, davon machst du dir keine Vorstellung.

Beuys hat mit der Zeit geradezu eine Liebe zu Andy entwickelt. Er hatte damals den Wunsch, dass ich ihm den roten *Elvis Presley* kaufe, der kostete 80 000 Mark. Ströher wollte das Bild aber unter keinen Umständen in seiner Sammlung haben – ich weiß nicht genau, was er dagegen hatte, aber er wollte es nicht.

Andy ist ein hundertprozentig integrierter Amerikaner gewesen, gleichzeitig war er hundertprozentig Tschechoslowake. Die Eltern waren Immigranten aus einem Dorf in den Karpaten. Zu Hause in Pittsburgh wurde Tschechisch gesprochen. Andy ist eine sehr merkwürdige Figur gewesen. Er hatte zum Beispiel einen Neffen, der war Priester, ein keuscher, junger Mann, der den Heiligen Geist unter der Mütze hatte, und Andy war überglücklich darüber, dass er mit dem verwandt war. Tief drinnen war er eigentlich Katholik, das durfte man aber nicht aussprechen.

Ich bin der Meinung, den Menschen, die wirklich eine Bedeutung haben, ob es Musiker, Schauspieler, Poeten oder bildende Künstler sind, kann man es schon als Kind anmerken. Maria Callas hat ihre Stimme doch nicht in der Musikschule gefunden, die ist mit dieser Urkraft auf die Welt gekommen. Sie konnte es einfach. Und genauso war Andy bereits mit drei, vier Jahren ein Künstler, davon bin ich fest überzeugt.

Ich bin jetzt achtundsiebzig, du bist zweiunddreißig. Das alles ist fünfzig Jahre her und länger. Ich kann mich mit dir nicht über Wade Guyton oder Christopher Wool unterhalten, weil ich diese Sachen nicht akzeptiere. Ich bewundere die Oberfläche, die diese Leute haben. Wade Guyton muss siebzehnmal mit seinem Scanner über die Bilder gehen – das ist brillantes totes Zeug. Dazu muss ich allerdings sagen, meine Prognosen waren schon immer vollkommen daneben. Ich war zum Beispiel damals der Meinung: „Richter ist ein Kaufhof-Maler." Heute gehören seine Werke zu den teuersten der Welt. Heiner und ich haben in München sieben oder acht Ausstellungen von Richter gemacht. Ich habe irgendwann einfach nicht mehr an die Farbe geglaubt, die er verwendet hat. Man muss aber wirklich vorsichtig sein: Leute, die so fleißig sind wie Gerhard Richter, die bringen auch etwas hervor. Der hat in seinem Leben bestimmt zwanzig Bilder gemalt, die aus der europäischen Bildergeschichte nicht mehr wegzudenken sind. Und wenn es nur der Hirsch ist, der aus dem Wald kommt.

FL: *Du sprichst von dem Bild, das vor Kurzem in der Ausstellung* 48
„Unfinished" im MetBreuer in New York zu sehen war?

FD: Genau, da war es dabei. Das Bild hing früher einmal bei uns in der Galerie in der Maximilianstraße.

Ich war eine Zeit lang zum Beispiel auch total abgeturnt von Jasper Johns, ich konnte es nicht mehr sehen. Das war Anfang der 60er-Jahre wirklich ein Hype – die Museen haben sich in Listen eintragen müssen, um ein Bild von Jasper Johns zu erwerben. Ich hatte dann wiederum ein Schlüsselerlebnis mit ihm: Irgendeine New Yorker Galerie – ich glaube, es war Knoedler – hat eine Weihnachts-Benefiz-Ausstellung für ein Museum gemacht, und da hing
von Jasper Johns ein *Target* in Grün gegenüber einem *van Gogh* 49
von Francis Bacon. Der Bacon sah aus wie ein ausgewrungener 50
Putzlumpen, während das grüne *Target* wirklich frisch war wie der Frühlingsmorgen.

Ein anderes Beispiel ist Joseph Albers: Er hat meiner Meinung nach überhaupt kein Gefühl für Farben und dazu diese blöden Quadrate. Das sind doch keine Bilder! Aber das kann man sich merken, und damals war es modern, also mussten die Leute es haben. Vasarely hingegen ist ein vollkommen unterschätzter Künstler. Die Verantwortlichen unserer Museen sind solche Schlappschwänze! Vasarely war einmal so heruntergekommen, dass du Bilder für achttausend oder neuntausend Mark kaufen konntest. Jetzt ziehen sie langsam auf 30 000, 40 000 oder 70 000 an – das ist im Vergleich zu anderen Künstlern aber immer noch kein Preis.

Glaubst du, die Pinakothek der Moderne in München kauft da mal zehn Bilder? Und Vasarely war Ungar, der ist also unser Nachbar gewesen. Die Ungarn haben immer gute Künstler gehabt. Moholy-Nagy zum Beispiel ist doch auch ein ganz wunderbarer Künstler. International haben sie sich auf Bridget Riley geeinigt. Oder kennst du den Dänen Richard Mortensen? Geometrische Bilder, auch frühe 60er-Jahre. Das ist kein schlechter Künstler, aber total unterrepräsentiert. Ich würde mir sehr wünschen, dass sich mal jemand um diese Leute bemüht, die nicht im Fokus der Öffentlichkeit stehen, die aber in die Sammlungen der Museen unbedingt hineingehören. Stattdessen wird überall Tante-Emma-Kunst gekauft. Ich habe es ja in Darmstadt erlebt: Das Museum war wirklich auf Top-Niveau. Heute wird das Publikum der Museen ununterbrochen mit irgendetwas bespaßt, bei der Kindermalschule angefangen, aber an der Sache arbeitet kein Mensch mehr, oder nur sehr wenige. Und im Hintergrund der Museen stehen die Gesellschaftsdamen, die treiben den Galeriedirektor wie einen Kutscher vor sich her, der muss sie sozusagen durch die Gegend fahren. Das kann man hier in München wunderbar beobachten. Basel schmeißt jetzt eine Pollock-Ausstellung mit mehr als hundert Bildern.[52] So etwas hätte doch ein deutsches Haus auch mal stemmen können.

FL: *Ich mache jetzt noch einen Kaffee.*

FD: Baby, mach, was du willst. Was soll ich in der Zeit machen? Darf ich das hier heimlich wegessen? Das andere habe ich für dich mitgebracht, aber das würde ich gern essen.

FL: *Selbstverständlich!*

FD: Das gönn ich mir jetzt.

„Franz, es klemmt."

FD: Was auch ein großer Erfolg war, vor allen Dingen für viele Kunsthändler in Deutschland, war die Tatsache, dass die Sammlung Herbig[53] und die Sammlung Krätz[54] gemeinsam in die Neue Galerie nach Kassel kamen: Eines Abends rief mich Karlheinz Gabler aus Frankfurt in Darmstadt an. Ich merkte gleich, dass er eine schwere Zunge hatte, und dann fing er das Weinen an. Ich habe ihn ein bisschen weinen lassen, und dann habe ich gesagt: „Herr Gabler, Sie machen es mir etwas schwer. Ich weiß ja gar nicht, worum es geht." – „Ich gebe sie nicht her, ich gebe sie nicht her!" Ich habe gedacht, ich bin im Irrenhaus. Ich sagte: „Ist in Ordnung, es zwingt Sie doch niemand dazu." – „Nein, noch nicht, aber das kommt, das kommt." Und immer wieder: „Ich bringe mich lieber um, bevor ich sie hergebe." Ich sagte: „Herr Gabler, a) wird sich niemand umbringen, und das kündigt man schon gar nicht telefonisch an. Und b) sagen Sie mir jetzt einmal klipp und klar, worum es überhaupt geht." – „Ich habe Erich Herzog, dem Direktor der Staatlichen Kunstsammlungen Kassel, versprochen, dass ich meine Kirchner-Sammlung in das neue Museum als Leihgabe gebe." Das Land Hessen hatte die Neue Galerie zur Unterstützung des nordhessischen Handwerks für fünfundvierzig Millionen D-Mark damals umbauen und herrichten lassen. Und nun wollte Karlheinz Gabler trotz seines Versprechens die Sammlung nicht rausrücken. „Herr Gabler, jetzt ist es halb eins in der Nacht, ich kann heute Abend nichts mehr unternehmen. Wo kann ich Sie morgen erreichen?" Ich notierte seine Nummern und rief dann Toni Krätz, den Krawattenfabrikanten, an. Toni war einer der frühen Sammler, die es damals in Frankfurt gab. Der hatte sieben oder acht Kinder. Mit der Krawattenfabrik hat er zwei, drei Millionen Umsatz im Jahr gemacht, und er hat immer mal wieder was bei mir gekauft. Er hatte Polke, Baselitz und auch ein bisschen Beuys. Sogar von Andy Warhol hat er was gehabt. „Toni, ruf bitte in München bei Jost Herbig an und frag ihn, ob er seine Sammlung mit deiner Sammlung zusammen nach Kassel leihen würde." – „Meine Sammlung ist doch viel zu klein." – „Darum geht es nicht. Du bist nur die Wurst, um nach der Speckseite zu schmeißen." Hätte ich selbst bei Jost Herbig angerufen, wären sofort die Krallen ausgefahren worden, aber Toni konnte das, von Industriellem zu Industriellem. Ungefähr so: „Ich heiße Toni Krätz und wohne in Frankfurt. Der Herr Herzog im Museum in Kassel hat diese neuen Räume und sucht eine Sammlung als Leihgabe. Ich habe mich erboten, ich reiche aber nicht aus. Daher müssen wir Sie dazunehmen. Ich habe Ihren wunderschönen Katalog gesehen, ich bewundere Sie schon lange für Ihre großartige Sammlung." Toni Krätz war Geschäftsmann, der wusste, wie er es anstellen musste, er hat Jost Herbig richtig schön eingeseift. Nachdem ich den Einzug der Sammlungen in die Neue Galerie eingefädelt hatte, wollte ich in Kassel nicht unbedingt auftreten, das war zu nah an Darmstadt und ich wollte nicht, dass es heißt, ich hätte überall meine Finger drin. Also rief ich Heiner an und sagte ihm: „Jost Herbig und Toni Krätz schmeißen ihre Sammlung zusammen, und weil von dir auch einige Künstler dabei sind, u. a. Walter De Maria und Dan Flavin, fährst du jetzt bitte zu Professor Herzog nach Kassel und beaufsichtigst das, damit nicht noch irgendein Unglück passiert." Heiner wollte dann für eine einzige Neonröhre, die Herbig von Flavin besaß, gleich einen Raum von hundert Quadratmetern haben, der ist auf dem Gebiet wirklich noch schlimmer gewesen als ich. Irgendwie haben sie sich aber zusammengerauft, und dann waren die beiden Sammlungen in Kassel.

Zu den grottenschlechten documenta-Ausstellungen kamen

Tausende nationale und internationale Gäste. Das Café in der Neuen Galerie war damals der Treffpunkt der documenta, da sind zum Teil auch die Reden gehalten worden. Und während die Leute über die documenta gähnten, waren sie zum Teil sehr überrascht, was sie in der Neuen Galerie zu sehen bekamen. Da haben viele überhaupt das erste Mal Werke von Penck, Baselitz, Polke, Walter De Maria, Flavin und so weiter gesehen. Aufgebaut in diesen Kabinetten. Natürlich war der Kunstmarkt in Köln auch ein großer Magnet, aber diese Installation in Kassel und der *Block Beuys* in Darmstadt, das war wirklich erfolgreicher als jede Galerietätigkeit. Zusätzlich habe ich noch meine Privatsammlung nach Wiesbaden verkauft, das war also alles gut erreichbar und wurde von vielen Leuten gesehen. Du hättest zehn Jahren lang eine Galerie machen können, da hättest du diesen Erfolg für die Künstler nicht gehabt.

In Frankfurt war ich in mehreren Galerien tätig. In der Mainluststraße 8 kannte ich Christian Wegner, der machte die Galerie Forme, und dem sagte ich irgendwann einmal: „Ich habe jetzt Lust, dein Programm zu machen." – „Nur zu!" Zwischen Wegner und mir fand immer das gleiche Gespräch statt: „Servus, Christian." – „Servus, Franz" – „Wie geht's?" – „Franz, es klemmt. " Christian lebte davon, dass er selber Bilder herstellte, ungefähr hundert mal siebzig Zentimeter, der Hintergrund ein bisschen wie Tàpies, grau, mit Sand, und vorne eine Kritzelei im Twombly-Stil. Die hat er an Möbelhäuser verkauft, zweitausend D-Mark das Stück. In seiner Galerie zeigte Christian 1979 unter dem Titel *Semantik und Verblödung* die erste Ausstellung von Franz West in Deutschland.[55] Den habe ich damals in Wien kennengelernt. Dort gibt es einen Botanischen Garten, wo sie auch ein Becken mit Krokodilen haben – oder sagen wir mal mit Amphibien, ich glaube aber, ein Krokodil war auch dabei. Einmal wollte ein Krokodil meinen Schal fressen, da habe ich wirklich die Wut gekriegt, es nützte aber nichts. In den Botanischen Garten ging ich, weil ich dort kiffen konnte. Da roch es nach Blumen und es hat kein Mensch gemerkt, wenn du einen

Joint geraucht hast. Und einmal saß ein Mann mit einem jungen „Zigeuner" auf einer Bank – das darf man heute gar nicht mehr sagen –, ein sehr fescher junger Mann, der aber ziemlich zerstört aussah. Ich setzte mich dazu, und wir rauchten gemeinsam einen Joint. Obwohl ich den einen kaum verstehen konnte, weil er so undeutlich sprach, schien er mir ein interessanter Typ zu sein. Zu dritt verließen wir zu späterer Stunde den Garten und gingen in ein Beisl.

FL: *Wohin?*

FD: In ein Beisl, eine kleine Kneipe. Wir bestellten zwei Weißwein und für Franz West ein Glas Wasser. Ich erkundigte mich bei seinem Begleiter: „Warum trinkt der keinen Wein?" – „Der nimmt Tabletten, der darf keinen Alkohol trinken." Ein paar Tage später ging ich in der Stadt spazieren und traf die beiden wieder, und wieder setzten wir uns zusammen und tranken Wein und Wasser. So ging es mindestens zwei Monate lang.

FL: *Warum warst du so lange in Wien?*

FD: Ich habe damals bei Arnulf Rainer gewohnt. Ich glaube, ich lebte zu der Zeit schon in Frankfurt. Ich weiß es jetzt nicht, mir ist es wurscht. Mit der Zeit kriegte ich raus, dass Franz West von einer Straßenbahn angefahren und dabei schwer am Kopf verletzt worden war. Ich wollte dann mehr über seine Kunst erfahren, und da brachte er mir einmal ein Foto von seinen Passstücken mit. Das war damals in keinster Weise eine Sensation, man hielt es auch nicht für hohe Kunst, im Gegenteil, für die meisten Leute war es eigentlich eher Schrott. Ich fand es aber ganz interessant und fragte ihn, ob ich ihn einmal in seinem Atelier besuchen dürfte. Er wohnte mit seiner Mutter weit draußen in einer Hochhaussiedlung Richtung Baden, im sechsten Stock. Da hat keiner sein Fahrrad unten stehen lassen, die Fahrräder wurden immer rauf- und runtergetragen, und daher standen in der Wohnung im Eingang sechs Fahrräder, was wirklich ein bisschen ungewöhnlich war. Die Mutter war nicht da. Ich habe ein Bier bekommen, und Franz hat wieder Wasser getrunken. Nach

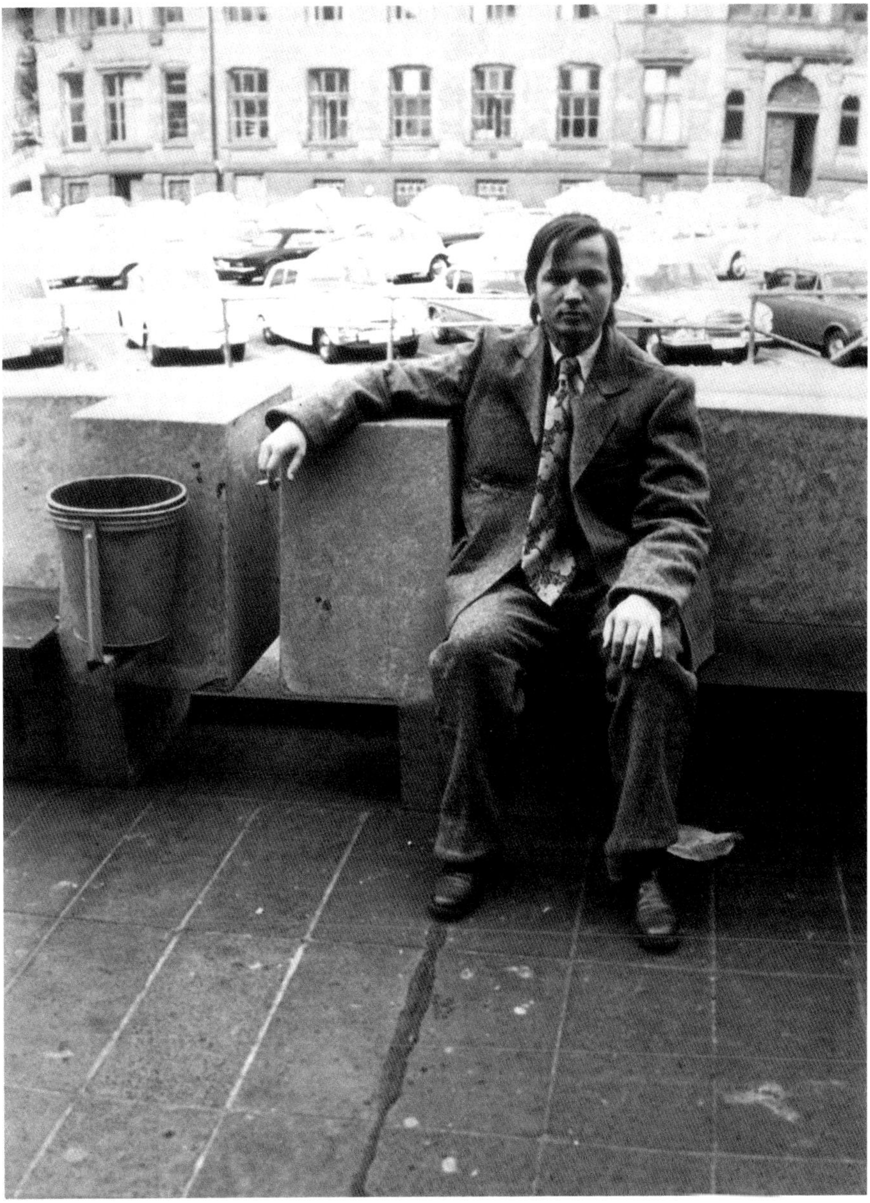

38
Franz Dahlem im *Filzanzug* von Joseph Beuys, Düsseldorf 1971. Foto Gislind Nabakowski

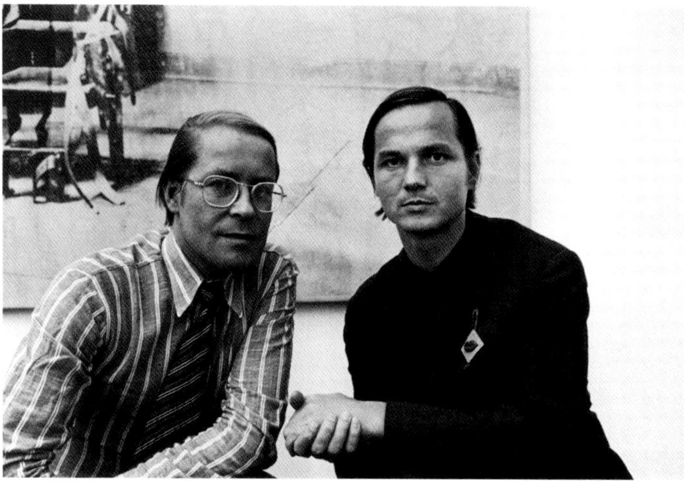

39
Heiner Friedrich und Franz Dahlem, Galerie Friedrich, Köln, um 1970. Fotos Timm Rautert

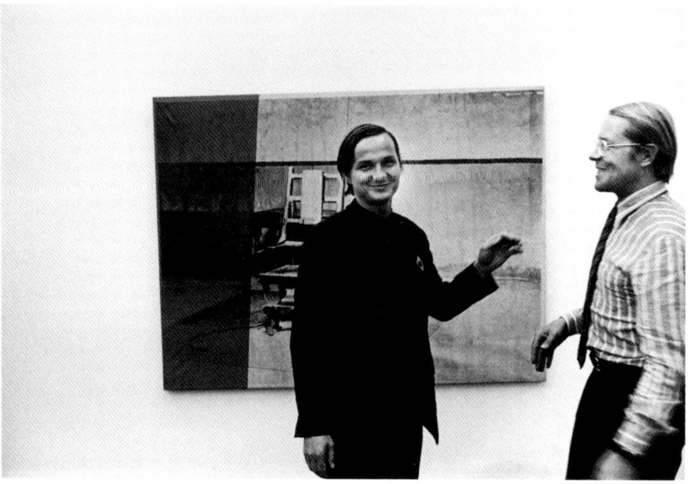

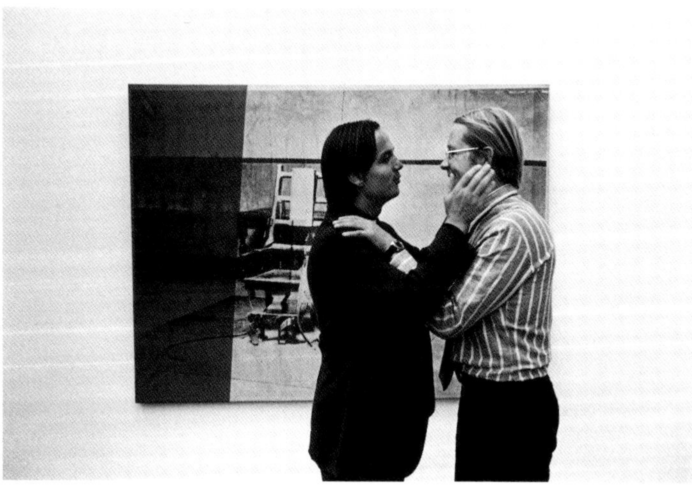

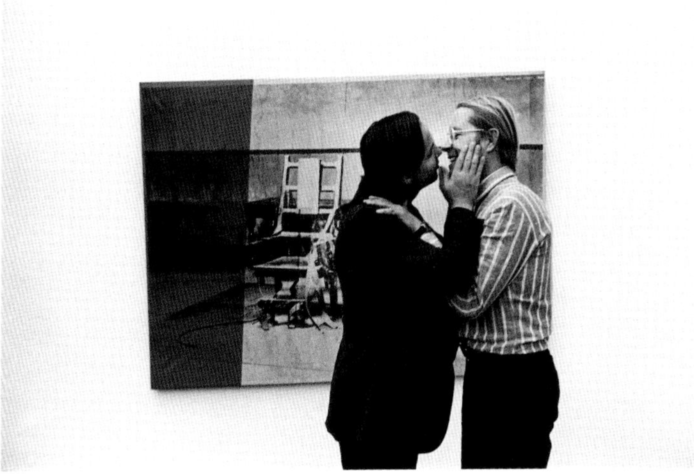

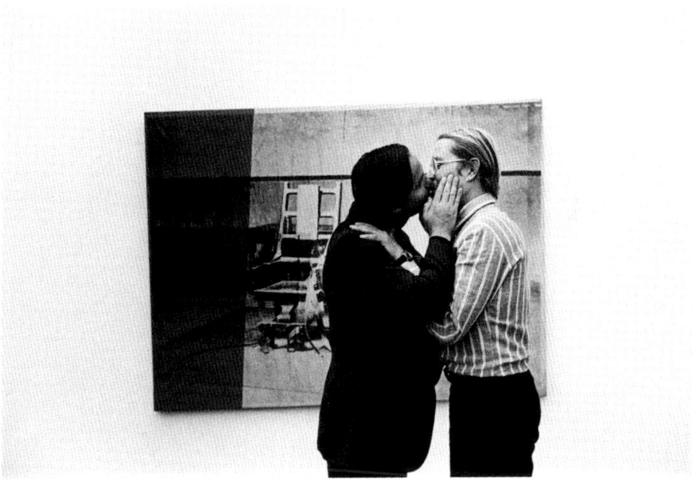

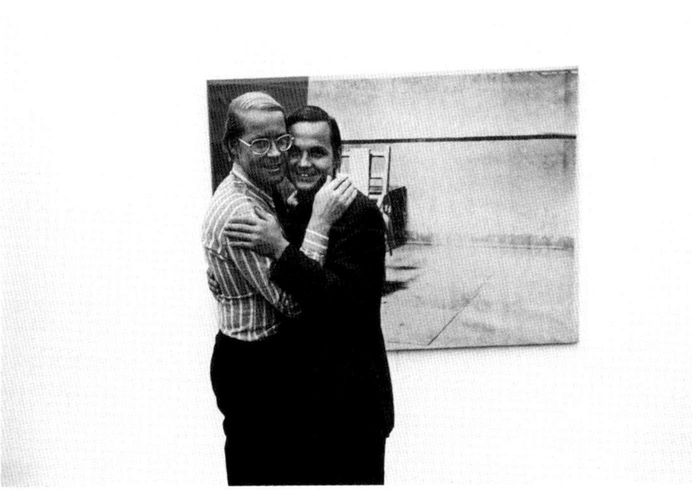

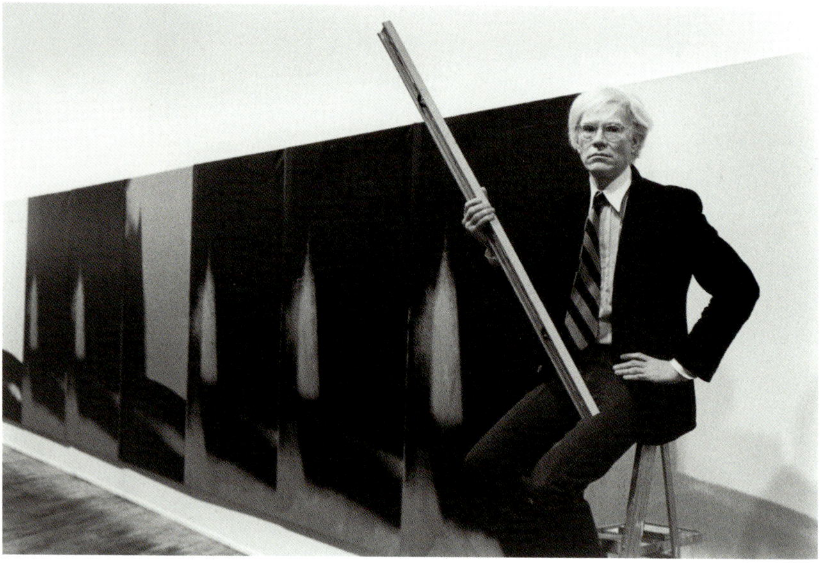

40

41

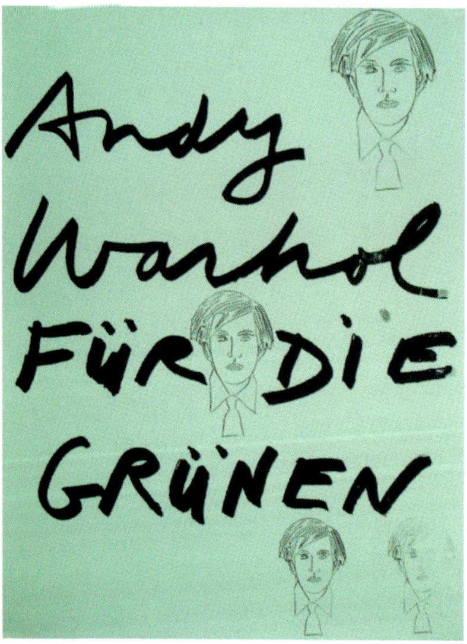

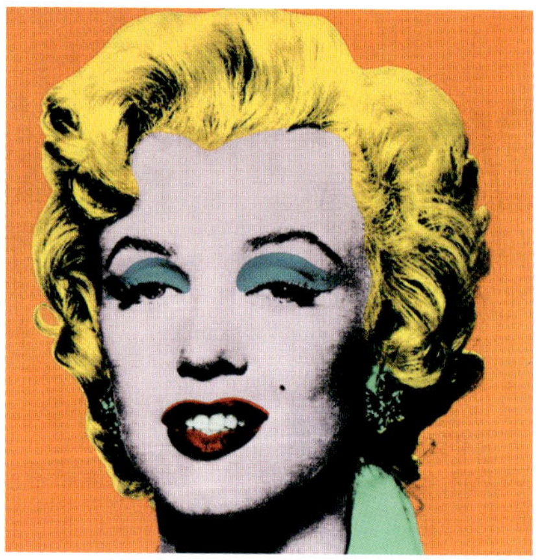

42

40
Andy Warhol in seiner Ausstellung *Shadows*, Heiner Friedrich Gallery, 393 West Broadway, New York 1979

41
Andy Warhol, *Andy Warhol für die Grünen*, 1980. Handsiebdruck, Auflage 3000, 101 x 77 cm

42
Andy Warhol, *Orange Marilyn*, 1964. Siebdruck auf Leinwand, 100 x 100 cm

43
Franz Dahlem, Thordis Moeller und Heiner Friedrich während der Weihnachtsfeier in der Galerie Heiner Friedrich, Köln, Bismarckstraße, 1971.
Foto Timm Rautert

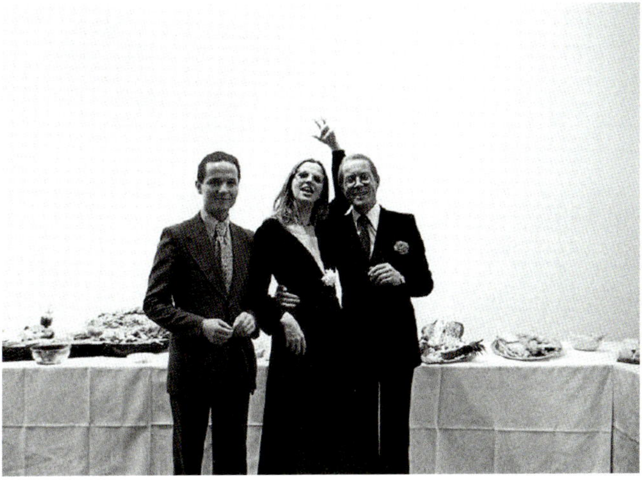

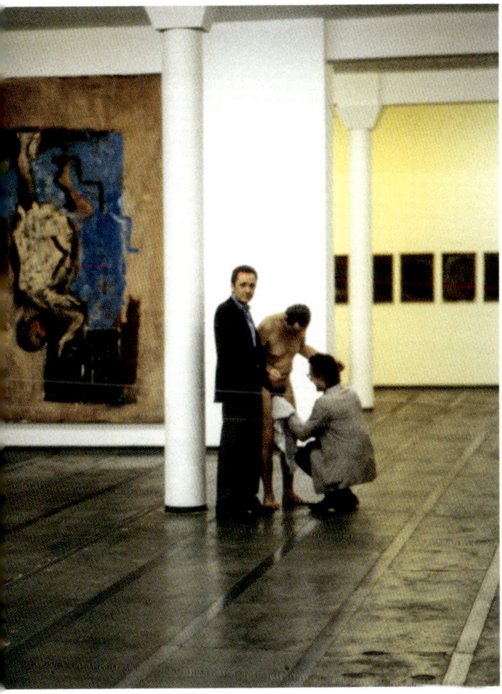

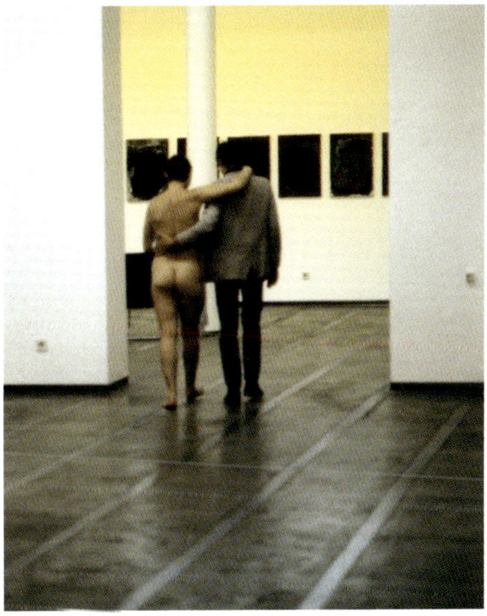

44 und 45
Franz Dahlem und Imi Knoebel, links mit Gerhard Richter, in der „Georg Baselitz"-Abschiedsausstellung der Galerie Heiner Friedrich, Köln 1980.
Fotos Carmen Knoebel

46
Gerhard Richter, *Portrait Liz Kertelge*, 1966. Öl auf Leinwand, 105 x 70 cm, Staatliches Museum für Kunst und Design, Nürnberg

47
Eugen Schönebeck, *Portrait Liz Kertelge*, 1966. Bleistift auf Papier, 86 x 61 cm, Privatsammlung

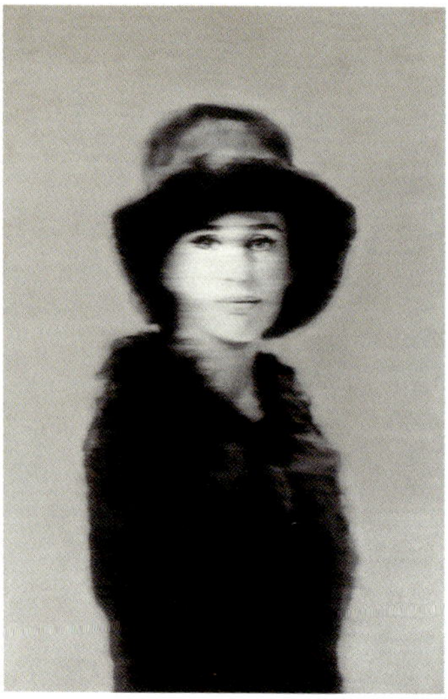

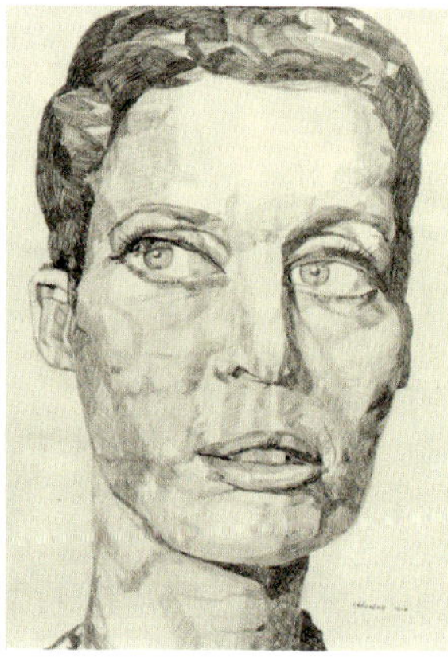

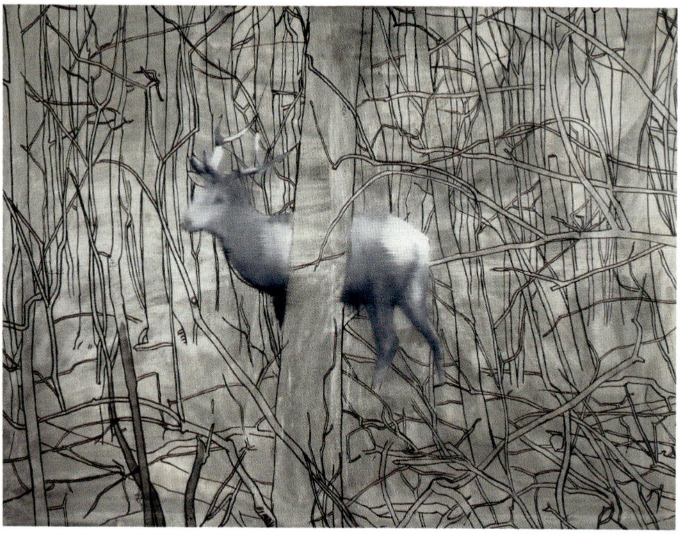

48
Gerhard Richter, *Hirsch*, 1963. Öl auf Leinwand, 150 x 200 cm, Fondation Louis Vuitton, Paris

49
Jasper Johns, *Green Target*, 1955.
Enkaustik auf Zeitung und Stoff auf Leinwand, 152,4 x 152,4 cm, MoMA, New York

50
Francis Bacon, *Study for 'Portrait of Van Gogh IV'*, 1957. Öl auf Leinwand, 150 x 115 cm, Tate, London

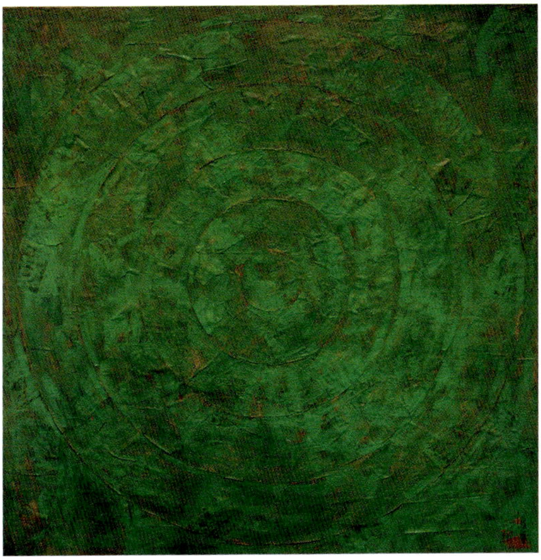

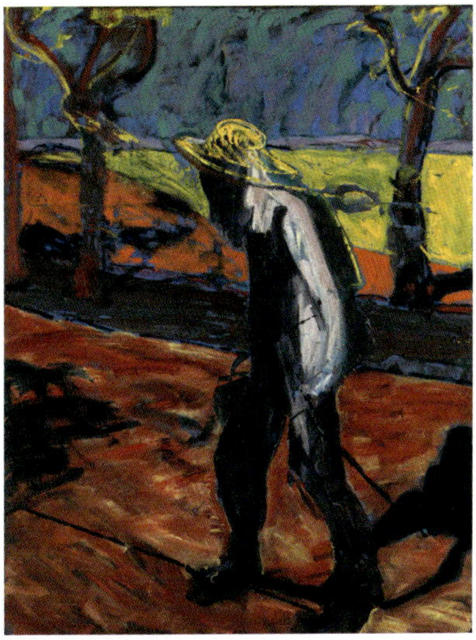

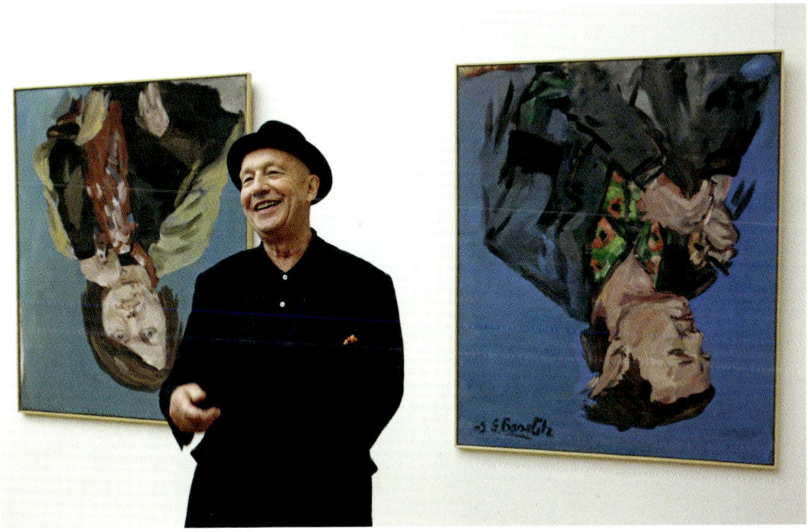

51
Georg Baselitz 2010 im Dresdner Albertinum vor seinen Bildern *Elke I* und *Da. Portrait (Franz Dahlem)*. Foto Oliver Killig

52
Franz Dahlem in Chelsea,
New York City, 1990er-Jahre

53
Maria Zerres und Franz Dahlem,
Art Cologne, 1994.
Foto Norbert Kasprzyk

54
Franz Dahlem im Zehnthof
in Sinzig, 1990er-Jahre

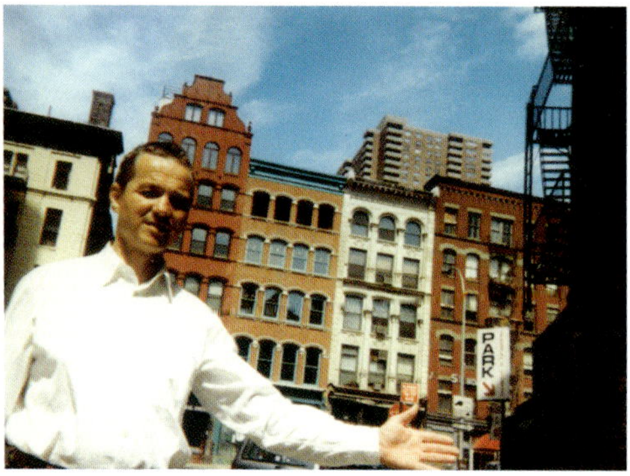

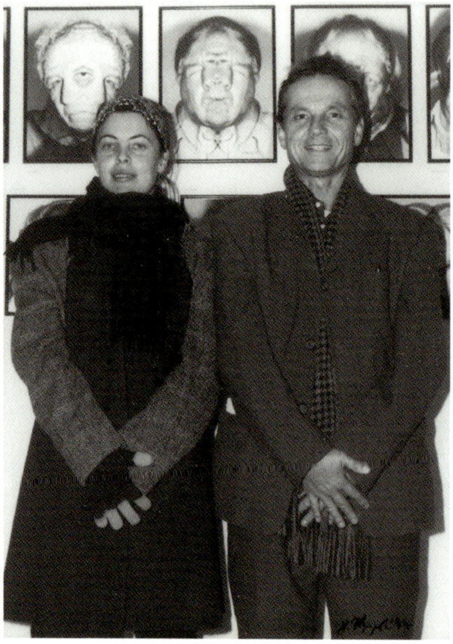

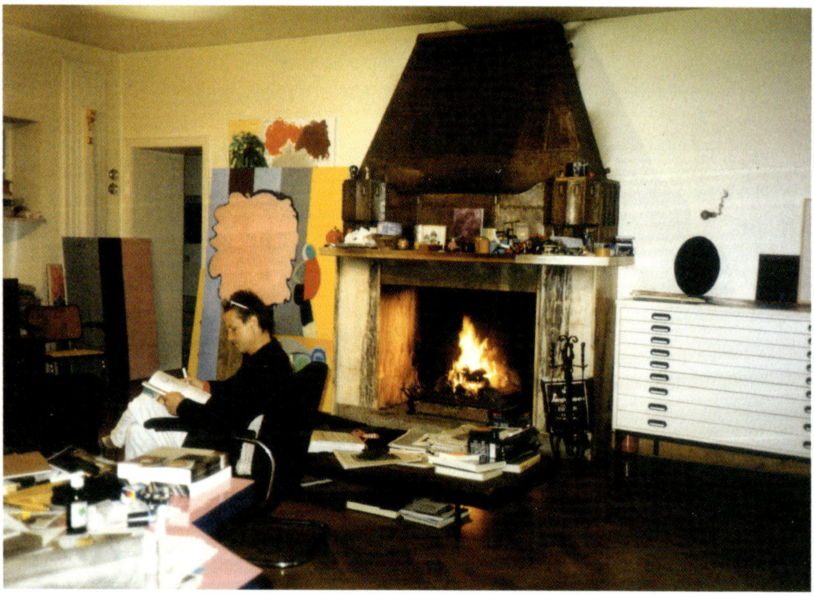

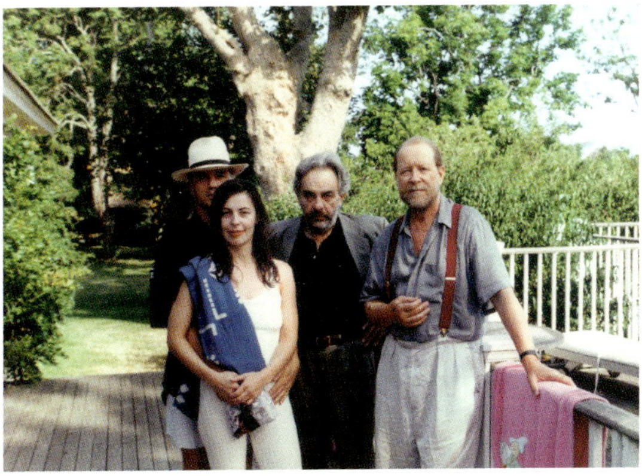

55
Franz Dahlem, Maria Zerres, Arnulf Rainer und Heiner Friedrich, Bridgehampton, Long Island, 1994. Foto Philippa de Menil

56 und 57
Arnulf Rainer Museum, 545 West, 22nd Street, New York City, 1994

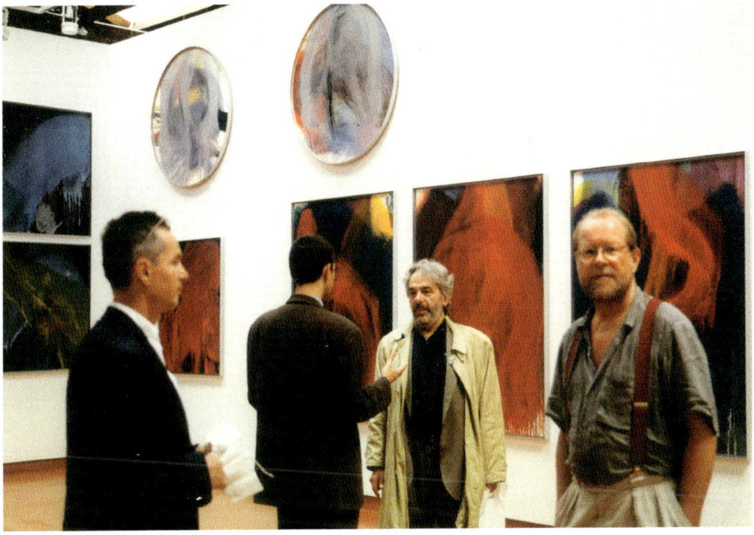

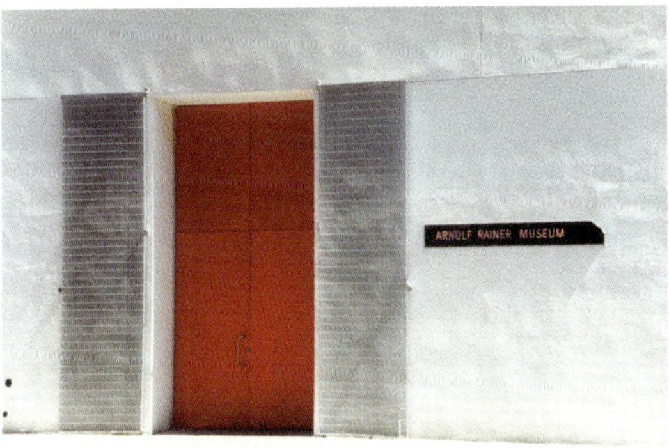

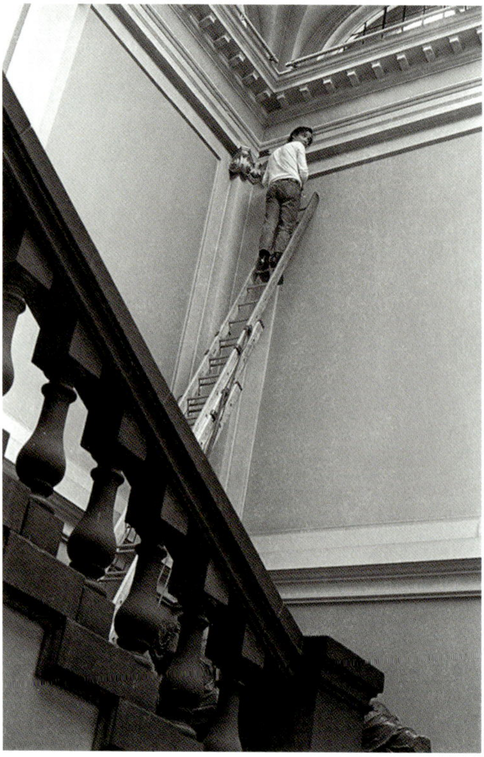

58
Blinky Palermo malt *Blue/Yellow/White/Red* im Treppenhaus des Edinburgh College of Art, August 1970. Foto George Oliver

59
Blinky Palermo, *Himmelsrichtungen*, Detail, 37. Biennale di Venezia, 1976

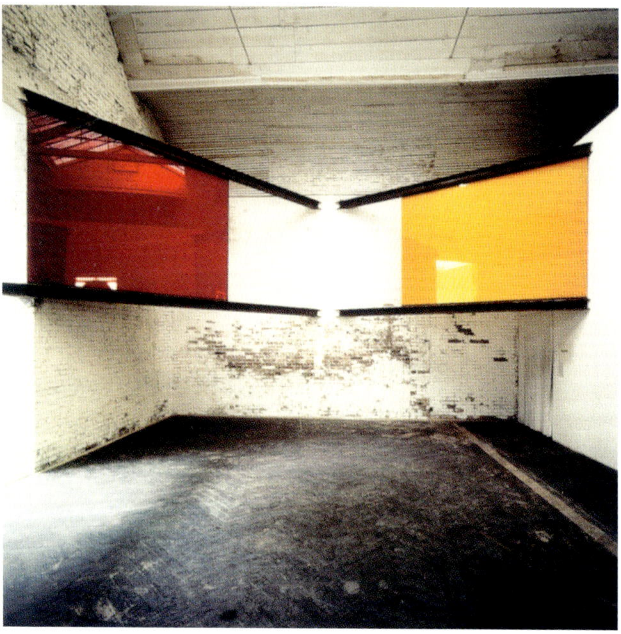

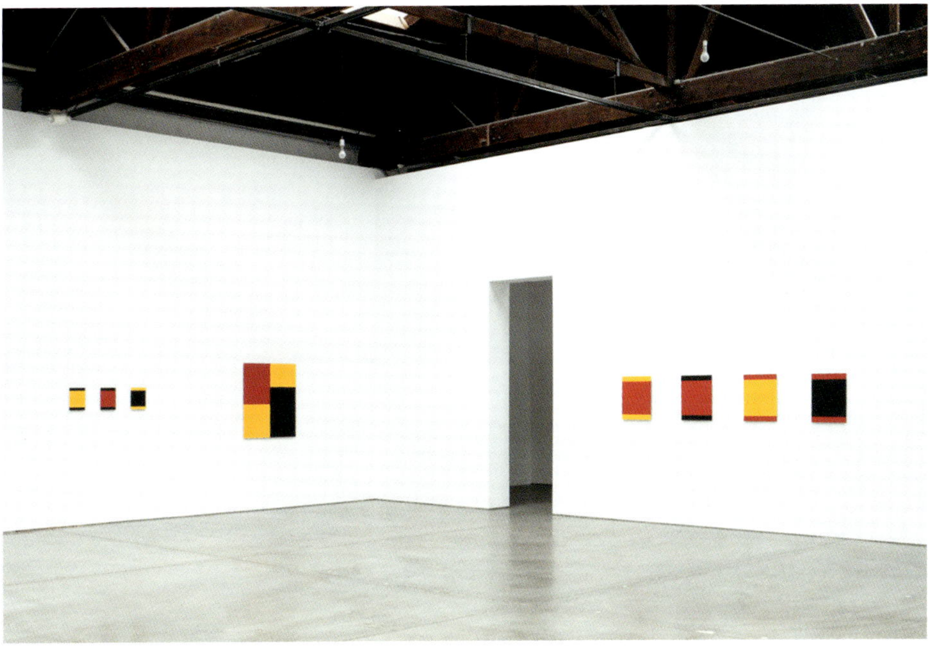

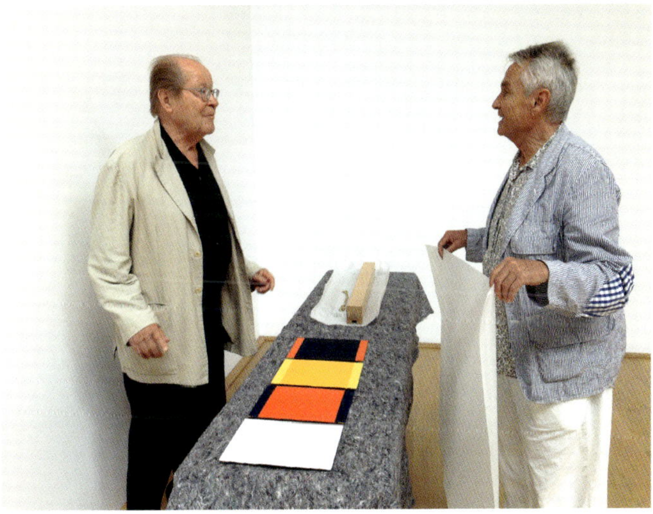

60
Blinky Palermo,
To the People of New York City, 1976.
Installationsansicht
Dia Chelsea,
New York

61
Heiner Friedrich
und Franz Dahlem
in DASMAXIMUM
KunstGegenwart,
mit Werken von
Blinky Palermo,
Traunreut 2016

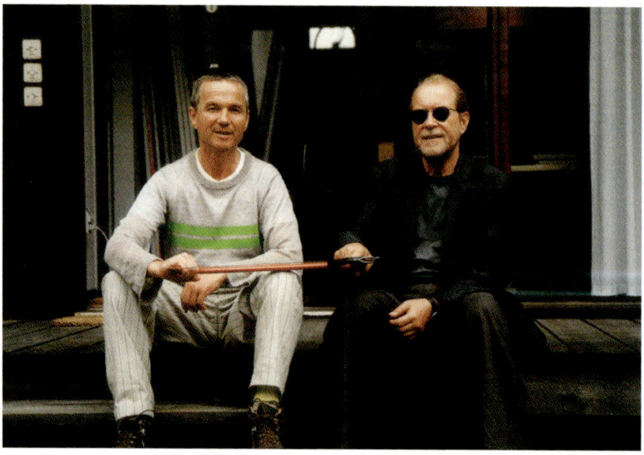

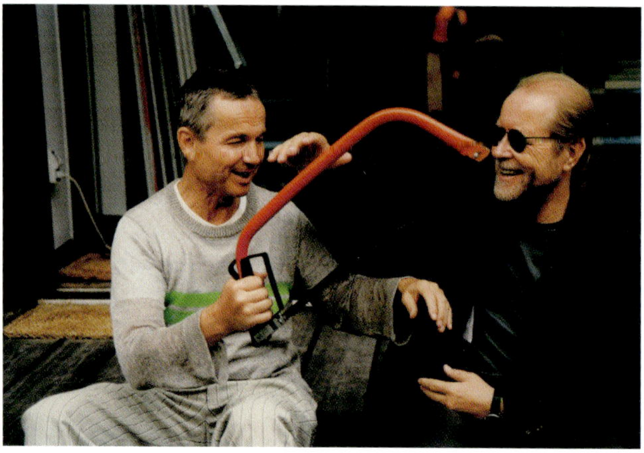

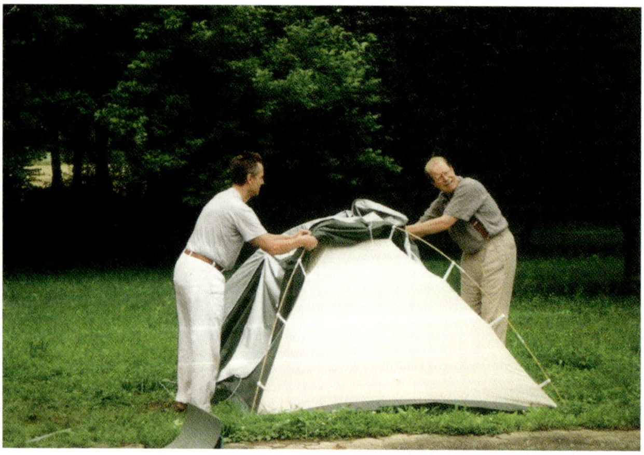

62 und 63
Franz Dahlem und
Heiner Friedrich,
Altenmarkt an
der Alz, 1996

64
Franz Dahlem und
Heiner Friedrich,
Bridgehampton,
Long Island, 1994

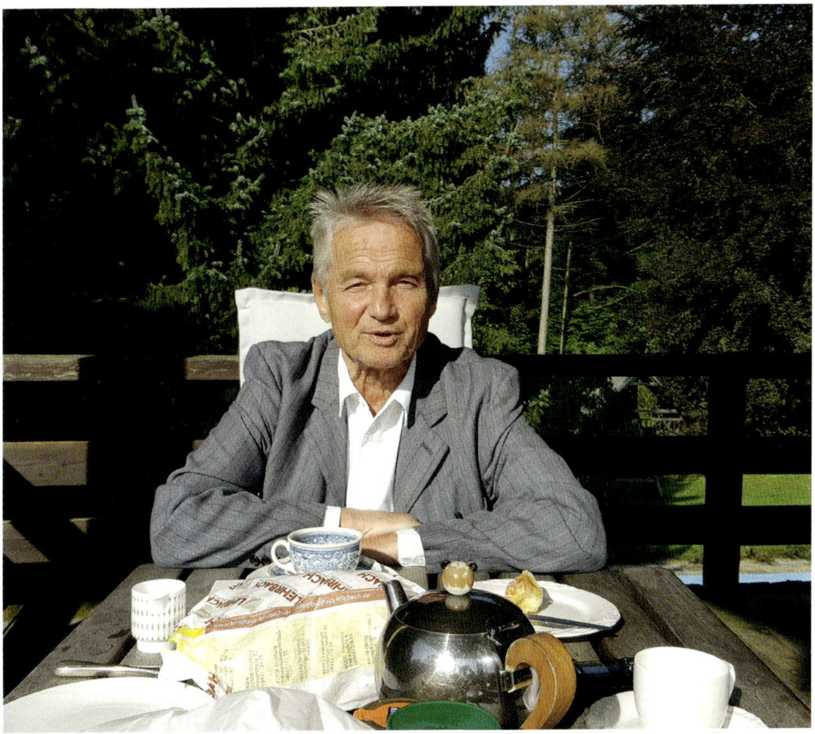

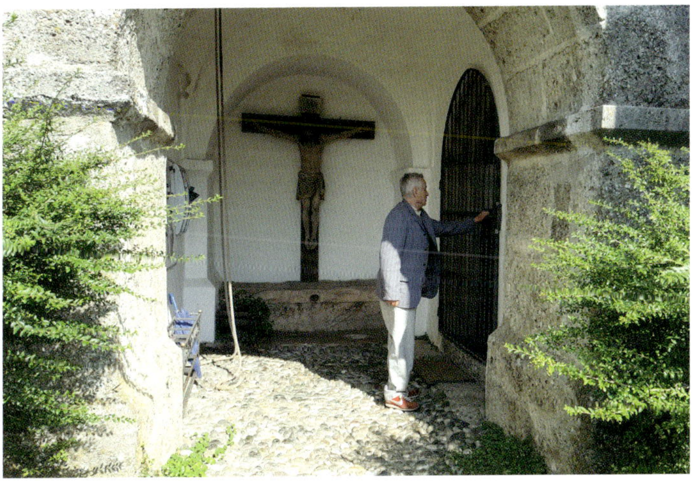

65
Frühstück mit Franz Dahlem,
Altenmarkt an der Alz, 2016

66
Franz Dahlem vor der Kirche St. Wolfgang
bei Altenmarkt an der Alz, 2016

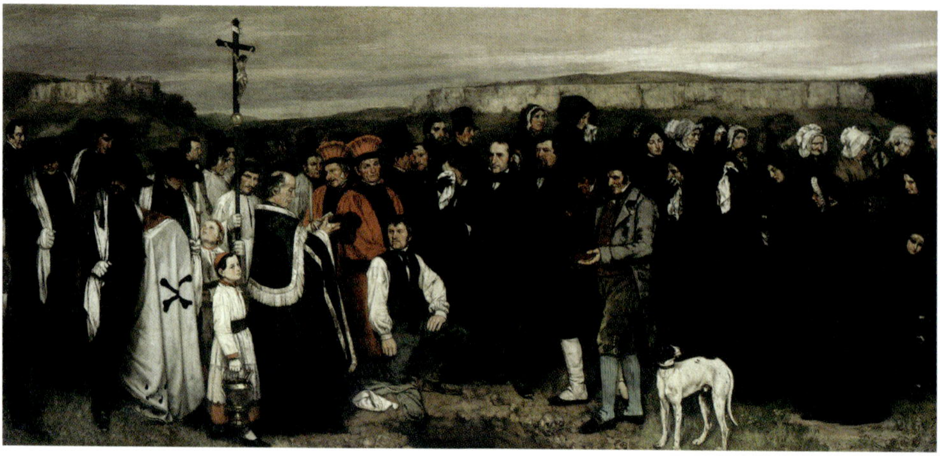

67
Gustave Courbet, *Ein Begräbnis in Ornans*, 1849–1850.
Öl auf Leinwand, 315 x 668 cm,
Musée d'Orsay, Paris

68
Stéphane Mallarmé,
„Ses purs ongles très-haut ...,"
(„Mit blanken Nägeln ..."),
Seiten aus *Les Poésies*, 1899

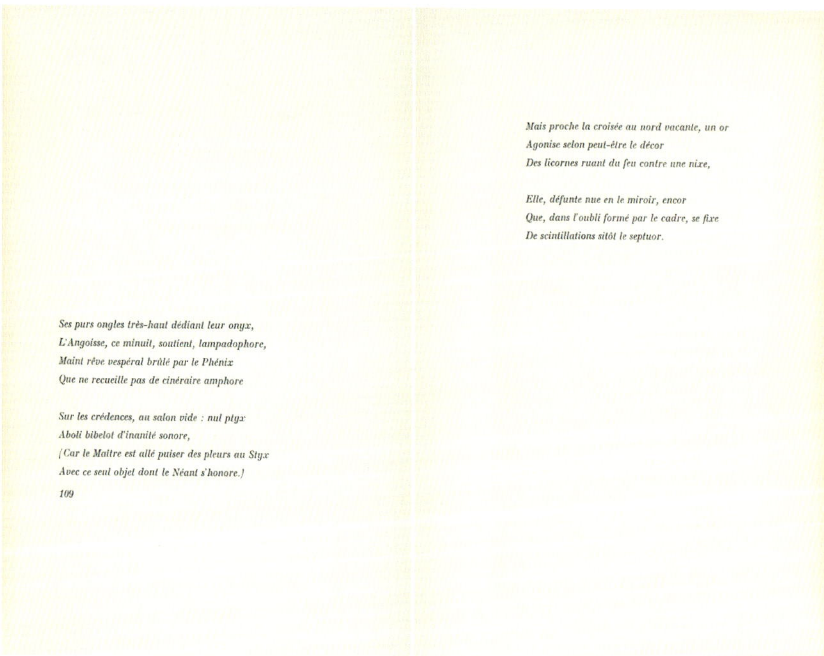

Ses purs ongles très-haut dédiant leur onyx,
L'Angoisse, ce minuit, soutient, lampadophore,
Maint rêve vespéral brûlé par le Phénix
Que ne recueille pas de cinéraire amphore

Sur les crédences, au salon vide : nul ptyx
Aboli bibelot d'inanité sonore,
(Car le Maître est allé puiser des pleurs au Styx
Avec ce seul objet dont le Néant s'honore.)

109

Mais proche la croisée au nord vacante, un or
Agonise selon peut-être le décor
Des licornes ruant du feu contre une nixe,

Elle, défunte nue en le miroir, encor
Que, dans l'oubli formé par le cadre, se fixe
De scintillations sitôt le septuor.

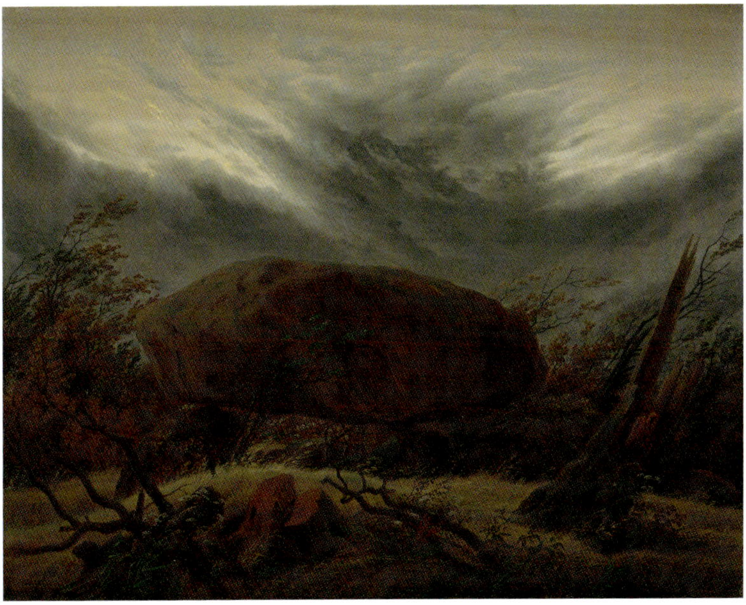

69
Caspar David Friedrich,
Hünengrab im Herbst, um 1820.
Öl auf Leinwand, 55 x 71 cm,
Galerie Neue Meister, Dresden

70
Henri Matisse,
Bonheur de vivre, 1905/1906.
Öl auf Leinwand, 180 x 240 cm,
Barnes Foundation, Philadelphia

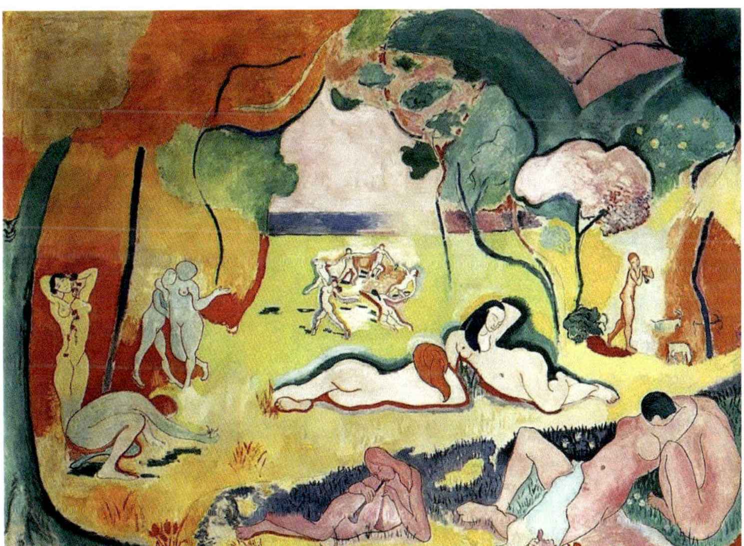

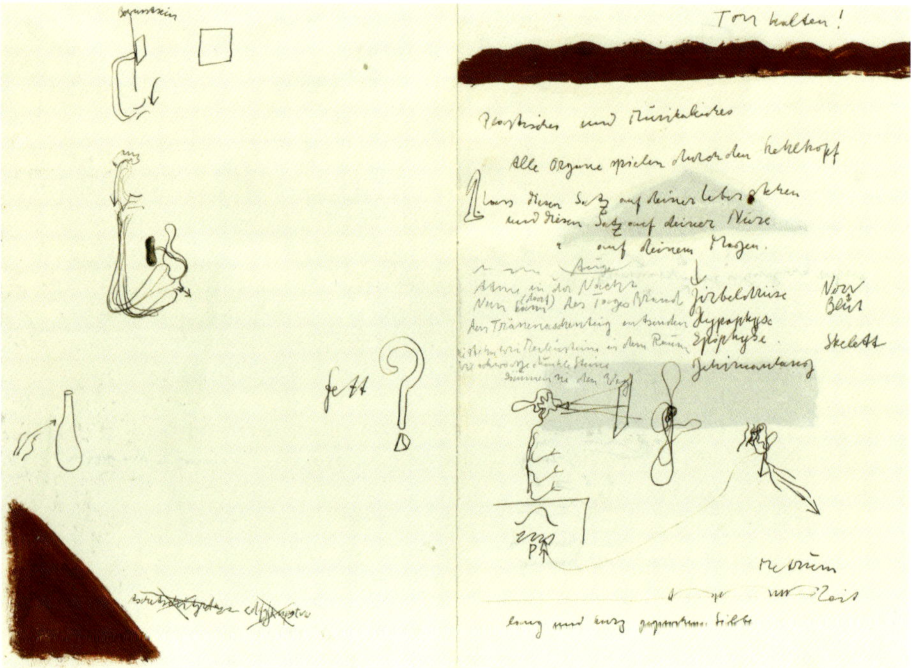

71
Joseph Beuys, *Partitur zu Iphigenie IV*, 1969. Öl, Bleistift und Tinte auf Papier, 42 x 60 cm, Museumslandschaft Hessen Kassel

drei oder vier Bier habe ich gefragt, ob ich mal die Badewanne benutzen dürfte. Arnulf hatte auch ein Bad, aber da bin ich nicht gern baden gegangen. Franz hatte nichts dagegen, also haben wir Wasser eingelassen, ich habe mich hineingesetzt, er hat mir das restliche Tragl Bier ins Bad gestellt, und ich habe ein Vollbad genommen. Irgendwann wurde es dann im Haus lebendig. Die Mutter hatte ihre Verwandtschaft aus Israel nach Wien eingeladen und sie an dem Tag vom Flughafen abgeholt, sechs oder sieben jüdische Familienmitglieder, Männer und Frauen. Franz brachte mir den Bademantel seiner Mutter, einen weißen Bademantel! Und so ging ich ins Wohnzimmer und gesellte mich zu der Familie aufs Sofa. Die sprachen alle Deutsch, das waren Wiener Juden, die nach Israel ausgewandert waren und wir haben uns wirklich wunderbar unterhalten. Der eigentliche Sinn und Zweck meines Besuches blieb jedoch unerfüllt: Franz hatte in der Wohnung kaum Arbeiten, die er mir zeigen konnte. Sein Sprechvermögen besserte sich dann schnell, innerhalb von wenigen Monaten. Ich konnte ihn später viel besser verstehen.

Arnulf wohnte zu der Zeit in der Mariahilfer Straße 54 im sechsten Stock. Die hatten einen Lift, da musstest du einen Schilling reinschmeißen, und dann fuhr er dich rauf oder runter. Allerdings blieb der Aufzug ab und zu einfach im dritten Stock stehen. An jenem Tag war das mal wieder der Fall. Ich stieg aus, und da hörte ich jemanden im Treppenhaus. So wie der schnaufte, wusste ich sofort: Das kann nur Franz West sein.

FL: *Der kam von Arnulf Rainer?*

FD: Ja, weil er ihm seine Collagen verkauft hat. Franz hat aus irgendwelchen Pin-up-Heften Busen und andere Körperteile, also alles, was Frauen erotisch oder anziehend macht, herausgeschnitten, und daraus Collagen hergestellt. Die waren eigentlich sehr witzig, nicht so ordinär wie die Vorlagen, sondern ein bisschen feiner. Die hat er für sechzig oder hundert D-Mark verkauft, unter anderem an Arnulf Rainer.

Als ich wieder in Frankfurt war, habe ich Franz West eine Fahrkarte nach Wien geschickt und ihn eingeladen in der Galerie Forme bei Christian Wegner auszustellen. Franz hat es wirklich fertiggebracht, Christian die gesamte Ausstellung zu verkaufen. Die Arbeiten hätten zusammen vielleicht sechstausend D-Mark gekostet, Franz hat sie ihm für dreitausend angeboten, und da konnte Christian nicht widerstehen.

In der Galerie Forme habe ich bestimmt zwölf Ausstellungen gemacht. Christian ist zum Surfen im Sommer immer nach Stromboli gefahren. Lange bevor das Surfen überhaupt erfunden war, hatte er schon das Brett unter den Füßen. Eines Abends ist er wieder einmal aufs Meer hinausgeritten, da kam ein heftiger Wind, mit dem er nicht gerechnet hatte, und trieb ihn immer weiter hinaus. Christian kam nie mehr zurück.

1981 wurde in Köln die Westkunst-Ausstellung eröffnet. Ich war während der Vorbereitungen irgendwann einmal dort und sagte dann zu Kasper König und Laszlo Glozer: „Für eure Westkunst fehlt euch noch ein wichtiger Künstler, und zwar Franz West." Die dachten natürlich, ich mache Witze und hätte mich selbst kurzerhand zum Künstler ernannt. Sie wollten aber höflich sein und fragten: „Und wie kann man den kennenlernen?" – „Wenn ihr ihm eine Übernachtung und eine Fahrkarte von Wien nach Köln bezahlt, sage ich ihm, dass er kommen soll." Kasper war sofort einverstanden. Ich rief bei Franz an, und da die Mutter ans Telefon ging, habe ich sie gebeten: „Sie müssten ihrem Sohn eine Fahrkarte nach Köln auslegen, die bekommt er von mir erstattet. Ich reserviere ihm im Hotel Excelsior ein Zimmer, und dann soll er sich in der Messe bei Herrn König melden." Franz kam nach Köln, wir gingen in das Büro der Westkunst und warteten dort auf Kasper König und Laszlo Glozer. Unerwarteter Weise stand Harry Szeemann plötzlich in der Tür. Warum er an dem Tag vor Ort war, weiß ich nicht. Ich stellte ihm Franz West vor und verabschiedete mich dann auf die Toilette, weil ich dringend mal einen Joint rauchen musste. In der Zwischenzeit kamen König und Glozer zurück, sodass Franz West ihnen von Harry Szeemann vorgestellt wurde, und damit war die Sache gemacht. Franz West ist wirklich in die Ausstellung mit aufgenommen worden. Für mich war er immer der Mann, der Ost und West verbindet. Entdeckt wurde er dann wiederum von einem Juden, einem Mitarbeiter von Larry Gagosian, der hat das Orientalische in seinem Werk gesehen. Damit begann sein Ruhm.

Bevor ich bei Wegner Ausstellungen machte, hatte ich mit Sabine Risse – das ist die Nichte von Dorothea Loehr – in der Innenstadt von Frankfurt eine Etage. Die muss ihr irgendjemand sehr billig angeboten haben, weil er die Galerie in dem Haus haben wollte. Sabine hat dort einmal eine Ausstellung mit allen Multiples von Beuys gemacht. Gekauft hat sie Toni Krätz. Dann hat sie eine Polke-Ausstellung gemacht, gekauft hat sie Toni Krätz. Der hat wirklich vier oder fünf Ausstellungen komplett gekauft, das war der Grundstock seiner Sammlung. Toni war regelrecht ein Fan von mir. Ich werde nie vergessen, wie er einmal bei mir im Wohnzimmer saß und auf ein Multiple von Lichtenstein schaute: „So etwas hätte ich auch einmal gern gekauft." Sage ich: „Was wollen Sie dafür zahlen?" – „Was ist es denn wert? – „Sagen wir sechstausend Mark." Krätz ist bei mir rausgegangen, als hätte er im Lotto gewonnen.

Ich habe nie auch nur fünf Prozent Provision verlangt. Manfred Schneckenburger habe ich einmal einen Baselitz, einen Polke und einen Richter angeboten. Den Richter wollte er haben, Polke auch, Baselitz wollte er nicht haben. Das Polke-Bild habe ich später bei Zwirner für fast eine Million D-Mark gesehen. Ich erzähle das ein bisschen schamlos, damit du verstehst, was in diesem Kunsthandel gelaufen ist. Die haben sich gegenseitig alles streitig gemacht. Es gab ja nur fünfundzwanzig Sammler in Deutschland und davon kann kein Künstler leben, wenn noch dreißig andere danebenstehen und auch verkaufen wollen.

Zum Schluss habe ich mich ein bisschen an die welterrettende Euphorie von Beuys gehalten – der wollte ja durch die Kunst die

Welt retten. Und ich bin bis heute der Meinung, es ist etwas dran, nur läuft das auf gar keinen Fall über Galerien. Die Kunst hat ein hohes Potenzial. Du musst dir vorstellen, die Deutschen haben einen Lehmbruck. Was glaubst du, wie froh die Russen gewesen wären, wenn die einen einzigen Lehmbruck hervorgebracht hätten? Das haben sie aber nicht, weil die Spiritualität in dem Land vollkommen den Bach runtergegangen ist. Dort wurde im Krieg alles vernichtet. Ich denke zum Beispiel an Natalja Sergejewna Gontscharowa.[56] Für mich ist sie ein Star, aber ich habe noch nie eine Ausstellung mit Bildern von ihr gesehen. Marianne von Werefkin war sicher eine gute Künstlerin, aber im Vergleich zur Gontscharowa?

FL: *Worauf willst du hinaus?*

FD: Wir müssen weiterarbeiten. Du kannst nicht klein beigeben, nur weil es schwierig ist oder sogar aussichtslos erscheint. Ich habe Palermo einmal in eines seiner Bücher einen Aufsatz reinschreiben müssen, und da habe ich eine Überschrift gesucht und gefunden: „Neuland ist das Territorium der Kunst". Das würde ich heute immer noch so sagen. Wir werden mit der Kunst keine Hungerkrisen überwinden und auch keine Atombomben verschwinden lassen. Die Kunst hört aber nie auf. Wer hätte geglaubt, dass nach den Nationalsozialisten und diesen ganzen Grausamkeiten sich überhaupt noch mal ein Künstler zu Wort meldet? Und ich muss sagen, das nehme ich den Ministerialen und den Direktoren der Kunstinstitutionen übel: Beuys ist der Einzige, der sich durch den Zweiten Weltkrieg gearbeitet hat, der Einzige. Sonst gäbe es den Filz, diese ausgekämmten Haare gar nicht. Und der Erste Weltkrieg ist von Kurt Schwitters bewältigt worden. Marlborough hat die Bilder von Schwitters jahrelang gehabt. Was glaubst du, wie ich mir den Mund bei den Leuten fusselig geredet habe, dass sie endlich mal ein Bild in eine große Sammlung in Deutschland aufnehmen. Meinst du, Werner Schmalenbach hat in Düsseldorf einen großen Schwitters gekauft oder Dieter Honisch in der Nationalgalerie in

Berlin? In München die Pinakothek? Aussichtslos! Die haben sich irgendwann von Walter Barreis ein Bild von Francis Bacon mit einem Hakenkreuz vermitteln lassen und haben gemeint, damit hätten sie die Nazizeit aufgearbeitet.

Kennst du Robert Michel und seine Frau Ella Bergmann-Michel? Das waren Freunde von Schwitters, die wohnten im Taunus. Dem Direktor vom Darmstädter Landesmuseum habe ich damals von Michel erzählt, und die haben dann auch wirklich ein Bild von ihm erworben. Ich habe mich eine Zeit lang sehr um Schwitters bemüht. Über die Galerie Gmurzynska in Köln wäre das gegangen. Ich war damals mit dem Sohn von Schwitters in Kontakt – der wohnte in Norwegen, wenn ich das richtig erinnere. Heiner sollte den Ankauf über die Dia Art Foundation finanzieren, dann ging es aber mit der Dia Art Foundation den Bach hinunter und damit war die Sache erledigt.

Wir hätten uns so vieles ersparen können, wenn wir in Deutschland ein ordentliches Haus hätten, wo man das Werk von Schwitters sehen könnte.[57] Ich glaube, man kann die jungen Künstler heute fragen: „Wer oder was ist Schwitters?" Und die würden antworten: „Eiscreme."

Lucio und ich, wir liebten uns wie Brüder

FL: *Würdest du sagen, du warst mit Beuys befreundet?*

FD: Nein, das kann man so nicht sagen. Allein, weil der Altersunterschied zu groß war. In irgendeiner Form hat Beuys mich geliebt und ich habe ihn geliebt. Aber eine Freundschaft? Nein. Ich hatte mit ihm härteste Auseinandersetzungen – das war er überhaupt nicht gewohnt, dass ihm jemand so übers Maul fährt, wie ich es manchmal getan habe. Ich habe ihm ab und zu richtig den Kopf gewaschen. Der hat aber auch Sachen gebracht, die waren wirklich abenteuerlich, und ich habe mir nichts gefallen lassen.

Mit Lucio Amelio war ich ein bisschen befreundet. Eines Tages bekam ich einen Anruf aus Berlin: Herr Professor Beuys hätte ihn an mich empfohlen, ob er mich in Darmstadt besuchen könnte. „Bitte, kommen Sie." Lucio war einmal Ingenieur in irgendeiner deutschen Firma in Berlin. Nach einer schweren Operation wollte er sein Leben ändern. Er hatte vor, eine Galerie zu eröffnen, das war der Grund, dass Beuys ihn zu mir geschickt hat. Lucio und ich mochten uns. Ich mochte Italiener überhaupt sehr gern. Wir haben uns ein bisschen unterhalten, und mir wurde schnell klar, dass Lucio weder Ahnung vom Galerienwesen noch vom Kunsthandel hatte. Ich wollte es ihm aber nicht sofort ausreden, weil er so ein selbstbewusster unabhängiger Mensch war. „Hast du eine große oder kleine Wohnung in Neapel?" – „Sie ist nicht riesig, aber es sind hundert Quadratmeter mit allem Drum und Dran." – „Hast du viele Möbel oder wenig Möbel?" – „Fast gar keine Möbel, ich war ja immer in Berlin." – „Welchen Künstler möchtest du ausstellen? Kennst du in Neapel jemanden?" – „Nein." – „Beuys wird nicht gleich als Erster bei dir ausstellen wollen. Hast du einen Freund, der etwas mit Kunst zu tun hat?" – „Ja, ein sehr guter Freund von mir macht Aquarelle." – „Sehr gut. Wir rahmen die Aquarelle, hängen sie an die Wand und machen ein kleines Buffet mit Wein. Dann laden wir ein paar Leute ein und sagen: Jetzt ist die Ausstellung eröffnet. Du machst einen niedrigen Preis für die Aquarelle, und am Ende werden wir sehen, ob du etwas verkauft hast." Lucio war einverstanden. Ich glaube, er hat für die Aquarelle zwischen hundertfünfzig und dreihundert Mark genommen. Nachdem die Ausstellung gelaufen war, rief er mich an und berichtete, dass er dreißig von vierunddreißig Aquarellen verkauft hatte. Das kann man als Erfolg bezeichnen. Nach wenigen weiteren Ausstellungen hatte sich in Neapel herumgesprochen, dass es eine neue Galerie gab, die gut verkaufte, und schon bald bezog Lucio diese wunderschönen Räume an der Piazza dei Martiri, die er für wenig Geld mieten konnte. Der Platz war ideal, ein Traum. Die Galerie hatte bestimmt dreihundert Quadratmeter. Und dann hat er Beuys eingeladen, Andy Warhol, Cy Twombly, ich glaube auch Jannis Kounellis hat bei ihm ausgestellt.

Lucio war komplett schwul. Der hatte nicht einen Strichjungen, sondern drei oder vier. Da gab es eine Rangfolge. Einer war immer der Geliebte, und die anderen mussten Schuhe putzen und Teller abwaschen.

FL: *Hatte er Geld?*

FD: Reich war er nicht. Aber er hatte in Berlin bestimmt so viel verdient, dass er etwas ansparen konnte, das heißt, er war nicht auf den Tagesumsatz der Galerie angewiesen. Zu einer Eröffnung von Twombly gab es einmal draußen irgendwo in einer Villa bei einem Sammler eine Feier, da standen die Jungen nackt auf der Treppe von der Straße bis zur Villa hoch. Die Neapolitaner sind zum Teil wirklich schamlos. Für mich spielte das aber alles keine Rolle. Lucio und ich, wir liebten uns wie Brüder. Bei Lucio gab es außerdem immer große Essen. Da saßen dann zwanzig Leute am Tisch, einige konnten Deutsch, andere Englisch, wieder andere Italienisch, und ich habe bis zu drei Stunden am Stück geredet. Lucio oder irgendein anderer haben zwischendurch übersetzt, und es wurde gelacht ohne Ende. Es wurde natürlich auch Wein getrunken, das war immer eine sehr lustige Angelegenheit. Wir haben uns wirklich amüsiert – ich blühe ja regelrecht auf, wenn ich merke, dass die Leute mir zuhören.

FL: *Und die haben dir zugehört?*

FD: Ja, natürlich. Ich konnte ja ganz dramatische Geschichten erzählen. Und ich konnte auf Kommando in Tränen ausbrechen. Wer kann das schon? Die wussten, dass vieles meiner Phantasie entsprang, das war aber ganz egal. Wir haben über Gott und die Welt geredet.

In Neapel gab es damals außerdem noch das Studio Morra. Giuseppe Morra war der Sohn eines Supermarktbesitzers, der war schwer reich. Er fuhr in die Ateliers, handelte alle schamlos herunter, zahlte bar, packte die Kunst in seinen Fiat und fuhr wieder nach Italien. Der hat unter anderem auch sehr viel von Arnulf Rainer gekauft. Die Italiener haben wirklich eine ganz andere Kultur der Verworfenheit als wir in diesen Landen: Als ich einmal sehr schlecht drauf war, brachte Giuseppe Morra mir einen Riegel Shit und eine Tüte Kokain ins Hotel und erkundigte sich, ob ich auf Mädchen oder Buben stehe. „Wenn schon, dann Mädchen." Kurz darauf standen die Nutten bei mir vor der Tür. Ich konnte mit den Frauen aber wirklich nichts anfangen. Ich dachte, die kastrieren mich oder schneiden mir die Kehle durch. Ich konnte auf diese Art und Weise mit Frauen nicht umgehen. Damit sie honoriert wurden, mussten sie aber eine Stunde bei mir bleiben. Wir haben zusammen Tee oder Kaffee getrunken und dabei haben sie immer wieder versucht, mich zu streicheln. „Bitte lass es, ich will nicht, ich kann nicht, ich mag nicht."

Als Morra der Meinung war, ich sei wieder stabil genug, fuhr er mich, ohne zu fragen, zum Flughafen, übergab mir mein Flugticket nach Frankfurt und sagte: „Du gehörst jetzt wieder zu deiner

Familie. Neapel ist Gift für dich." Und er hatte vollkommen recht, das war genau der richtige Moment. So etwas würde in Österreich, in Deutschland, in Belgien niemand machen. Verstehst du? Aber er hat es gemacht.

In der Zeit hatte ich wirklich einen Namen in Italien. In Mailand, in der via Borgonuovo 9, habe ich sogar eine Zeit lang zusammen mit Franco Toselli eine Galerie gemacht. Franco setzte immer seine Mama in die Galerie, das war eine richtige Matrone, die hätte eigentlich eher in ein Lebensmittelgeschäft gepasst. Franco war ein sehr netter Mensch. Sein Ruf hat allerdings etwas gelitten. Er ging jeden Morgen an einen Zeitungsstand und holte sich dreihundert, vierhundert, fünfhundert Mark, das, was er an dem Tag brauchte, vielleicht auch tausend Mark. Er ging nie auf die Bank. Was dahintersteckte, ist mir aber erst später klargeworden.

Einmal hatten wir eine Ausstellung vereinbart, unter anderem mit Werken von Richard Long und Robert Ryman. Die Arbeiten kamen per Bahntransport in Mailand an. Während des Aufbaus bekam ich auf einmal irgendwie ein vollkommen wütendes Gefühl und war nicht mehr bereit, die Arbeit von Richard Long rauszurücken. Ich hatte damals die erste Ausstellung bei Konrad Fischer in Düsseldorf gekauft, das war ein Obstkorb mit Stecken, die Richard Long in der Galerie ausgelegt hatte.[58] Ich hatte auch Angst, dass die Leute die Arbeit kaputttreten. Dann habe ich überlegt, nur Ryman in der Galerie auszustellen, diese weißen Sachen, und kam zu dem Schluss, das mache ich erst recht nicht. „Franco, ich zeige die Arbeiten nicht in der Galerie. Das müsst ihr jetzt allein durchstehen, ich fahre nach Turin."

FL: *Warum nach Turin?*

FD: Weil ich nicht mehr in Mailand bleiben wollte. Außerdem wollte ich nach Varese zu Panza di Biumo[59], um ihn für Beuys zu interessieren. Der war amüsiert und sehr höflich, aber für diese Art von Italienern waren wir nur Ragazzi. Graf Panza di Biumo hat nie etwas bei mir gekauft.

In Turin traf ich in der Hotellobby zufällig auf Gian Enzo Sperone, den Kunsthändler. Damals noch ein junger Kerl. Ich glaube, der hat unter anderen Olivetti beliefert. „*How are you?*" – „*Very good. And you?* – „*Very good. Why are you here?*" – „*I'm here for business. The works are in my car.*" – „*Can I see them?*" Wir gingen raus, ich öffnete den Kofferraum und zeigte ihm den Korb mit den Sticks von Richard Long und die Rolle mit den Bildern von Robert Ryman. „*How much?*" Ich weiß heute nicht mehr, was ich ihm geantwortet habe. Ich glaube, ich habe 28 000 Mark dafür verlangt, vielleicht waren es auch nur 18 000 Mark, aber es war für italienische Verhältnisse auf jeden Fall eine enorme Summe. „*Do you want Dollar or Lira?*" Es war damals in Deutschland unglaublich kompliziert, Lira-Scheine zu wechseln, weil sie so oft falsch waren oder was weiß ich. Ich sagte: „*Dollar or D-Mark.*" – „*Okay, today it is too late.*" Es war nach siebzehn Uhr, die Banken waren geschlossen. „*I come tomorrow morning.*" – „*Are you going home now?*" – „*Yes.*" – „*Okay, then take the works with you.*" Obwohl er noch nicht bezahlt hatte, überreichte ich ihm den Korb und die Rolle mit den Bildern. Am nächsten Tag war er wirklich um elf Uhr mit dem Geld im Hotel und hat nicht eine Mark herunterhandeln wollen. Wir haben uns umarmt, und dann haben wir uns verabschiedet: „*Nice to meet you and bye bye.*" Jahre später traf ich Sperone in Badenweiler wieder, und da erzählte er mir, er wäre wie vom Donner gerührt gewesen, dass ich ihm die Arbeiten damals einfach überlassen hatte, obwohl wir uns kaum kannten. Solche Geschäfte kannst du heute mit niemandem mehr machen. Der hatte noch nie einen Richard Long gesehen, ich schwöre es dir, der ging nicht zu Konrad Fischer, und Richard Long war damals in Europa noch komplett unbekannt. Dafür hatte ich einen Ruf wie Hollerblüte. Mir konnte man so etwas abkaufen. Gian Enzo Sperone war überzeugt, dass die Arbeiten erster Klasse waren. Das war 1968, zu der Zeit war auch Robert Ryman noch kein Begriff.

FL: *Damals lebtest du in Darmstadt?*

FD: Ja, das weiß ich, weil ich mit dem Alfa Romeo unterwegs war, und den hatte ich in Darmstadt. Später habe ich mir einen Jaguar gekauft, orange-rot lackiert, mit einem tiefergelegten Sitz. Das war aber ein unbrauchbares Auto. Die einzige Jaguar-Werkstatt war in Bad Homburg, und an dem Jaguar war immer irgendetwas kaputt. Die hatten Rolls-Royce, Jaguar und noch eine dritte englische Marke. Ich werde es nie vergessen: Als ich das erste Mal dort war, saß ein Engländer in seinem Auto auf der Hebebühne und las die Zeitung. Irgendwann wurde die Bühne heruntergelassen, der Chauffeur holte aus dem Kofferraum eine Thermoskanne, Tasse, Untertasse und ein Tablett, servierte seinem Chef den Morning-Tea und dann fuhr die Bühne mit dem Rolls-Royce Silver Shadow wieder hoch. Da fühlte ich mich auch gleich ein bisschen wie ein Lord, das kann ich dir sagen.

Auf dem Weg von Basel nach Darmstadt – ich war mit meiner Tochter Anna unterwegs – ist der Jaguar-Motor dann in die Luft gegangen. Den hat es richtig zerrissen. Aber es war ein schönes Auto, und ich habe es genossen.

Die Beute verteilen, bevor sie geschossen ist, das gibt es nur bei Michael Werner

FD: Ich glaube, ich bin zeitweise ohne Leib durch die Welt gereist. Ich habe mich eigentlich nur durch eine geistige Form bewegt, der Körper ist irgendwie mitgelaufen, ich habe ihn aber gar nicht zur Kenntnis genommen. Deswegen habe ich ja das Leiblose in den anderen Menschen überhaupt nur erreichen können. Die Yogis kennen die Luftgeister oder Sylphen, die Isländer haben die Elfen, die Kelten hatten die Druiden und so weiter. Ich bin eher von diesem Geschlecht. Ich bin erst sehr spät ein Mensch geworden. In München wurde ich einmal fast ohnmächtig: An der Ecke Theresien-/Türkenstraße musste ich an einer Ampel warten. Und da schaue ich mir meinen Daumen an, ich schaue gegenüber zur Türkenkaserne, schaue wieder meinen Daumen an – ich habe ihn nicht wiedererkannt. Ich war so geplättet, dass ich so einen kleinen Daumen hatte, ich musste mir auf den Kopf fassen, um mich zu versichern, dass ich überhaupt groß genug war, um auf der Straße zu stehen. Das war in meiner Genie-Zeit, damals wohnte ich in der Amalienstraße bei Frau von Bernsdorf und war Dichter. Das muss um 1960 gewesen sein. Denn kurz darauf hatte ich ein sehr nettes Erlebnis: Eine alte Freundin, die nur mühsam was von mir wissen wollte, kam spontan zu Besuch. Mühsam war auch die Intimität – ich glaube, sie hat es irgendwie geduldet, aber sie war ohne jede Begeisterung. Sie sagte: „Der wühlt mich zu Tode“, aber ich konnte nichts dagegen unternehmen. Und eines Tages liege ich in meinem Zimmer im fünften Stock in der Amalienstraße – kein Mensch wusste, dass ich da oben wohnte. Ich habe auch keine Miete gezahlt. Die Bernsdorf hat mich aufgrund meiner Persönlichkeit und meiner Gedichte umsonst in ihrem Dachgeschoss wohnen lassen und ich hatte einen Schlüssel zu ihrer Wohnung im vierten Stock, damit ich auf die Toilette gehen konnte. Es klopfte an der Tür, ich dachte natürlich, es ist die Bernsdorf. „Einen Moment bitte." Ich war nackt und wollte mir erst etwas anziehen, das wurde draußen aber nicht gehört. Die Tür ging auf, und da stand das Mädchen, das mich so lange verschmäht hatte. Baby, ich erzähle es, weil es so süß ist: Wir waren innerhalb von einer Nanosekunde im Bett und haben es drei Tage lang nicht mehr verlassen. Ich glaube, es war Ostern, und die Bernsdorf war verreist, da habe ich ihr aus dem Eisschrank irgendetwas zum Essen rausgeklaut und habe dem Mädchen einen Topf hochgebracht, damit sie zum Pieseln nicht runterlaufen musste.

FL: *Woher kanntet ihr euch?*

FD: Von der Buchhändler-Schule. Die arbeitete in einer anthroposophischen Buchhandlung an der Ecke Veterinärstraße. Als sie nach drei Tagen gegangen ist, habe ich sie noch bis zur Schellingstraße bringen dürfen, von dort aus wollte sie allein weitergehen, und ich habe sie gehen lassen. Ich habe mich nicht einmal getraut, zu fragen, wo sie wohnt, ich wusste aber, dass sie in dieser Buchhandlung arbeitet, und dort ging ich eine Woche später hin und traf auf vier lesbische anthroposophische Buchhändlerinnen, die mich wie ihren ärgsten Feind beäugten, ich schwöre es dir. Eine von ihnen ist gleich nach hinten gelaufen und hat einen Warnschuss gegeben, damit das Mädchen gar nicht erst vor in den Laden kommt, die wurde regelrecht vor mir versteckt. Als sie dann in eine andere Buchhandlung im Hinterhof in der Barer Straße, in der Nähe vom Karolinenplatz, wechselte – die Adresse hatte ich mir von der Putzfrau geben lassen –, habe ich sie dort aufgesucht. Sie fiel fast in Ohnmacht, als sie mich sah. Erdmute hieß das Mädchen. Die hätte ich gern geheiratet.

FL: *Und warum ging das nicht?*

FD: Ich glaube, aufgrund einer nicht identifizierbaren Sexualität und

Erotik. Sie wusste nicht, wer sie wirklich war. Oder sie hat eine Heidenangst davor gehabt, das kann ja auch sein. Mit mir hat es ihr sehr gut gefallen, aber das heißt gar nichts, das habe ich schon ein paarmal mit Frauen erlebt, das ist noch nicht das entscheidende Moment. Vielleicht war es für sie eine furchtbare Schweinerei, die sie möglichst bald hinter sich bringen wollte. Sie war sehr glücklich dabei, aber hinterher wollte sie es nicht mehr wahrhaben.

In der Zeit kannte ich Hannes Grosse, der war auch mit mir in der Buchhändlerschule in Bonn-Rodenkirchen. Später ist er Maler geworden und hat unter anderem den ersten Wienerwald in München ausgemalt. Der malte die Bilder in Öl, spritzte ein bisschen Spiritus darauf und zündete sie an. Das war seine große Erfindung. Ich habe ihn schwer bewundert. In seinem Apartment standen immer Whiskyflaschen auf dem Tisch, nicht eine, mehrere. Und er spielte Gitarre. Ich saß bei ihm im Stuhl, er spielte Gitarre und dazu tranken wir Whisky. Zwischendurch kam immer mal jemand vorbei, am Abend waren wir manchmal zehn, fünfzehn Leute in der Bude. Und eines Tages verließ ich seine Wohnung, da fiel im Hausflur der Hausmeister über mich her. Der wollte mich wirklich verprügeln, weil ihm das Gesindel da in der Wohnung auf den Wecker ging. Hannes Grosse kam raus, übersah die Situation und knöpfte sich den Hausmeister vor, dass ich meinen Augen kaum traute: „Lass meinen Freund in Ruhe. Wenn du den noch einmal anrührst, bist du tot."

Jetzt fällt mir auch wieder ein, wie der Mann hieß, der das Buch über Philipp Otto Runge geschrieben hat: Curt Grützmacher. Grützmacher habe ich auf der Straße vor einer Buchhandlung kennengelernt. Ich erzählte ihm, dass ich früher einmal Buchhändler war und dann kamen wir irgendwie auf Bilder und Maler, und ich sagte: „Ich würde sehr gerne einmal ein Bild von Philipp Otto Runge im Original sehen." Er schrieb damals zufällig gerade an seinem Buch über Runge.[60] Später hat er noch *Liebeslyrik des deutschen Barock* und *Heinrich von Kleist. Sämtliche Werke* geschrieben. Er ist ein sehr zarter Mensch gewesen, und ich habe mit ihm aus seinem erstklassigen englischen Service Tee trinken dürfen. Der wohnte auch in der Türkenstraße.

FL: *Und nach der Buchhändlerlehre warst du bei Hans Hammer im Architekturbüro?*

FD: Nur für ein paar Monate, ich habe es nicht lange aushalten. Ich war zum Beispiel einmal mit Hammer bei einer Sitzung, da ging es um Altenheime, die er in München bauen sollte. Das konntest du dir kaum anhören: Eigentlich ging es immer nur darum, wo man noch ein paar Pfennig einsparen konnte. Es musste alles billig sein, da hätten sie auch gleich Baracken bauen können. Damit wollte ich nichts zu tun haben, und irgendwann bin ich dann einfach weggeblieben. Später habe ich Hammer noch einmal an der Widenmayerstraße getroffen. Neben mir auf dem Trottoir hielt plötzlich ein Auto: „Franz, bist du es?“ Damals war er gerade in Afrika unterwegs – auch dem übelsten Diktator hat Hammer noch seinen Palast gebaut. So ein Typ war das. In der Hauptsache an sich selbst interessiert und ein Selfmademan. Andererseits war er sehr unterhaltsam und lustig. Und wenn ihm etwas Interessantes in seinem Leben begegnete, hat er es mitgenommen.

Bevor ich bei Hammer Telefondienst machte, hatte ich ihm meine damalige Freundin, Margit Illmann, als Sekretärin vermittelt. In der Zeit habe ich noch in der Buchhandlung gearbeitet.

FL: *Hattest du immer eine Freundin?*

FD: Ich habe viele gehabt, ja. Und ich bin froh, dass ich nicht alle gekriegt habe. Einige habe ich später wiedergetroffen, da kann ich nur sagen: Lieber Gott, danke, dass du mir das erspart hast. Ich war immer von Frauen begeistert, ich kann nicht sagen, warum, es war so. Mit Erdmute war es aber wirklich Liebe auf den ersten Blick.

Und die Margit habe ich auf schreckliche Art und Weise verloren. Die war richtig in mich verliebt und ich auch in sie. Bei einem Maitanz im Löwenbräukeller am Stiglmaierplatz – da war zum Beispiel auch die Gisela dabei, die Schwester von Fred Jahn –

haben wir einen Tanz geschmissen, und als wir von der Tanzfläche zurückkamen, waren wir ein verliebtes Paar. Ich bin fast ein Dreivierteljahr nach Allach zu ihr rausgefahren. Den Vater habe ich kaum zu Gesicht bekommen, die Mutter war sehr nett, und die Schwester war so *comme ci, comme ça*. Der Vater gehörte der Religionsgemeinschaft *Weltumfassender Guter Wille* an. Die hatten ungefähr dreihundert Anhänger in München mit einer Dependance in New Jersey. Und entweder hatte der Vater mein Horoskop studiert oder er hatte mich studiert, auf jeden Fall war ich für ihn ein No-go. Ich glaube, er hat wirklich darunter gelitten, dass seine Tochter sich mit so einem Verbrecher eingelassen hat.

Margit und ich haben keinerlei Intimitäten miteinander gehabt, das war wirklich zwischenmenschliche Liebe, also von größter Unschuld letzten Endes, und zwar von beiden Seiten. Obwohl ich ohne Weiteres in Aktion getreten wäre. Sie war aber immer sehr zurückhaltend, und das habe ich respektiert. Ich habe ihr einmal ein Geschenk gemacht, das weit über meine Verhältnisse ging: In einem Münchner Geschäft habe ich einen Rock gesehen, der kostete 180 Mark, was wirklich sehr viel Geld war, und den habe ich ihr gekauft. Ihr Vater hat sie dann zwingen wollen, den Rock zurückzugeben, sie sollte von mir keine Geschenke annehmen. Da bin ich mit dem Rock wieder nach Allach hinausgefahren, habe ihn der Familie auf den Tisch gelegt, und habe gesagt: „Den möchte ich in München nicht mehr sehen."

Eines Tages teilte Margit mir dann ohne jede Vorwarnung mit: „Franz, ich muss für ein Jahr nach Amerika, es ist der Wunsch meines Vater, ich soll die Gemeinschaft dort kennenlernen." Der Abschied fand am Münchner Hauptbahnhof statt. Ich kann dir sagen: Wenn Amerika von Deutschland auch nur sechstausend Kilometer entfernt sein mag, für mich waren es mindestens 60 000 Kilometer. Es war nicht ein Meer zwischen uns, es waren zehn Meere zwischen uns. Ich war wirklich wochenlang krank, nachdem sie weg war. Wir haben uns an die hundert Briefe geschrieben, täglich. Und eines Tages bekomme ich von ihr einen Brief mit Hochzeitsbildern – da wurde sie von dem amerikanischen Häuptling von *Weltumfassender Guter Wille* an seinen Sohn verheiratet, und brav, wie sie war, ist sie der Sache gefolgt. Daraufhin habe ich alle Briefe zerrissen, die Fotos durchlöchert, zerschnitten und alles weggeschmissen. Ich war wirklich zerstört. Wir haben so wunderbare lange Spaziergänge zusammen gemacht. Samstags habe ich sie immer bei Hammer in Baierbrunn abgeholt, habe sie nach Höllriegelskreuth in den Zug begleitet, bin mit ihr nach München gefahren, habe sie bis nach Allach gebracht, dort abgeliefert und bin dann allein nach München zurückgefahren. Da sind wir bestimmt zwölf, fünfzehn Kilometer durch das Isartal gelaufen.

Ich weiß nicht, ob es ein gutes Gedicht ist, aber für mich ist es ein prophetisches Gedicht geworden. Das ist entstanden, nachdem ich Margit einmal bei Hammer abgeliefert hatte, ich wollte ins Isartal runtergehen, in das Haus von Frau Eck, das war die Mutter von Heide, auch eine ehemalige Freundin von mir – mit ihr zusammen bin ich einmal von München bis Venedig auf dem Fahrrad gefahren. Und weil ich so verliebt war, habe ich sie fast den ganzen Weg gezogen, die hatte sozusagen damals schon ein E-Bike. Auf dem Weg zu ihrer Mutter, habe ich unterwegs gedichtet:

> Schafe sah ich im Osten aufwärtsgehen, weiße Schafe
> Sonnen kamen ihren Weg entgegen, tausend Feuer heißt die
>   Zeit, die ging,
> sah kein Land, sah keinen Himmel
> Tief erlitten sieben Zahlen, blieben meine Augenschatten,
> sah nicht um, ging ganz nach Osten, nahm ein Schaf,
> hielt mein Messer hoch und stieß

Mit diesem Gedicht bin ich über Fräulein Schmidt zur Buchhandlung Kaiser gekommen, aber das ist eine andere Geschichte.

FL: *Und als du später bei Hammer gearbeitet hast …*

FD: ... war Margit schon in Amerika. In der Zeit ist das Flugzeug an der Paulskirche in München abgestürzt, das war am 17. Dezember 1960.

FL: *Und nachdem du bei Hammer warst ...*

FD: ... du fragst mir die Seele aus dem Leib. Da war ich arbeitslos, heimatlos ... Ich weiß es nicht. Vielleicht war ich nur wahnsinnig in der Zeit.

FL: *Damals bist du nach Berlin gegangen?*

FD: Richtig, in Berlin war ich auch, ein Jahr lang.

FL: *Dort hast du 1962 die erste Ausstellung mit Uwe Lausen gemacht?*

FD: Nicht ich, sondern Rudolf Springer. Ich habe einen Text für die Ausstellung geschrieben. Bevor Rudolf Springer eine Galerie in Berlin hatte, war er Angestellter der Firma Bosch. Es gab ein internationales Rennen in Monte Carlo oder wo auch immer, und da ist er mit seinem Musterkoffer hinuntergefahren und hat den Rennfahrern immer die neuesten Bosch-Zündkerzen reingeschraubt. Das war sein Geschäft, in ganz Europa. Sein Vater wiederum war der Inhaber und Mitbegründer – auch der Großvater hat das schon gemacht – von Springer in Heidelberg, dem Wissenschaftsverlag. Und sagen wir es mal höflich: Er war ein Tunichtgut, der Junge. Sie haben ihn mit dem Bosch-Koffer rumgeschickt, damit er der Familie nicht auf den Sack geht. Aber er war ein sehr netter und eloquenter Typ. Rudolf Springer ist von den heraufziehenden Naziherrschaften unbelastet gewesen. Er hat immer nur seinen Koffer gehabt und hat Zündkerzen ausgewechselt. Nach dem Krieg war er dann aber doch tief erschüttert, muss ich sagen.

Mich hat Rudolf Springer damals völlig falsch eingeschätzt: Er hielt mich für einen jungen, reichen Mann. Ich war oft bei ihm in der Galerie, und er hat immer Zeit gehabt. Wir haben dann zusammen Kaffee getrunken, und ich glaube, er hat wirklich darauf gewartet, dass ich Bilder bei ihm kaufe.

Eines Tages sagte ich dann zu Rudolf: „Ich habe einen Freund, der ist Künstler und sitzt mit Jørgen Nash, dem Bruder von Asger

Jorn, in Schweden. Den müsstest du mal ausstellen.“ Die Gruppe SPUR war im Exil[61], und da haben sie Uwe Lausen auch mitgenommen, obwohl sie ihn nicht gerngehabt haben. Ich habe ihn damals im VW-Bus in Randers in Dänemark mit seinen Bildern abgeholt und nach Berlin gefahren. Und weil es nicht genug Bilder für eine Ausstellung waren, hat Rudolf das Atelier von Carl Baumann organisiert, wo Lausen dann ein Vierteljahr lang gemalt hat. Ich wohnte zu der Zeit im Grunewald mit einer Fotografin
3 zusammen: Ica Vilander. Eine Tschechin. Sie war die Frau, die die schönsten Frauenakte fotografierte. Ica war in allen Fotojahrbüchern vertreten. Und ich lebte bei ihr. Um es ganz ehrlich zu sagen, war ich ihr Geliebter. Sie war vielleicht vierundvierzig und ich war zweiundzwanzig, aber in irgendeiner Form hatten wir eine tiefe, innige Beziehung miteinander. Ica war eine sehr ungewöhnliche Frau. Sie hat zum Beispiel auch Roboter fotografiert, die sie selbst gebastelt hat. Vor allem aber hat sie für die Mode in Berlin fotografiert, Pelze und lauter so ein Zeug, und ich durfte die Kamera tragen. Dadurch habe ich sehr viele Leute in Berlin kennengelernt. Die ganze Bagage in der Modeszene war außerdem komplett schwul, die waren alle hinter mir her. Zum Beispiel gab es einen Herrn Wachtel, der war Herausgeber eines Herrenmagazins, und da wurde ich einmal als großer Dichter vorgestellt. Ich habe in Berlin auch einen Gedichtband herausgegeben. Größenwahnsinnig wie ich bin, hieß er *Berliner Gedichte*[62]. Obwohl ich immer gesagt habe, dass ich nicht der Dichter bin, hielt man mich dafür. Tatsächlich waren die Gedichte von einem Mann, der auch ein ganz großer Schwindler war. Er hieß Carl Werner und behauptete, er wäre der illegitime Sohn von Franz Conrad von Hötzendorf in Wien.

FL: *Und das stimmte nicht?*

FD: Mit Sicherheit nicht. Herr von Hötzendorf war ein Großadmiral.

FL: *Wie ging es mit Uwe Lausen und Rudolf Springer weiter? Rudolf Springer hat in der Ausstellung damals einige Bilder verkaufen können.*

FD: Ja, sechs oder sieben Bilder. Es gab auch eine sehr schöne Einladungskarte. Im Verlauf der Abrechnung der Ausstellung wurde mir aber klar, dass Rudolf Springer wirklich auch ein Händler war: Er hat es fertiggebracht, Uwe jede Briefmarke zu berechnen, die auf die Einladungskarte geklebt wurde. Der Umsatz war ja ohnehin nicht so wahnsinnig hoch, sagen wir mal neuntausendzweihundert D-Mark, davon hat Rudolf Springer fünftausendvierhundert D-Mark Unkosten abgezogen. Uwe war drei Jahre jünger als ich, das heißt er war damals gerade mal zwanzig, das hätte man nicht machen dürfen. Andererseits war Rudolf Springer ein Gentleman-Händler, der die Leute großzügig eingeladen hat, was damals als besondere Ehre galt. In der Zeit habe ich zum Beispiel Rudolf Augstein, Harald Quandt, den Sohn von Magda Goebbels, Renate Gerhardt, Digne Meller Marcovicz mit ihrem Freund Gaismeier, Pels-Leusden und den unvergessenen Enrique aus Guatemala gekannt. Das war Berlin. Es gab eine Kunstfamilie, die bestand vielleicht aus siebzig Leuten. Es war immer wichtig, wer was zum Essen hatte. Keiner hatte Geld, aber alle wollten mitreden. Ich glaube, ich galt bei einem Teil der Berliner als Strichjunge von der Ica, was überhaupt nicht stimmte. Der einzige Strichjunge, den es in unserer Umgebung gab, war Andreas Baader. Der war der Strichjunge von Herbert Tobias. Tobias wiederum war unsere Hausapotheke und unsere Sparkasse. Wir waren befreundet. Er wohnte in der Grunewaldstraße, und wir wohnten in der Schwedlerstraße, und wenn wir schwere Köpfe hatten, weil wir zu viel Wodka getrunken hatten, musste ich zu Tobias. Ich klopfte dann an sein Fenster, bis er kam und bellte, es sei eine Unverschämtheit, nachmittags um drei Uhr bei ihm aufzutauchen und ihn zu wecken, und er bringe mich jetzt sofort um. Die Aspirin-Schachtel hatte er aber bereits in der Hand und reichte sie mir. Das fand ich auch wieder nett.

FL: *Hast du auch Baselitz damals schon gekannt?*

FD: Leider nein. Ich schwebte zwischen München und Berlin hin und her. Von der Avus fuhr ich per Autostopp oder Mitfahrgelegenheit nach München und war in sieben bis acht Stunden dort. Irgendwann fuhr ich dann wieder zurück nach Berlin. Michael Werner ist mir damals in der Galerie Springer begegnet, und zwar als unangenehmer Mensch, und damit hatte es sich für mich. Bis er dann mit Benjamin Katz und dem Journalisten Martin Buttig als Strategen im Hintergrund in Erscheinung trat.[63] Katz ist der belgische Mensch, der viel bessere Manieren hatte als wir alle. Er hatte einen Status, der für uns unerreichbar schien. Dem habe ich einmal einen Schönebeck abgekauft, zu abenteuerlichen Bedingungen: Ich habe 1967 für ein Schönebeck-Bild siebentausendzweihundert D-Mark bezahlt, das hätte eigentlich nur tausendfünfhundert kosten dürfen.

FL: *Warum hast du es dann gemacht?*

FD: Weil Eugen Schönebeck keine Bilder verkaufen wollte und nie erreichbar war. Und der Handel hatte nichts, auch Michael Werner hat nichts gehabt, oder ich habe es nicht gewusst. Bei Baselitz habe ich die Bilder *Der wahre Mensch* (1964) und *Der Rotarmist* (1965) gekauft. Ich kannte Schönebeck nicht persönlich. Ich habe wirklich tagelang unterhalb seines Ateliers in einer kleinen Wirtschaft gesessen und gewartet, dass er rauskommt.

FL: *Warum wollte Eugen Schönebeck keinen Kontakt?*

FD: Er war am Ende. Er hatte zu dem Zeitpunkt fünfunddreißig Bilder gemalt. Er hat die Wut gehabt. Ich habe ihn später einmal in Frankfurt kennengelernt. Es war ein Samstagnachmittag, ich hatte gerade einen wunderbaren Hasenbraten im Ofen, und meine Familie wartete gierig auf das Essen, da läutete es an der Tür. „Um was geht es bitte?“ Er stellte sich vor: „Eugen Schönebeck.“ Mich hat der Schlag getroffen. Den hatte ich mir ganz anders vorgestellt. „Eugen, komm rein.“ Er hat mir meinen halben Hasen weggefressen, aber er war nett, und wir haben uns wunderbar unterhalten. Eigentlich war er auf dem Weg nach Mexiko, hatte aber sein Flugzeug verpasst, und weil er wusste, dass ich in Frankfurt lebte, hat er sich über die Auskunft die Adresse besorgt und mich besucht, wie es damals üblich war bei diesen Kameraden.

FL: *Ist es richtig, dass das Gemälde „Die große Nacht im Eimer" (1962/63) von Georg Baselitz eine Zeit lang bei dir in Darmstadt in der Wohnung hing?*

FD: Ja, ich habe es ja gekauft.

FL: *Von wem?*

FD: Von Baselitz. Weißt du eigentlich, dass ich in Florenz einen Teil seines Villa-Romana-Stipendiums abgewohnt habe? Baselitz hatte das Stipendium 1965 bekommen und ist auch ein halbes Jahr dort gewesen. Auf dem Rückweg nach Berlin besuchte er uns in München, und da hat er mir im Hofbräuhaus angeboten: „Du kannst den Rest meines Stipendiums abwohnen, ich kann mit meiner Frau nicht länger in Florenz bleiben." Ich habe das Angebot liebend gern angenommen und bin mit meiner Frau und meinen Kindern nach Florenz gegangen. Und ich werde nie vergessen: In der Villa Romana gab es eine Haushälterin, die war schon dreißig oder vierzig Jahre dort, und als wir ankamen hatte sie den Eisschrank komplett mit Lebensmitteln gefüllt. Wir hatten damals wirklich nichts, das war die Zeit als wir in Pullach im Armenhaus wohnten.

FL: *Das heißt, du hast Georg Baselitz in München kennengelernt?*

FD: Ja, er hat uns damals mit seiner Frau Elke in der Galerie besucht. Von Michael Werner haben wir dann die Adresse des Berliner Ateliers bekommen, und dann habe ich gesagt: „Wir müssen den Baselitz mal ausstellen."

FL: *Weil dir die Bilder so gut gefallen haben.*

FD: Nein! Ich hatte noch nie ein Bild von ihm gesehen. Ich habe nur dieses Gequatsche über die Beschlagnahmung gehört und fragte mich, worum kümmert sich die Menschheit eigentlich? Damals gab es noch nicht so viele Künstler, die von Interesse waren, und ich hatte irgendwie den Wunsch, Baselitz auszustellen. Nur war Michael Werner vollkommen verquer und wollte daraus einen Super-Deal machen, im Stil der Galerien Marlborough und Gagosian. Kein Mensch hat zu der Zeit Bilder verkaufen können, niemand hat Geld gehabt, aber Michael Werner hat immer gepokert. Heiner hatte damals schon einen Mercedes, einen 180er, damit tuckerten wir nach Berlin. Das war eine sehr schöne Reise. Und am Abend gingen wir ins Atelier von Baselitz. Da hat mich vor lauter Begeisterung wirklich der Schlag getroffen. Das waren vor allem die roten Bilder, diese Tierbilder mit den Enten drauf. Am nächsten Tag trafen wir dann Michael Werner, der sagte, er würde nur mit einem von uns verhandeln. „Wer hat bei euch das Geld?“ – „Der Heiner.“ Das stimmte zwar nicht, er hatte auch kein Geld, aber einer musste es machen. Michael Werner ist also mit Heiner in einem Café verschwunden und hat ihm, soweit ich weiß, einen langen Vertrag geschrieben: verkauft, nicht verkauft, Rechte, keine Rechte und so weiter. Wie man sich so etwas ausdenken kann, bevor das eigentliche Geschäft stattgefunden hat! Die Beute verteilen, bevor sie geschossen ist, das gibt es nur bei Michael Werner. Heiner hat unterschrieben, und wir bekamen die Bilder nach München, wo alle begeistert waren.

Schorsch und ich haben uns vom ersten Moment an gemocht, während Heiner für ihn eher anstrengend war.

Wenn die Frauen unter sich sind, ist es weich und zärtlich

FD: Ich bin immer so närrisch gewesen: In Diyarbakir wollte ich einmal die Kirche vom Heiligen Michael aus dem vierten Jahrhundert nach Christi sehen. Nur stand die arme Kirche im Hof eines der brutalsten Foltergefängnisse der Welt. Es war eine Ruine. Und da ist mir etwas sehr Merkwürdiges passiert. Ich war damals mehrere Monate in der Türkei.

FL: *Wann war das?*

FD: Auf jeden Fall nach dem Tod von Palermo, der ist 1977 gestorben. In der Zeit wohnte ich mit Oda und den Kindern in Frankfurt in der Feldbergstraße. Ich habe in der Türkei einen Text für Günther Förgs Ausstellung in der Galerie Rüdiger Schöttle geschrieben, und die war 1980. Also wird es 1980 gewesen sein.

FL: *Warum warst du überhaupt in der Türkei?*

FD: Nachdem ich gehört hatte, dass Heiner Sufi geworden war, wollte ich herausfinden, ob er irgendetwas entdeckt hatte, was mir noch verborgen war. Es ging um den Zugang zum Spirituellen, um die Verbindung, das hat mich irgendwie interessiert, und das war der Grund für meine Reise in die Türkei. Unter anderem war ich in Konya. Konya war für die Sufis eine wahnsinnig wichtige Stadt. Ich glaube, sogar der persische Dichter Mevlana Rumi [1207–1273] hat in Konya gewohnt. Von ihm stammt der berühmte Spruch: Erst war ich roh, dann wurde ich gekocht und jetzt bin ich genießbar.

Von einem Studenten in Konya habe ich erfahren, dass unter der Stadt ein See liegt. Ich weiß nicht, ob es ihn heute noch gibt oder ob er vertrocknet oder abgeflossen ist, vielleicht haben sie ihn auch weggebohrt. Aber im Altertum muss er eine gewisse Größe gehabt haben. Und es leuchtete mir ein, dass dort der Sufismus und dieses Drehen der tanzenden Derwische entstanden sind. Mich haben eigentlich weniger die Sufis als vielmehr die Derwische interessiert. Die versinken in so tiefe Trance, dass sie sich mit einem Dolch durchbohren können, ohne dass sie bluten. Und dazu diese rituelle Musik, das hat eine gewisse Würde und auch eine Funktion.

FL: *Ohne jedes berauschende Mittel.*

FD: Das war verboten. Das war früher für die Menschen auch gar nicht notwendig. Die Menschen hatten eine andere Körperchemie. Die haben sich anders ernährt, das waren ganz andere Menschen letzten Endes. Wenn die in Ekstase gekommen sind oder in Trance, dann waren die in Trance oder in Ekstase, davon gehe ich hundertprozentig aus.

In Konya gab es auch ein Museum für Teppiche, das wollte ich sehen. Ich mochte die osmanischen Teppiche und diese türkischen Kelims, das fand ich interessant. Das Museum war aber wirklich nicht gerade berauschend. Da gab es nicht irgendwie dreihundert Top-Teppiche, die einem die Geschichte Anatoliens nahegebracht haben, das waren eher Teppichreste. Obwohl man auch an den kleinen Stücken schon erkennen konnte, dass sie einmal ein Wunder an Schönheit gewesen waren. In dem Museum gab es einen Aufenthaltsraum, und da lag ein altes *Time*- und ein *Life*-Magazin. Wahrscheinlich hatte es ein Besucher dort liegenlassen, jedenfalls habe ich es durchgeblättert und fand darin einen in Handschrift verfassten Brief auf sehr gutem Papier. Den habe ich mitgenommen und dann versucht, jemanden zu finden, der ihn mir übersetzen kann. In Konya konnte aber niemand die alte arabische Schrift lesen. Von Konya bin ich weiter nach Diyarbakir gefahren, dort haben sie eine Stadtmauer aus Basalt, die bestimmt nach der chinesischen Mauer die längste der Welt ist. Und ganz in der Nähe fließt der Tigris, sieben, acht Kilometer außerhalb der Stadt. Auf der anderen Uferseite lebten die Bauern, die die Stadt mit Gemüse und Hühnern belieferten. Ich habe ein paar Mal morgens am Tigris gesessen und der Karawane zugesehen. Die jungen Männer ritten wie die Derwische hindurch, peitschten ihre Pferde und trieben die Kamele vor sich her. Vor allen Dingen aber hatten sie alle eine höllische Angst vor dem Wasser. Weil sie in die Stadt auf den Markt wollten, mussten sie aber irgendwie hindurch. Die kostbaren Güter wurden auf den Kamelen oder auf den Pferden transportiert. Es war wirklich ein Zirkus. Einige Frauen fielen in Ohnmacht, sobald sie das Wasser nur erblickten. Die Überquerung des Tigris hat die Bauern mehrere Stunden gekostet. Weil ich wusste, dass der Euphrat und der Tigris ins Paradies führen, wollte ich unbedingt im Tigris baden. Und sobald die Bauern weg waren, habe ich mich ausgezogen und bin hineingegangen. Anschließend habe ich mich von der Sonne trocknen lassen. Das war mein Morgenbad.

FL: *Und was hast du dann den Tag über gemacht?*

FD: Ich habe mir Diyarbakir angeschaut.

FL: *Hast du im Hotel gewohnt?*

FD: Ja, ich glaube Hotel Eden, in jeder größeren Stadt gab es ein Hotel Eden. Ich war für die eine merkwürdige Figur, ich hatte nur einen ganz kleinen Koffer dabei, trug aber immer einen schwarzen Anzug. Die haben da unten ja schnell Paranoia. Ich war bestimmt verdächtig, ein Spion zu sein, aber sie haben mich in Ruhe gelassen.

FL: *Und wie bist du gereist?*

FD: Ich glaube, von Konya nach Diyarbakir bin ich geflogen, das war mir mit dem Bus zu weit. Sonst bin ich aber mit dem Bus gereist. Jetzt komme ich auf den Brief zurück, den ich in Konya gefunden hatte: Ich fragte meinen Hotelwirt, ob er jemanden wüsste, der mir das Dokument übersetzen könnte, und da hatte er gleich eine Idee: „Wenn du dir einmal die Michaelskirche ansehen möchtest, dann bist du am Gefängnis richtig, dort bekommst du Zugang zur Kirche. Und der Direktor des Gefängnisses kann dir bestimmt den Brief übersetzen." Der Hotelbesitzer kündigte meinen Besuch freundlicherweise an, und dann habe ich mich auf die Socken gemacht. Der Gefängnisdirektor lebte in einer feudalen Villa mit einer wunderbaren Terrasse, von der aus man die gesamte Tiefebene überblickte. Dort wurde der Tee serviert, und zwar nicht irgendeiner, der geschmeckt hat wie jeder andere, sondern wirklich ein erlesener Tee, und dazu wurden kleine Süßigkeiten gereicht.

Der Direktor erkundigte sich nach meinem Beruf, und da habe ich ihm von der Dia Art Foundation, von Heiner und von der *7000-Eichen*-Aktion von Beuys erzählt. Er erzählte mir seinerseits von einem Orman-Projekt, *orman* ist der Wald. *„Hop ormana baltala elymiste izibizz elymiste yzbigizz elymiste hop ormana …"* Das ist ein Kinderlied. Ich kann natürlich kein Türkisch, ich weiß nicht, wie es richtig heißt, aber es klang ungefähr so. Das hat mir ein Mann aus Erzurum beigebracht, der durch die Kälte seinen Verstand verloren hatte. Das gibt es. Der war vierzig oder fünfzig Jahre alt und wirklich total balla-balla. Aber ein sehr netter Kerl, und mit dem habe ich Kinderlieder gesungen. Ich habe ihm deutsche Lieder vorgesungen, und er hat mir türkische Lieder vorgesungen.

Der Gefängnisdirektor war jedenfalls irgendwie ganz angetan von unserer Unterhaltung, obwohl ich wirklich ein grauenhaftes Englisch sprach. Dann endlich kam der Moment, in dem ich ihm das Dokument überreichte. Der Mann las und las, wendete das Blatt, las weiter, wendete es erneut und begann wieder von vorne. Er hat mich zwischendurch nicht ein einziges Mal angesehen, hat aber genau registriert, was ich zu jedem Zeitpunkt tat, während er das Schriftstück genauestens studierte. Irgendwann blickte er auf, sah mich an und fragte in einer vollkommen veränderten Tonlage: „Wo haben Sie das her?" Ich konnte ihm schlecht sagen, dass ich es aus einem *Life*-Magazin im Museum in Konya hatte mitgehen lassen, und so erfand ich eine Geschichte: „Ich habe in einem Basar eine alte Zeitung gekauft und darin lag dieses Dokument." – „Und warum bringen Sie das ausgerechnet mir?" – „Weil der Hotelbesitzer sagte, dass Sie in der ganzen Gegend der Einzige sind, der dieses Altarabisch noch lesen kann." Es folgte ein langes Schweigen. „Das, was dort steht, betrifft mich auf gewisse Weise ganz persönlich. Der Text ist vor etwa zweihundert Jahren von einem Sufi verfasst worden. Es ist eine Anweisung, wie Leute, die Gefängnisse führen mit ihren Gefangenen umzugehen haben, und dass Menschen, die sich schuldig gemacht haben, nicht gehängt, geköpft oder gefoltert werden sollen, sondern in irgendeiner Form wieder auf einen guten Weg zurückzuführen sind." Dass unsere Begegnung ein Zufall sein sollte, konnte er nicht glauben. Ich habe erst später erfahren, dass er dem größten Foltergefängnis der Türkei vorstand. Der hatte Blut an den Händen, das ist so sicher wie das Amen in der Kirche. Jetzt wollte ich aber auch noch die Michaelskirche besuchen, die im Innenhof des Gefängnisses stand, und da hat er sich sofort bereiterklärt, mit mir ins Gefängnis runterzulaufen – das war vielleicht einen Kilometer von der Villa entfernt. Für die Gefangenen hatte ich vorsorglich zwei Stangen Marlboro eingesteckt – den Türken konntest du nicht mit irgendeinem alternativen Tabak kommen, die wollten das süßliche, amerikanische Kraut rauchen. „Wenn Sie erlauben, würde ich den Gefangenen gerne ein Geschenk machen." – „Was ist es denn?" – „Zwei Stangen Zigaretten." – „Die können Sie mitnehmen." Und als das Tor zum Innenhof aufgesperrt wurde, standen sie alle an ihren Fenstern und schlugen mit Löffeln gegen die Gitterstäbe. Das war vielleicht ein merkwürdiges Geräusch. Auf dem Hinweg habe ich in jedes dritte oder vierte Fenster auf der linken Seite eine Schachtel Zigaretten geschmissen und auf dem Rückweg habe ich die andere Seite bedient. Die Michaelskirche war wirklich eine Ruine, sie hatte aber noch eine gewisse Substanz.

Nach dem Gefängnisbesuch lud mich der Direktor zum Essen in sein Haus ein, und obwohl ich zu dem Zeitpunkt noch nicht wusste, dass er ein Folterknecht war, hatte der Besuch im Gefängnis eine gewisse Abneigung in mir hervorgerufen, sodass ich seiner Einladung nicht folgen wollte. Er hat es irgendwie verstanden und wies seinen Fahrer an, mich ins Hotel zurückzufahren. Von dem Tag an wurde ich rund um die Uhr observiert. Bestimmt waren sie über ihre Beobachtungen vollkommen erschüttert: Zum Beispiel landete ich einmal versehentlich in einer Irrenanstalt. Darüber habe ich ein Gedicht geschrieben, dass ich später Ruth Lynen schenkte. Ruth kam damals nach Diyarbakir und besuchte mich.

Vorher war ich noch in Alanya, da traf ich auf einen Mann, der Meerschaumpfeifen schnitzte und Deutsch sprach. Sein Name war Rassim. Für meine damalige Frau Oda habe ich bei ihm ein Kunstwerk aus Meerschaum gekauft: ein Mann in der Badewanne. Wirklich eine tolle Skulptur. Rassim war Messerstecher und hatte auch schon mehrfach im Gefängnis gesessen. Der hatte nämlich eine Tochter, die jung und frech war und gerne im Minirock in der Stadt herumlief. Sobald ihr aber ein Fremder auf den Arsch schaute, kam der Vater wie eine Furie aus seinem Laden, bedrohte den Typen und stach eben auch mal zu. Mich konnte er in keinster Weise einschüchtern. Im Gegenteil, ich erzählte ihm, dass ich vorhatte nach Diyarbakir zu fahren und da sagte er: „Du könntest mir einen Gefallen tun. Du fährst nach Siverek, das ist in der Nähe, etwa eine Stunde mit dem Autobus entfernt, da kenne ich einen Mann. Ich gebe dir zwei meiner besten Pfeifen mit, und du bringst mir dafür Haschisch."

Als Ruth in Diyarbakir ankam, teilte ich ihr mit: „Bevor wir nach Istanbul fahren, müssen wir noch nach Siverek." Das Ganze wurde ziemlich abenteuerlich: Die Übergabe sollte etwas außerhalb der Stadt stattfinden, und als wir dort ankamen, saßen jede Menge Typen an einem Lagerfeuer – Ruth war die einzige Frau weit und breit. Die hätten mich totschlagen können, die Frau hätten sie vergewaltigen können – darüber habe ich aber damals gar nicht nachgedacht. Außerdem hatten sie vor mir aus irgendeinem Grund einen gewissen Respekt. Für die Türken war ich nicht identifizierbar. Die wussten nicht, ob ich ein großer Heiliger bin oder ein komplett Verrückter. Ich war eigentlich nie richtig in Gefahr, obwohl es immer wieder grenzwertige Situationen gab. Der langen Rede kurzer Sinn: Es wurde Haschisch geraucht ohne Ende, und als bereits die Sterne am Himmel standen und das Lagerfeuer langsam erlosch, kam ein Bote aus der Stadt und brachte mir zwei dicke Riegel Haschisch. Weil ich mit Ruth nicht mitten in der Nacht durch die Pampa laufen wollte, die Männer mit ihrem Haschischrausch im Hintergrund, erfand ich eine Notlüge: „Der Bote hat doch ein Auto, mit dem fahren wir jetzt zurück, wir müssen nämlich unseren Otobüs kriegen." „Otobüs" haben sie sofort verstanden. Und als wir am Busbahnhof ankamen, stand da wirklich ein Bus nach Diyarbakir.

FL: *Und wie war das Haschisch verpackt?*

FD: Das war gar nicht großartig verpackt. Die haben es mir einfach in meine Tragetüte geschmissen. Das waren Drogendealer. Wer weiß, vielleicht hätten sie mich wirklich umlegen wollen, wenn wir nicht so einen schnellen Abgang geschafft hätten. Ich war, ehrlich gesagt, heilfroh, als wir im Bus saßen.

FL: *Wie kam es, dass Ruth Lynen dich in der Türkei besuchte?*

FD: Sie war eine Freundin von mir, und ich habe sie darum gebeten, weil mir die Türkei auf den Säckel ging.

FL: *Warum bist du dann nicht einfach zurückflogen?*

FD: Ich wollte noch nicht. Ich war noch nicht bereit, zurückzukommen. Ich war zwischendurch in der Türkei sehr krank. In einem Heilbad in der Nähe der Prinzeninseln ist mir ein fürchterliches Missgeschick passiert. Das war das Bad, in das auch Atatürk gegangen ist. Da habe ich im Hammam übrigens Karl Schlamminger, einen Bildhauer aus München, getroffen. Auf einmal höre ich: „Das ist doch der Dahlem." Schlamminger war inzwischen Moslem, weil er die Bäckerstochter des Schah von Persien geheiratet hatte. Und in dem Heilbad gab es viele Quellen, aus denen man auch trinken konnte. An einer Quelle stand etwas auf Türkisch, ich hielt es für besonders gutes Wasser. Später stellte sich heraus, es war ein spezielles Wasser für die Augen. Reiner Schwefel oder was weiß ich. Das hat am ersten Tag noch nicht so zugeschlagen, aber nach zwei Tagen bekam ich hohes Fieber, war partiell gelähmt und habe ins

Bett geschifft, weil ich nicht aufstehen konnte. Die ersten ein oder zwei Tage hat sich im Hotel niemand gerührt. Vielleicht dachten sie, ich bin im Opiumrausch. Irgendwann holten sie dann aber einen Mann, der Deutsch konnte. Tannenberg, benannt nach der Schlacht bei Tannenberg. Sein Vater hatte ihm diesen Namen gegeben, weil er die Deutschen so verehrt hat. Mit großer Mühe öffnete ich meine Augen, als er das Zimmer betrat: „Was ist mit Ihnen los?" – „Ich weiß es nicht." Zu dem Zeitpunkt hatte ich die Verbindung zu dem Wasser, was ich getrunken hatte, noch nicht geknüpft. Er fasste mir an die Stirn und stellte fest, dass ich komplett durchgeschwitzt war. Dann pfiff er das Hotelpersonal hoch, damit sie mir das Bett frisch machten. In der Zwischenzeit haben sie mich am Boden abgelegt. Als ich wieder im Bett lag, setzte sich Tannenberg an meine Seite, sagte aber kein Wort. Sechs oder sieben Stunden lang. Ich war wirklich froh, dass er da war, das hat mich beruhigt. Später hat er mir eine Suppe bringen lassen, ich glaube, eine Rinderbrühe. Und weil ich so zitterte, dass ich sie mit dem Löffel nicht essen konnte, orderte er eine Tasse, die er mir dann an den Mund gehalten hat. Als es dunkel wurde, sagte er, er müsste jetzt nach Hause, er würde aber morgen wiederkommen. Der Mann hat mich wirklich vierzehn Tage lang jeden Tag besucht, hat mir Essen verschafft und dafür gesorgt, dass alles sauber gemacht wurde. Ich hatte aber weiterhin hohes Fieber, und es kam kein Mensch auf die Idee, einen Arzt zu holen.

FL: *Du auch nicht?*

FD: Ich habe gar keinen Verstand mehr gehabt. Ich war so erschöpft und durcheinander. Ich war nur noch zur Hälfte am Leben. Irgendwann sagte Tannenberg, der wirklich bezaubernd war: „Franz, mach dir nichts draus. Ich habe meinem Vater ein sehr schönes Grab gekauft. Und wir legen dich in das Grab hinein, wenn es wirklich aus sein sollte." Der rechnete fest damit, dass ich das nicht überlebe. Kannst du dir das vorstellen? Nach drei Wochen ging es mir aber langsam besser. Tannenberg hat dann verlangt, dass ich nicht mehr liege, sondern im Bett sitze, wenn er kommt. Als Nächstes gingen wir zusammen im Zimmer auf und ab, damit ich langsam wieder zu Kräften kam, und irgendwann war ich auch wieder so weit, dass ich auf die Straße ging. Tannenberg kam noch ein oder zwei Wochen lang jeden Tag zum Mittagessen zu mir ins Hotel. Einmal sind wir auch zusammen zum Friedhof gegangen und haben uns das Grab angeschaut, das er für mich ausgesucht hatte. Und irgendwann brachte er einen Freund mit, der offenbar an der Ursache meiner Erkrankung großes Interesse hatte. Jedenfalls wollte er alles bis ins Detail wissen, und da habe ich erzählt, dass ich an der Quelle das Wasser getrunken hatte, und sofort wussten sie, ich hatte eine Schwefelvergiftung.

FL: *Und warum brauchtest du jetzt die Unterstützung von Ruth Lynen?*

FD: Irgendwann bist du ja auch mal einsam. Tannenberg war ein wunderbarer Türke. Es gab wirklich wunderbare Menschen dort. In der Zeit, als ich in der Türkei war, waren die Deutschen noch hoch angesehen. Während des Zweiten Weltkriegs sind sehr viele Architekten und Wissenschaftler in die Türkei geflüchtet. Ankara ist zu einem großen Teil von den Deutschen aufgebaut worden. Als *Alman* bist du damals in jedes Haus eingeladen worden. Die haben dir das Essen auf der Straße nachgetragen, damit du satt geworden bist. Die Gastfreundschaft war wirklich umwerfend. Einmal kam ich durch ein Dorf, da saß auf einer Bank eine alte Frau, die zu lachen anfing, als sie mich sah. So einen Typen wie mich hatte sie noch nie in ihrem Leben gesehen. Sie war bestimmt achtzig Jahre alt und hatte keinen einzigen Zahn im Mund. Ihre Kinder und Enkelkinder kamen auch noch dazu, irgendwann standen sechs oder sieben Frauen um mich herum. Und dann haben sie mich in ihren Teil des Hauses, in den nur die Frauen Zutritt hatten, eingeladen. Dort haben wir zusammen gesungen, sie sangen ihre Lieder, ich sang meine. Es war wirklich bezaubernd. Ich saß dort im Harem in der Türkei und habe ihren süßen Kuchen gegessen. Wenn die Frauen unter sich sind, ist es weich und zärtlich. Das ist eine ganz andere Kultur. Und sie hatten sehr schöne Teppiche und feine Stoffe, wirklich wunderbar.

Natürlich bin ich auch in Bergama, dem Ursprungsort des Pergamonaltars, gewesen. Das war wirklich eindrucksvoll. Nicht weit von dort, sehr abgelegen, gab es außerdem ein Heilbad, in dem angeblich Cleopatra schon gebadet hat. Tatsächlich war es ein kleines, zerfallenes Badehaus, ohne Türen und Fenster. Ich wollte aber unbedingt hinein, und so saß ich dann gottverlassen im Bad der Cleopatra. Genächtigt habe ich in einer Autoraststätte für Fernfahrer. Ich sage dir, da ging es zu wie auf dem Karneval, mit Huren und allem Drum und Dran. In der Unterkunft habe ich den Typen aus Erzurum, den Mann ohne Gedächtnis getroffen.

Unweit der Autoraststätte befand sich ein antikes griechisches Heiligtum des Asklepios, ein sogenanntes *Asklepieion*, ein weiteres Heilbad. Damit verbunden war der Mythos, dass der, der dort schlief, himmlische Träume haben würde. Ich bin mehrere Male dort gewesen und bin auch wirklich eingeschlafen, was eigentlich ein bisschen riskant war, ich war ja ganz allein, ich hätte jederzeit zur Beute werden können. Geträumt habe ich aber nichts, gar nichts. Obwohl ich wirklich ein bisschen an den Mythos geglaubt habe, um es ganz ehrlich zu sagen. Eines Tages wachte ich dort auf, da saß meiner Bank gegenüber ein Japaner. Er konnte weder Englisch noch Türkisch noch Deutsch, hat mir aber irgendwie im Laufe von zwei, drei Stunden mitgeteilt, dass er den Weg von Japan über China bis zu diesem Platz, an dem ich ihn getroffen habe, zu Fuß und mit öffentlichen Verkehrsmitteln zurückgelegt hatte. Ein sehr netter Mensch. Ungefähr dreißig Jahre alt und sehr höflich. Der war heilfroh, dass er mich getroffen hatte, weil ich ihm zugehört habe, obwohl er konsequent Japanisch mit mir sprach, ich habe kein Wort verstanden. Zwischendurch haben wir etwas in den Sand gezeichnet. Als das Gespräch irgendwann einmal beendet war, stand er formvollendet auf, sagte *Sayonara*, drehte sich um und verschwand. Ich muss manchmal an ihn denken, nicht oft, aber doch hin und wieder. Das war für mich eine ungewöhnliche Begegnung.

Zu der Zeit, als ich in der Türkei war, wurde das Land von Kenan Evren [1917–2015] geführt. Evren war ein General, der durch einen Militärputsch Präsident der Republik geworden war. Ich habe ihn sogar persönlich getroffen: In Ankara hatte ich einen Deutschen aus der Christengemeinschaft, einer religiösen Gruppe in der Türkei, kennengelernt. Er kannte den Direktor des Devlet Resim ve Heykel Müzesi, ein Museum, das damals noch leer stand, und ging eines Tages mit mir dorthin, um uns vorzustellen. „Habt ihr irgendwelche Bilder im Haus?" – „Wir haben ein Bild." Das konntest du vor lauter Staub kaum sehen. Ich habe dennoch sofort erkannt, dass es ein Bild von Heinrich von Zügel war. Der hat um die Jahrhundertwende dampfende Pferde im Morgennebel gemalt, realistisch. „Wo haben Sie den Zügel her?" – „Woher wissen Sie, wer das Bild gemalt hat?" Der Direktor war tief beeindruckt, als er auf der Rückseite des Bildes die Signatur entzifferte. Damit war ich für ihn ein ausgewiesener Experte und wurde gebeten in der darauffolgenden Woche noch einmal zu kommen, weil der Präsident seinen Besuch angekündigt hatte. Kenan Evren war ein fürchterlicher Kerl. Er kam mit einem ganzen Stab von Leuten, sogar der deutsche Botschafter war dabei. Wie sich herausstellte, sollten in dem Museum die Geschenke, die der Präsident im Laufe seiner Amtszeit von anderen Herrschern erhielt, zur Schau gestellt werden. Ich erkundigte mich, welcher Art diese Geschenke seien, woraufhin ein scharf gesicherter Nebenraum aufgeschlossen wurde: In der ersten Vitrine lag eine goldene MP, eine freundliche Aufmerksamkeit Gaddafis. Es waren ausschließlich Waffen in den Vitrinen ausgestellt. Über den Dolmetscher ließ ich ausrichten: „Sie sind bei mir vollkommen falsch. Ich richte kein Waffenmuseum ein. Ich habe mit Waffen überhaupt nichts zu tun, ich bin für Bilder zuständig." Der Dolmetscher ahnte schon, dass es ein Donnerwetter geben würde, weil ich die Waffen nicht angemessen ästimierte, und wollte es erst gar nicht übersetzen. Dann ging alles sehr schnell: Der

Dolmetscher übersetzte, der Präsident gab einen kurzen Befehl, und sofort nahmen mich die Wachmänner am Arm und zerrten mich aus dem Museum. Das war sehr unhöflich. Ich wurde sozusagen in mein Hotel „abgeführt“, dort haben sie mir dann noch meinen Pass abgenommen. Es war wirklich unter aller Sau. Weil ich so verwirrt war und nicht im Hotel herumsitzen wollte, bin ich später am Nachmittag noch einmal in die Stadt gegangen. Da gab es eine Riesenmoschee, in der an dem Tag hundert Männer hundert Frauen heirateten. Eine Massenhochzeit. Ich habe mich einfach zwischen die anderen Gäste gesetzt und mir die Zeremonie von vorne bis hinten angetan. Es war absolut geschmacklos. Als ich wieder im Hotel war, habe ich mich sofort erkundigt, wann das nächste Flugzeug nach Diyarbakir geht. Am gleichen Abend habe ich dann Ruth Lynen angerufen und sie gebeten, mich auf meiner Reise ein Stück zu begleiten.

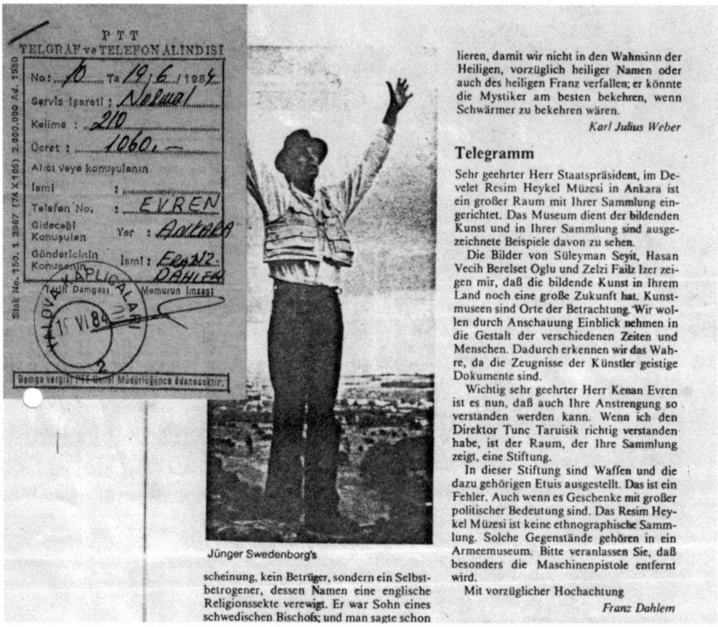
PTT
TELGRAF ve TELEFON ALINDISI
No: 10 Ta 19.6.1984
Servis İşareti: Normal
Kelime: 210
Ücret: 1060,–
Alıcı veya konuşulanın
İsmi:
Telefon No.: EVREN
Gideceği Konuşulan Yer: Ankara
Göndericinin Konuşanın İsmi: Franz Dahlem
Tarih Damgası Memurun İmzası
Damga vergisi PTT Genel Müdürlüğünce ödenecektir.
Stok No. 150. 1 3967 (74 X 105) 2.000.000 Ad. 1980

Jünger Swedenborg's

scheinung, kein Betrüger, sondern ein Selbstbetrogener, dessen Namen eine englische Religionssekte verewigt. Er war Sohn eines schwedischen Bischofs; und man sagte schon

lieren, damit wir nicht in den Wahnsinn der Heiligen, vorzüglich heiliger Namen oder auch des heiligen Franz verfallen; er könnte die Mystiker am besten bekehren, wenn Schwärmer zu bekehren wären.

Karl Julius Weber

Telegramm

Sehr geehrter Herr Staatspräsident, im Develet Resim Heykel Müzesi in Ankara ist ein großer Raum mit Ihrer Sammlung eingerichtet. Das Museum dient der bildenden Kunst und in Ihrer Sammlung sind ausgezeichnete Beispiele davon zu sehen.

Die Bilder von Süleyman Seyit, Hasan Vecih Berelset Oglu und Zelzi Failz Izer zeigen mir, daß die bildende Kunst in Ihrem Land noch eine große Zukunft hat. Kunstmuseen sind Orte der Betrachtung. Wir wollen durch Anschauung Einblick nehmen in die Gestalt der verschiedenen Zeiten und Menschen. Dadurch erkennen wir das Wahre, da die Zeugnisse der Künstler geistige Dokumente sind.

Wichtig sehr geehrter Herr Kenan Evren ist es nun, daß auch Ihre Anstrengung so verstanden werden kann. Wenn ich den Direktor Tunc Taruisik richtig verstanden habe, ist der Raum, der Ihre Sammlung zeigt, eine Stiftung.

In dieser Stiftung sind Waffen und die dazu gehörigen Etuis ausgestellt. Das ist ein Fehler. Auch wenn es Geschenke mit großer politischer Bedeutung sind. Das Resim Heykel Müzesi ist keine ethnographische Sammlung. Solche Gegenstände gehören in ein Armeemuseum. Bitte veranlassen Sie, daß besonders die Maschinenpistole entfernt wird.

Mit vorzüglicher Hochachtung

Franz Dahlem

Telegramm von Franz Dahlem an Kenen Evren, veröffentlicht in „Hans Kultur. Mitteilungen aus der Zivilisation“, Heft 3, Lehrte 1984

„Das Nichts kostet 3 DM“

FD: Habe ich dir einmal die Geschichte von Palermo in Hamburg erzählt? Die Ausstellung im Hamburger Kunstverein fand 1973 statt und hatte den Titel *Wandmalerei*.[64] Es war damals eigentlich das größte Gemälde der Welt, das hat aber niemand kapiert. Später wurde es dann übermalt, und der Versuch es wieder freizulegen war nicht gerade von Erfolg gekrönt. Weißt du, was die *Hamburger Morgenpost* über die Ausstellung im Kunstverein geschrieben hat: „Das Nichts kostet 3 DM“.[65]

Im Edinburgh College of Art hat Palermo 1970 diese Linien 58
gemalt, *Blue/Yellow/White/Red*. Er stand auf einer riesigen Leiter, sieben Meter hoch, und konnte immer so weit malen, wie der Arm reichte, dann musste er wieder hinunterklettern, die Leiter schieben und wieder hochklettern – das war eine Bergsteigerleistung ersten Ranges. Das sehen die Leute gar nicht. Peter hat ganz ungewöhnliche Sachen gemacht.

1976 zeigte er in Venedig die *Himmelsrichtungen* – gelb, rot, weiß, 59
schwarz. Das waren große Glasscheiben, von hinten bemalt. Germano Celant war damals Leiter der Biennale und hatte Palermo eingeladen, eine Wandmalerei zu machen. Wir sind hingefahren und haben uns den Raum angeschaut. Peter konnte es nicht fassen: „Sind wir hier richtig?“ Die Wände waren alle durchlöchert, da konnte man wirklich keine Wandmalerei machen. Peter war komplett deprimiert. Wir haben viele Möglichkeiten überlegt, unter anderem einfach ein paar Gondeln in den Raum zu stellen. An irgendeinem verregneten Tag saßen wir dann vorn im Café Florian, und als ich diese großen Fensterscheiben sah, kam mir eine Idee:

„Peter, weißt du, was wir machen? Wir nehmen einfach Schaufensterscheiben, du bemalst sie, und dann hängen wir sie ganz hoch, fast unter die Decke.“ Bis zur Eröffnung der Biennale waren es vielleicht noch acht Tage. „Wer soll das bezahlen?“ Das war eine berechtigte Frage. Ich lief zu Germano Celant ins Büro: „Du hast Palermo für eine Wandmalerei eingeladen, aber geh bitte mal rüber und zeig ihm die Wände.“ Er wusste sofort, was Sache war. „Und was wollt ihr jetzt machen?“ – „Du kannst uns vier Schaufensterscheiben besorgen, gerahmt in einem Stahlträgergerüst, die werden dann mit dem Kompass nach den Himmelsrichtungen ausgerichtet und über Kopfhöhe angebracht.“ – „Das mache ich.“ Ich war vollkommen geplättet, dass er dem so widerstandslos zustimmte. Wir haben drei Tage lang gewartet, und dann kam wirklich ein Schiff zur Biennale rausgefahren, mit vier Scheiben, den T-Schienen und zwei Schweißern. Als Palermo die Arbeit fertig gemalt hatte, stattete Beuys uns einen Besuch ab – er machte damals im großen Pavillon seine Arbeit *Richtkräfte*[66], diese Schultafeln. „Was soll das sein?“ – „Das sind die Farben der Indianer für Westen, Osten, Norden, Süden.“ – „Aha“, sagte Beuys „interessant. Und weiß ist dann die deutsche Seele.“ Palermo hat darüber sehr lachen müssen, letztendlich war es natürlich schwarz-rot-gold. Später hat er dann
60 die Serie *To the People of New York City* gemalt.[67]

Peter hatte in Venedig überall mit „Dahlem/Palermo“ signiert, weil es ja eigentlich eine Gemeinschaftsarbeit war. Ich habe auch an allen Farben mitgemalt. Als Arnulf Rainer das sah, war er entsetzt: „Was heißt hier Dahlem und Palermo? Wer stellt denn hier aus? Franz, tu ihm das nicht an. Dein Name muss gestrichen werden.“ Wir haben „Dahlem“ dann mit einem Messer wieder entfernt.

Als die Biennale in Venedig zu Ende war, rief ich Thordis Moeller in Amerika an und sagte: „Die Biennale ist vorbei, was machen wir jetzt mit den Scheiben?“ – „Wieso? Wem gehören sie denn?“ – „Die Biennale hat sie bezahlt.“ – „Dann sollen sie es auch entsorgen.“ Die Arbeit ist dann wirklich zerstört worden, weil niemand den Transport nach Deutschland bezahlen wollte.

Palermo und ich haben viele gemeinsame Arbeiten gemacht. Die Arbeit in Hamburg haben wir damals Novalis gewidmet: „Welcher Lebendige, Sinnbegabte, liebt nicht vor allen Wundererscheinungen des verbreiteten Raums um ihn, das allerfreuliche Licht – mit seinen Farben, seinen Stralen und Wogen; seiner milden Allgegenwart, als weckender Tag.“[68]

Anmerkungen

1 Hugo Friedrich, *Die Struktur der modernen Lyrik. Von Baudelaire bis zur Gegenwart*, Hamburg 1956.

2 „Franz Liszt kommt gern zu mir zum Fernsehen“, Ausst.-Kat. Westfälischer Kunstverein, Münster 1973.

3 Die Stiftung DASMAXIMUM wurde 2010 von Heiner Friedrich gegründet. In den Ausstellungshallen in Traunreut im Chiemgau werden auf mehr als 4000 m² dauerhaft Werke von Georg Baselitz, John Chamberlain, Walter De Maria, Dan Flavin, Imi Knoebel, Uwe Lausen, Blinky Palermo, Andy Warhol und Maria Zerres gezeigt.

4 Lausen, Ausst.-Kat. Galerie Friedrich + Dahlem, München 1966.

5 Digne M. Marcovicz, *„To the people ...“ Sprechen über Blinky Palermo* (1943–1977), Köln 2003, S. 61–71.

6 Ebd., S. 72–79.

7 Der *Earth Room* war eine Installation in der Ausstellung *Walter De Maria. Dirt Show/The Land Show. Pure Dirt, Pure Earth, Pure Land*, die vom 28. September bis zum 10. Oktober 1968 in der Galerie Heiner Friedrich in München stattfand. Walter De Maria füllte damals die Räume der Galerie mit fünfzig Kubikmetern Erde. Seit 1977 zeigt die Dia Art Foundation die Arbeit in New York in der 141 Wooster Street.

8 Im Februar 1968 erwarb Karl Ströher in New York die Pop-Art-Sammlung des verstorbenen Versicherungsmaklers Leon Kraushar. Die Sammlung umfasste hundertsechzig Objekte, darunter Werke von Roy Lichtenstein, Claes Oldenburg und Andy Warhol.

9 Vom 26. August bis 11. September 1972 fanden die Olympischen Spiele erstmals nach dem Zweiten Weltkrieg wieder in Deutschland statt. Für die Sommerspiele in München wurde ein begleitendes Kunstprogramm mit einem Etat von 12,6 Millionen D-Mark geplant, an dem unter anderen die Künstler Heinz Mack und Otto Piene beteiligt waren. Walter De Maria hatte einen Vorschlag für ein hundertzwanzig Meter tiefes *Denkloch* eingereicht, der jedoch genauso wie die Entwürfe Michael Heizers, Gerhard Richters und Blinky Palermos abgelehnt wurde. Vgl. Günter Herzog, *Die Galerie Heiner Friedrich*, in: *Galerie Heiner Friedrich. München, Köln, New York, 1963–1980*, Reihe „sediment. Mitteilungen zur Geschichte des Kunsthandels“, Nr. 21/22, 2013, S. 9–21, hier S. 17.

10 Der 58-teilige *1. Werksatz* (1963–1969) von Franz Erhard Walther besteht aus unterschiedlichen Objekten, mit denen der Künstler selbst oder von ihm angeleitete Assistenten in sogenannten Werkvorführungen agieren.

11 Der *Bergkönig (Tunnel) 2 Planeten*, 1958–1961, wurde erstmals 1970 zur Eröffnung des *Block Beuys* in Darmstadt ausgestellt. Insgesamt existieren heute drei Güsse der Skulptur. Siehe hierzu auch *Block Beuys*, München 1990, S. 336 f.

12 Uwe Lausen hatte ab 1961 Kontakt zu der Künstlergruppe SPUR. Die 6. Ausgabe ihrer gleichnamigen Zeitschrift trug den Titel *SPUR im Exil* und wurde u. a. wegen Lausens Beitrag *Brief eines Zurückgebliebenen* von der Münchener Staatsanwaltschaft beschlagnahmt. 1962 folgte gegen die SPUR-Mitglieder ein Prozess wegen der Verbreitung unzüchtiger Schriften, Gotteslästerung und Religionsbeschimpfung. Lausen wurde daraufhin vom Amtsgericht München zu drei Wochen Jugendarrest verurteilt.

13 *Andy Warhol: Shadows*, Heiner Friedrich Gallery, 393 West Broadway, New York, 27.1.–10.3.1979.

14 Vom 1.–23. September 1962 fand im Städtischen Museum Wiesbaden die Veranstaltung *Fluxus – Internationale Festspiele Neuester Musik* statt. Beteiligt waren unter anderen Dick Higgins, George Maciunas, Nam June Paik, Benjamin Patterson, Wolf Vostell und Emmett Williams. Sie gilt als erste offizielle Manifestation der Fluxus-Bewegung. Vgl. *1962 Wiesbaden Fluxus 1982. Eine kleine Geschichte von Fluxus in drei Teilen*, hg. von René Block, Ausst.-Kat. u. a. Museum Wiesbaden, Wiesbaden 1983.

15 Die Kommune 1 war eine politisch motivierte Wohngemeinschaft, die als Gegenmodell zur kleinbürgerlichen Familie konzipiert wurde. Neun Frauen und Männer sowie ein Kind bezogen im Februar 1967 Quartier in Berlin-Friedenau, darunter auch Dieter Kunzelmann und Fritz Teufel.

16 Als K-Gruppen werden Parteien und Vereinigungen bezeichnet, die in den 1970er-Jahren in Westdeutschland entstanden und sich als kommunistische Organisation verstanden. Dazu gehörten unter anderen die Kommunistische Partei Deutschlands/Marxisten-Leninisten (KPD/ML) sowie die Kommunistische Partei Deutschlands-Aufbauorganisation (KPD-AO), die später zur KPD wurde.

17 Im Dezember 1968 riefen, initiiert von Jorg Immendorff und Chris Reinecke, Studenten der Kunstakademie Düsseldorf die „LIDL"-Akademie aus. Anlass war die interne Kritik mehrerer Professoren gegenüber der universitären Einflussnahme von Joseph Beuys und seiner Deutschen Studentenpartei. Dem Aufruf zur „LIDL"-Akademie folgte vom 5. bis zum 10. Mai 1969 die „LIDL"-Arbeitswoche, in der zahlreiche künstlerische und politische Aktionen an der für diesen Zeitraum geschlossenen Kunstakademie durchgeführt wurden. Siehe auch: Susanne Rennert, „Ein doppelter Strang. Lidl, 1968–70. Konzepte, Aktionen, Strategien von Chris Reinecke und Jörg Immendorff", in: „Chris Reinecke. 60er Jahre – Lidl Zeit", hg. von Barbara John u. a., Ausst.-Kat. u. a. Kunstmuseum Düsseldorf, Köln 1999, S. 35–64, hier S. 49–52.

18 1977 zeigte Joseph Beuys auf der documenta 6 die Arbeit *Honigpumpe am Arbeitsplatz*: In der Rotunde des Fridericianums wurden hundertfünfzig Kilogramm Honig durch ein Schlauchsystem gepumpt. Außerdem wurde eine kupferne Antriebswelle durch hundert Kilogramm Margarine bewegt. Es sollte einerseits ein Bezug zu den zirkulatorischen Systemen im Menschen hergestellt werden und andererseits zu seinem Diskussionsforum der Free International University.

19 Nachdem Joseph Beuys am 10. Oktober 1972 das Sekretariat der Kunstakademie mit vierundfünfzig von hundertsiebenundzwanzig von der Akademie abgelehnten Bewerbern besetzt hatte und erst am Tag darauf in Begleitung von Polizisten wieder räumte, erhielt er noch am gleichen Tag die fristlose Kündigung, unterzeichnet von dem damaligen nordrhein-westfälischen Wissenschaftsminister Johannes Rau.

20 Als ironisches Pendant zu dem in der DDR vorherrschenden Sozialistischen Realismus formulierten die Künstler Manfred Kuttner, Konrad Lueg, Sigmar Polke und Gerhard Richter 1963 einen Kapitalistischen Realismus, der sich durch die Verwendung alltäglicher und popkultureller Motive der westlichen Lebenswelt auszeichnete. Erstmals öffentlich verwendet wurde der Terminus anlässlich der Ausstellung *Leben mit Pop. Eine Demonstration für den kapitalistischen Realismus*, die am 11. Oktober 1963 im Düsseldorfer Möbelhaus

Berges eröffnet wurde. Dort stellten Konrad Lueg und Gerhard Richter neben ihren Bildern auch sich selbst als Teil der Installation aus. Zusammengefasst unter dem Begriff des „Kapitalistischen Realismus“ fanden weitere Gruppenausstellungen unter anderem in der Galerie Parnass in Wuppertal und bei René Block in Berlin statt. Vgl. Dietmar Elger, „Gerhard Richter, Maler“, Köln 2002, S. 44 f.

21 Der Galerist Lucio Amelio besaß auf der Insel Capri eine Villa, wo Beuys ihn besuchte. Dort entstand die Idee für die *Capri-Batterie*, ein Multiple von Joseph Beuys, das 1985 in einer Auflage von zweihundert Exemplaren von Lucio Amelio in Neapel herausgegeben wurde.

22 Vom 20.–25. Mai 1974 verbrachte Joseph Beuys mehrere Tage mit einem Kojoten in einem Raum der René Block Gallery in New York. Die Aktion fand unter dem Titel *I Like America and America Likes Me* statt. Siehe hierzu auch: Caroline Tisdall, „Joseph Beuys. Coyote“, München 1976.

23 Die Aktion *Andronicus / Iphigenie* fand am 29. Mai 1969 im Rahmen der experimenta 3, veranstaltet von der Deutschen Akademie der Darstellenden Künste, in Frankfurt am Main im Theater am Turm statt. Beuys stand im Luchsfellmantel mit zwei Orchesterbecken und einem Schimmel auf der Theaterbühne und rezitierte zu Beginn einige Zeilen aus Goethes *Iphigenie auf Tauris*. Das Drama war im Verlauf der Aktion zusammen mit Fragmenten aus Shakespeares *Titus Andronicus* als Tonbandaufnahme, in monotoner Sprechart von dem Theaterregisseur Claus Peymann und dem Dramaturgen Wolfgang Wiens wiedergegeben, zu hören. Beuys agierte mit Zucker- und Margarinestücken, zeichnete mit Kreide die Lautbuchstaben „ö ö ö“ auf den Bühnenboden und legte sich ein Stück Kupfer auf den Hut. Schließlich wiederholte er seine rituell anmutenden Handlungen. Siehe auch „Joseph Beuys ‚Titus/Iphigenie‘. Abisag Tüllmann Photographien“, München 2018.

24 Karl Ströher (1890, Rothenkirchen–1977, Darmstadt) war ein deutscher Unternehmer und Erbe des Darmstädter Wella-Konzerns. Er zählt zu den wichtigsten Sammlern der europäischen und US-amerikanischen Nachkriegskunst in Deutschland. Bekannt wurde er insbesondere durch den Erwerb der Pop-Art-Sammlung von Leon Kraushar 1968 und die Zusammenführung des *Block Beuys* in den Jahren 1967 bis 1969. Nach dem Verkauf der Sammlung durch die Erben Karl Ströhers im Jahr 1982 ging ein Teil an das MMK Museum für Moderne Kunst in Frankfurt am Main sowie an das Hessische Landesmuseum Darmstadt über.

25 Vom 21.–28. März 1967 zeigte Franz Dahlem in der Ahastraße 7 in Darmstadt die Ausstellung *Fettraum*, die am 20. März 1967 mit der Aktion *Hauptstrom* von Joseph Beuys mit musikalischer Unterstützung von Henning Christiansen eröffnet wurde.

26 Aus der Kunsthalle München entstand 1967 der Verein Modern Art Museum München e.V. ('MAM'), der seine erste Ausstellung mit Werken der Sammlung Sachs in den Räumen der Villa Stuck zeigte. Das 'MAM' sollte in Deutschland eine internationale Plattform für junge Kunst bieten.
Von 1967 bis 1972 waren Gunter Sachs und Konstantin von Bayern die Präsidenten des 'MAM'. Siehe auch: „Die Sammlung Gunter Sachs. Von Max Ernst bis Andy Warhol“, in: https://www.villastuck.de/ausstellungen/2012/sachs/index.htm, zuletzt aufgerufen am 12. Juli 2021.

27 Karl Ströher erwarb 1968 die bedeutende Pop-Art-Sammlung des verstorbenen New Yorker Versicherungs-

maklers Leon Kraushar. Die Sammlung umfasste hundertsechzig Objekte, darunter Werke von Roy Lichtenstein, Claes Oldenburg und Andy Warhol. Sie galt damals als eine der wichtigsten Pop-Art Sammlungen weltweit.

28 *Live in Your Head. When Attitudes Become Form*, Kunsthalle Bern, 22. März–27. April 1969. Die von Harald Szeemann kuratierte Ausstellung vereinte erstmals eine Anzahl internationaler künstlerischer Positionen, deren Werke sich durch Prozesshaftigkeit, materielle Transformationen und den Bezug zu situativen Kontexten auszeichneten. Die Präsentation gilt als wegweisende Verortung eines erweiterten Kunstbegriffs, wie er zu diesem Zeitpunkt insbesondere in der Arte povera, der Minimal Art, der Konzeptkunst und der Land-Art verhandelt wurde. An der Ausstellung beteiligt waren unter anderen Joseph Beuys, Hanne Darboven und Jannis Kounellis.

29 Das Künstlerbuch mit dem Titel *Die Leute sind ganz prima in Foggia* wurde 1974 in einer Auflage von hundertachtzig von der Modern Art Agency, Neapel (später Edizione Lucio Amelio, Neapel), dem Studio Marconi, Mailand, und der Edition Staeck, Heidelberg, herausgegeben.

30 Der Roman *Le Roi des Aulnes* (dt. *Der Erlkönig*, 1972) erschien 1970. Für das Buch erhielt Michel Tournier (1924–2016) den Prix Goncourt. Auch in Deutschland hatte der Roman großen Erfolg. Der Titel bezieht sich offensichtlich auf Goethes gleichnamige Ballade, in der der Erlkönig der Kindesverführer ist. Bei Tournier sind es die Nationalsozialisten, die auf die Kinder besonderen Einfluss ausüben.

31 Vgl. Eduard Beaucamp, „Ahnungslos", *Frankfurter Allgemeine Zeitung*, 4.8.1971, S. 28.

32 Das Multiple *La rivoluzione siamo Noi* wurde 1972 in einer Auflage von hundertachtzig Exemplaren von der Modern Art Agency (ab 1976 Edizione Lucio Amelio, Neapel) und der Edition Tangente (ab 1973 Edition Staeck), Heidelberg herausgegeben. Entstanden ist das Multiple nach einem Plakat, das 1971 anlässlich der ersten Ausstellung von Joseph Beuys bei Lucio Amelio in Italien erschien. Bei der Eröffnung informierte Beuys die Gäste über die Ziele der „Organisation für direkte Demokratie durch Volksabstimmung", die er im Juni 1971 in Düsseldorf mitbegründet hatte. Dabei ging es um ein demokratisches Ordnungssystem, das sich an der Dreigliederungsidee von Rudolf Steiner und den Idealen der Französischen Revolution orientierte. Beuys verstand Kunst als revolutionäre Kraft und vertrat die Ansicht, dass gesellschaftliche Veränderung einzig über die Kreativität des Menschen zu erreichen sei.

33 Konfuzius (um 500 v. Chr.) war ein chinesischer Philosoph. Das Thema seiner Lehren war die menschliche Ordnung, die durch Achtung vor anderen Menschen sowie durch Ahnenverehrung zu erlangen sei. Als Ideal und höchstes Ziel des Menschen galt der „Edle", ein moralisch guter Mensch, der sich in Harmonie mit dem Weltganzen befindet.

34 Meister Eckhart (1260–1328) stammte aus Thüringen und gehörte dem Dominikanerorden an. Er gilt als einflussreicher Theologe und Philosoph, der sowohl unkonventionell als auch durchaus provozierend predigte. Zentral war für ihn unter anderem die Spiritualität im Alltag. Wenige Jahre vor seinem Tod wurde Eckhart der Häresie bezichtigt. Eckhart starb vor dem Abschluss des Verfahrens, das nach seinem Tod weitergeführt wurde: Papst Johannes XXII. verurteilte Aussagen von Eckhart als Irrlehren und verbot die Verbreitung der von ihm verfassten Werke.

35 Anlässlich der documenta 7 (1982) stellte Beuys das Projekt *7000 Eichen – Stadtverwaldung statt Stadtverwaltung* vor: 7000 Eichen sollten, begleitet von je einer Basaltsäule, im Stadtraum Kassel gepflanzt werden. Für die Organisation und Finanzierung der Aktion entstand ein eigenes Büro in Kassel. Der letzte Baum wurde erst 1987, fast ein Jahr nach dem Tod von Beuys, zur documenta 8 gepflanzt.

36 Siehe hierzu auch: Alexander und Margarete Mitscherlich, *Die Unfähigkeit zu trauern. Grundlagen kollektiven Verhaltens*, München 1967.

37 Robert Musil, *Der Mann ohne Eigenschaften*, Berlin 1930.

38 Erich Maria Remarque, *Im Westen nichts Neues*, Berlin 1929.

39 Vgl. HP Riegel, *Beuys. Die Biografie*, Berlin 2013, S. 118 ff.

40 Adam Reinhard Lynen, *Kentaurenfährte. Logbuch eines Vagabunden*, München 1963.

41 „chiliastisch" bezeichnet Theorien, die an den Glauben der Wiederkunft von Jesus Christus geknüpft sind sowie an die Vorstellung eines auf der Erde tausend Jahre währenden Reichs Gottes. Martin Luther beispielsweise bezog sich stets auf die bevorstehende Wiederkunft Christi auf Erden.

42 *Trash*, Regie: Paul Morrissey, Produktion: Andy Warhol, 110 Min., 1970.

43 Andy Warhol hielt ab Ende der 1960er-Jahre sämtliche Veranstaltungen seiner Factory in Bild und Ton fest und ließ die Audioaufnahmen wortwörtlich transkribieren. Aus den Manuskripten entstand 1969 gemeinsam mit John Wilcock die erste Ausgabe der Zeitschrift *Interview*. 1970 stieg Wilcock aus; Warhol änderte den Titel des Magazins in *Andy Warhol's Interview*. In den 1980er-Jahren zog Warhol sich zunehmend aus dem Magazin zurück. Unter der neuen Leitung von Bob Colacello wurde das Blatt bald zu einer Modezeitschrift. Nach dem Tod Warhols wurde das Magazin 1987 von Brant Publications Inc. übernommen.

44 Die *Legenda aurea* wurde zwischen 1263 und 1273 von dem Dominikanermönch Jacobus de Voragine, später Erzbischof von Genua, verfasst und versammelt Traktate zu Kirchenfesten sowie Lebensgeschichten von Heiligen und Heiligenlegenden.

45 Der *Filzanzug* von Joseph Beuys ist 1970 in der Galerie René Block als nummerierte Auflage (100 + 10 Künstlerexemplare) erschienen.

46 Die Ausstellung *The Last Supper*, mit zwanzig Gemälden und über dreißig Papierarbeiten aus der gleichnamigen Serie von Andy Warhol, wurde vom 27.5.–27.9.1998 in der Staatsgalerie Moderner Kunst in München gezeigt. Im Frühjahr 1999 eröffnete die Ausstellung im Guggenheim Museum in Soho und war dort bis zum Sommer 2001 zu sehen.

47 Georg Forster, *Ansichten vom Niederrhein, von Brabant, Flandern, Holland, England und Frankreich, im April, Mai und Junius 1790*, Berlin 1791.

48 „China nimmt größtes Radioteleskop der Welt in Betrieb", in: sueddeutsche.de, 26. September 2016, https://www.sueddeutsche.de/wissen/astronomie-china-nimmt-groesstes-radioteleskop-der-welt-in-betrieb-1.3179311, zuletzt aufgerufen am 12. Juli 2021.

49 Das erweiterte Kunstverständnis von Joseph Beuys findet seinen Ausdruck vor allem in dem von ihm geprägten Begriff der Sozialen Plastik. Darunter fällt jegliches Handeln, das formend in die Gesellschaft eingreift. Damit wird nach Beuys jeder Mensch, der handelt und formt, zum Künstler. Siehe auch: Volker Harlan/Rainer Rappmann/Peter Schata, *Soziale Plastik. Materialien zu Joseph Beuys*, Krefeld 1984.

50 On Kawara (1932, Kariya, Japan – 2014,

New York, USA) schuf ab 1966 seine sogenannten Date Paintings, Leinwände, auf die er jeweils das Datum des Tages malte, an dem das Bild entstand, und zwar in der Sprache des Landes, in dem er sich zu dem Zeitpunkt aufhielt.

51 Die Rothko Kapelle wurde 1971 im Auftrag der de Menil Foundation in Houston (Texas, USA) gebaut. Als Architekten waren Philip Johnson, Howard Barnstone und Eugene Aubry tätig. In dem achteckigen, fensterlosen Gebäude befinden sich vierzehn eigens für die Kapelle entstandene Wandgemälde des amerikanischen Malers Mark Rothko (1903–1970), die er 1967 fertigstellte.

52 *Der figurative Pollock*, Kunstmuseum Basel, 2.10.2016–22.1.2017.

53 Jost Herbig (1938, Köln–1994, Icking) war ein deutscher Chemiker, Wissenschaftspublizist und Kunstsammler, dessen Familie bis 1970 das Kölner Lackfarben-Unternehmen Herbol führte. Seine Kunstsammlung umfasste Positionen der europäischen und amerikanischen Nachkriegskunst, darunter Werke von Georg Baselitz, Joseph Beuys, Marcel Broodthaers, Blinky Palermo, Gerhard Richter und Richard Tuttle. Von 1976 bis 1997 war die Sammlung Herbigs als Dauerleihgabe in der Neuen Galerie in Kassel, bevor sie 1998 bei Christie's in New York versteigert wurde.

54 Die Sammlung des Frankfurter Ehepaars Helmut Anton und Margot Krätz umfasste unter anderem Werke von Richard Hamilton, Sigmar Polke und Andy Warhol. Nachdem die Sammlung 1976 als Dauerleihgabe nach Kassel kam, wurde ein Teil 1991 in New York versteigert. Die verbleibenden Arbeiten wurden zum Grundstock der Galerie Krätz, die der Sohn des Sammlerpaars 2010 in Kassel eröffnete.

55 *Semantik und Verblödung,* Galerie Forme, Frankfurt am Main.

56 Natalija Sergejewna Gontscharowa wurde 1881 in Ladyschino bei Tula in Russland geboren. Ab 1898 studierte sie an der Moskauer Kunsthochschule, wo sie dem Maler Michail Larionow begegnete, den sie später heiratete. Ihre Werke waren 1906 erstmals in Paris, im Salon d'Automne, ausgestellt. Es folgten weitere Präsentationen im Ausland, darunter der „Blaue Reiter" in München (1912) und der „Erste Deutsche Herbstsalon" in Berlin (1913). Gontscharowa vereinte in ihrer Malerei die Stile der westlichen Kunst mit Themen der Volkskunst. Neben dem Kubofuturismus werden ihre Bilder auch dem Rayonismus zugeordnet, einer Stilrichtung, die als vierte Dimension das Licht mit einschließt. 1913 war Gontscharowa die erste Frau Russlands, der eine Einzelausstellung in ihrer Heimat vergönnt war. Zwei Jahre später siedelte sie nach Paris über, wo sie unter anderem Bühnenbilder für Sergej Diaghilews Ballets-Russes schuf. Gontscharowa zählt heute zu den zentralen Künstlern der russischen Avantgarde. Sie starb 1962 in Paris.

57 Das Kurt Schwitters Archiv befindet sich seit 1994 im Sprengel Museum Hannover und beherbergt als Leihgabe der Kurt und Ernst Schwitters Stiftung den Nachlass des Kunstlers, darunter die Korrespondenz ab 1937, Notiz- und Adresshefte, Fotografien, rund sechshundert Autographen seiner literarischen Texte und 1124 bildnerische Werke sowie das Fotoarchiv seines Sohnes Ernst Schwitters. Außerdem befindet sich im Museum eine Rekonstruktion des ersten Merzbaus, einer raumgreifenden Installation von Schwitters, die er in seinem Atelier in Hannover begann und bis zu seinem Tod an verschiedenen Orten fortführte.

58 Für seine Ausstellung *Sculpture*, die vom 21. September bis 18. Oktober 1968 bei Konrad Fischer gezeigt wurde, legte

Richard Long Weidenstöcke zu parallel liegenden Linien aneinander.

59 Giuseppe Panza di Biumo (1923, Mailand – 2010, Mailand) war ein italienischer Weinhändler und Sammler der europäischen und amerikanischen Nachkriegskunst. Bekannt ist seine Sammlung vor allem für Werke des Abstrakten Expressionismus, der Pop-Art und der Minimal Art. Ab Mitte der 1980er Jahre gingen große Teile der Panza Collection an amerikanische Museen, darunter das Museum of Contemporary Art in Los Angeles und das Guggenheim Museum in New York.

60 Curt Grützmacher, *Novalis und Philipp Otto Runge: drei Zentralmotive und ihre Bedeutungssphäre: die Blume, das Kind, das Licht*, München 1964.

61 Die Gruppe SPUR wurde 1957 in München von den Absolventen der Akademie der Bildenden Künste München, namentlich Lothar Fischer, Heimrad Prem, Helmut Sturm und HP Zimmer, gegründet. In ihrem Manifest (1958) traten sie für eine „polydimensionale" Kunst ein. Trotz ihrer proklamierten Offenheit strebten die Künstler eine gewisse Einigung über die künstlerische Ausdrucksweise an. Ab Juni 1961 verweilten einige Mitglieder der Gruppe SPUR in Schweden, wo die sechste Ausgabe ihrer Zeitschrift unter dem Titel *SPUR im Exil* entstand.

62 Vgl. Carl Werner, *Berliner Gedichte*, München 1961.

63 Im Oktober 1963 eröffnete die Galerie Werner & Katz in Berlin mit einer Baselitz-Ausstellung. Die Schau umfasste zweiundfünfzig Bilder, darunter die Werke *A. A.*, *P. D. Stengel*, *Erste Semmel*, *Nackter Mann* und *Die große Nacht im Eimer*. Am 3. Oktober 1963 erschien in der *B.Z.* ein Artikel von Christine Keeler mit der Überschrift „Skandal um Ausstellung am Kurfürstendamm". Darin hieß es weiter: „[E]in Skandal, wie es ihn seit Kriegsende auf diesem Gebiet in Berlin nicht gegeben hat." Siehe hierzu auch: Martin Buttig, „Der Fall Baselitz", in: *Der Monat*, August 1965, Heft 203, S. 90–95. Am 9. Oktober wurden zwei Bilder der Ausstellung wegen des Vorwurfs der „Unsittlichkeit" von der Berliner Staatsanwaltschaft beschlagnahmt.

64 *Wandmalerei*, Kunstverein in Hamburg, 10.3.–18.3.1973.

65 Peter Forster, „Das Nichts kostet 3 DM", *Hamburger Morgenpost*, 19. März 1973.

66 Die Arbeit *Richtkräfte einer neuen Gesellschaft* (1974) von Joseph Beuys besteht aus ca. hundert kreidebeschrifteten Tafeln. Entstanden sind sie 1974 im Rahmen der Ausstellung *Art into Society – Society into Art* am Institute of Contemporary Arts in London, wo Beuys eine Lehrveranstaltung gehalten hat. Die Tafeln wurden 1975 bei René Block in New York und 1976 auf der Biennale in Venedig als Environment gezeigt. Heute ist die Arbeit Teil der Sammlung der Nationalgalerie Berlin.

67 Die Serie *To the People of New York City* gehört zu den Metallbildern, die zwischen 1973 und 1976 in New York City entstanden. Die Serie besteht aus fünfzehn Teilen, die insgesamt vierzig bemalte Aluminiumtafeln umfassen. Die Kombinationen von Schwarz, Cadmiumrot und Cadmiumgelb können an die Farbtöne der deutschen Flagge erinnern.

68 Aus: Novalis, *Hymnen an die Nacht*, 1800.

Personenverzeichnis

GÖTZ ADRIANI (geboren 1940 in Stuttgart) studierte Kunstgeschichte, Archäologie und Geschichte in München, Wien und Tübingen. 1965/66 war er Volontär an der Staatsgalerie Stuttgart. Im Anschluss war er Konservator im Hessischen Landesmuseum Darmstadt, wo er u. a. die Präsentation der Sammlung Ströher sowie die Installation des *Block Beuys* betreute. Von 1971 bis 2005 war Adriani Direktor der Kunsthalle Tübingen.

HANS PETER ALVERMANN (1931, Düsseldorf – 2006, Breidenbach) war ein Künstler, der sich in seiner Arbeit kritisch mit gesellschaftlichen Fragen auseinandersetzte. Ab 1966 organisierte er in Düsseldorf das Republikanische Centrum. Bekannt ist er vor allem für sein Multiple *Bundesdeutsches Notstandsschwein*, das 1965 im Rahmen der Debatte um die deutschen Notstandsgesetze entstand.

LUCIO AMELIO (1931, Neapel – 1994, Rom) führte ab 1965 in Neapel die Galerie Modern Art Agency. Sein Programm umfasste wesentliche Positionen der internationalen Gegenwartskunst, darunter Joseph Beuys, Stanley Brouwn, Gilbert & George, Jannis Kounellis, Michelangelo Pistoletto, Cy Twombly und Andy Warhol. Nach der Erdbebenkatastrophe in Neapel 1980 begann Amelio mit dem Aufbau der Sammlung Terrae Motus, die seit 1994 im Palast von Caserta, nördlich von Neapel, dauerhaft zu sehen ist.

ANDREAS BAADER (1943, München – 1977, Stuttgart) war ein führendes Mitglied der Roten Armee Fraktion (RAF). Nachdem er sich ab Mitte der 1960er-Jahre zunehmend im Umfeld der Berliner Studentenproteste bewegt hatte, verübte er im April 1968 gemeinsam mit Gudrun Ensslin, Thorwald Proll und Horst Söhnlein einen Brandanschlag auf zwei Kaufhäuser in Frankfurt am Main. Seine Befreiung aus der Haft im Mai 1970 gilt als Geburtsstunde der RAF. Diese verstand sich als militanter Teil des sogenannten antiimperialistischen Kampfs und verübte in den folgenden zwei Jahren zahlreiche Anschläge in Deutschland. Im Juni 1972 wurde Baader in Frankfurt am Main verhaftet. Er starb im Oktober 1977 in der sogenannten Todesnacht von Stammheim.

WALTER BAREISS (1919, Tübingen – 2007, Stamford, Connecticut) war ein deutsch-amerikanischer Unternehmer und Kunstsammler, der 1969/70 das Museum of Modern Art in New York als Interimsdirektor leitete. Neben zahlreichen Objekten der griechischen Keramik und der afrikanischen Volkskunst umfasste seine Sammlung auch Werke der europäischen Nachkriegskunst, darunter Arbeiten von Georg Baselitz, Jörg Immendorff und Gerhard Richter.

GEORG BASELITZ (eigentlich Hans-Georg Kern; geboren 1938 in Deutschbaselitz) studierte ab 1956 Malerei an der Hochschule für bildende und angewandte Kunst in Berlin-Weißensee. Nachdem er wegen „gesellschaftspolitischer Unreife" der Hochschule verwiesen wurde, setzte er sein Studium bei Hann Trier an der Hochschule für Bildende Künste in West-Berlin fort. 1965 war er Stipendiat der Villa Romana in Florenz. Im Jahr darauf übersiedelte er nach Osthofen bei Worms in ein Haus von Dorette Staab. Ab 1975 lebte Baselitz auf Schloss Derneburg in der Nähe von Hildesheim, das er 2006 an das Sammlerehepaar Andrew und Christine Hall verkaufte. Er war auf der documenta 5 (1972) und 7 (1982) vertreten und stellte 1980 gemeinsam mit Anselm Kiefer auf der 39. Biennale von Venedig im Deutschen Pavillon aus. Baselitz lehrte von 1977 bis 1983 als Professor an der Staatlichen Akademie der Bildenden Künste Karlsruhe und daran anschließend an der Hochschule der Künste in Berlin.

HEINER BASTIAN (geboren 1944 in Rantau/Ostpreußen) ist Galerist, Kunstsammler und Ausstellungsmacher. Ab den 1970er-Jahren war er für Joseph Beuys als Privatsekretär tätig. Von 1996 bis 2007 war Bastian Kurator der Sammlung Marx im Hamburger Bahnhof – Museum für Gegenwart in Berlin. Zusammen mit seiner Frau Céline gründete er 1989 die Galerie Bastian, die heute mit Räumen in Berlin und London von ihrem Sohn Aeneas geleitet wird.

HERZOG FRANZ VON BAYERN (geboren 1933 in München) begann bereits als Student, zeitgenössische Kunst zu sammeln. Heute befinden sich in seiner Sammlung u. a. Werke von Georg Baselitz, Joseph Beuys und Gerhard Richter. 1965 war er Mitbegründer des Galerie-Vereins (heute PIN. Freunde der Pinakothek der Moderne e. V.), eines Fördervereins zur Unterstützung der Neuen Pinakothek, der Neuen Staatsgalerie sowie der Staatlichen Graphischen Sammlung in München. Bis heute ist Herzog Franz in zahlreichen Kuratorien und Beiräten von Kunst und Kultur vertreten, darunter im International Council des Museum of Modern Art in New York, im Verein zur Förderung der Alten Pinakothek, im Verein der Freunde und Förderer der Glyptothek und Antikensammlungen München und im Kuratorium der Hochschule für Philosophie und des Instituts für Bayerische Geschichte. 1984 übergab er einen Großteil seiner Kunstsammlung an die Stiftung Wittelsbacher Ausgleichsfonds und stellte sie damit der Pinakothek der Moderne und der Staatlichen Graphischen Sammlung München zur Verfügung. Seit 1996 ist Herzog Franz von Bayern Oberhaupt des Hauses Wittelsbach. Er engagiert sich in der Bildungspolitik und im karitativen Bereich, u. a. als Vorsitzender des Hilfsvereins Nymphenburg e. V. für Projekte in Osteuropa und Afrika. Für seine Verdienste als Kunstförderer wurde er 2003 mit dem Duncan Phillips Award der Phillips Collection, Washington, ausgezeichnet. 2008 wurde ihm die Ehrendoktorwürde der Ludwig-Maximilians-Universität München verliehen und 2017 erhielt er das Große Verdienstkreuz des Verdienstordens der Bundesrepublik Deutschland.

JOSEPH BEUYS (1921, Krefeld – 1986, Düsseldorf) war von 1946 bis 1952 Schüler an der Kunstakademie Düsseldorf, wo er 1961 Professor wurde. Nachdem 1972 ein neues Zulassungsverfahren an der Akademie eingeführt wurde, besetzte Beuys mit einigen seiner Studenten das Hochschulsekretariat. Der daraufhin verfügten Entlassung durch den nordrhein-westfälischen Wissenschaftsminister Johannes Rau begegnete Beuys mit einer langjährigen Klage vor dem Bundesarbeitsgericht. In dem ihm gerichtlich auf Lebenszeit zugesprochenen Raum 3 der Kunstakademie Düsseldorf initiierte Joseph Beuys 1973 gemeinsam mit Willi Bongard, Georg Meistermann und Klaus Staeck die Freie Internationale Universität (FIU), die als freie Hochschule das bestehende Bildungssystem erweitern sollte. 1964 war Beuys erstmals auf der documenta vertreten. 1976 stellte er im deutschen Pavillon auf der Biennale von Venedig aus.

RENÉ BLOCK (geboren 1942 in Velbert) eröffnete 1964 in Berlin das Grafische Cabinet René Block, aus dem noch im gleichen Jahr die Galerie René Block hervorging. Zwischen 1974 und 1977 betrieb er eine Dependance in New York. Bis zur Schließung seiner Galerie 1979 zeigte Block in seinem Programm u. a. Ausstellungen und Aktionen von Joseph Beuys, Sigmar Polke und Gerhard Richter. In den Folgejahren organisierte er als Kurator zahlreiche Ausstellungen für die daadgalerie in Berlin sowie für das Institut für Auslandsbeziehungen (ifa) in Stuttgart. 1997 wurde er Direktor des Fridericianums in Kassel. Seit 2008 führt Block die Galerie Edition Block in Berlin.

GERHARD BOTT (geboren 1927 in Hanau) leitete von 1957 bis 1960 das Historische Museum Frankfurt. Im Anschluss wurde er Direktor des Hessischen Landesmuseums in Darmstadt. 1975 bis 1980 war er als Direktor des Wallraf-Richartz-Museums sowie als Generaldirektor der Museen der Stadt Köln tätig. Unter seiner Leitung entstand dort 1980 das Museum Ludwig. Von 1980 bis zu seiner Pensionierung 1993 war Bott Generaldirektor des Germanischen Nationalmuseums in Nürnberg. Er war außerdem von 1964 bis 1972 Mitglied des documenta-Rats.

LOTHAR-GÜNTHER BUCHHEIM (1918, Weimar – 2007, Starnberg) war Maler, Autor, Sammler und Verleger. Ab 1968 brachte er die Poster-Edition *Pi Pa Pop Posters* heraus. 2001 eröffnete das von ihm gegründete Buchheim Museum der Phantasie in Bernried am Starnberger See.

GERMANO CELANT (1940, Genua – 2020, Mailand) war ein italienischer Kunsthistoriker und Kurator. Mit der Ausstellung *Arte povera e IM spazio*, die im September 1967 in Genua stattfand, prägte er den Begriff Arte povera. Von 1988 bis 1993 war Celant Kurator am Solomon R. Guggenheim Museum in New York. Im Anschluss übernahm er die künstlerische Leitung der Prada Foundation in Mailand. Er war außerdem Direktor der 47. Biennale von Venedig, die 1997 stattfand.

HENNING CHRISTIANSEN (1932, Kopenhagen – 2008, Møn, Dänemark) wurde am Königlich Dänischen Musikkonservatorium zum Musiker und Komponisten ausgebildet und nahm ab 1962 an diversen Fluxus-Veranstaltungen teil. Er war an verschiedenen Beuys-Aktionen beteiligt, darunter *Manresa* (1966), *Hauptstrom* (1967) und *Eurasienstab* (1967). Von 1985 bis 1997 war Christiansen Professor für Multimedia an der Hochschule für bildende Künste Hamburg.

WALTER DE MARIA (1935, Albany, Kalifornien – 2013, Los Angeles) zählt zu den wichtigsten Vertretern der Land-Art. Ab 1968 stellte De Maria regelmäßig in der Galerie Heiner Friedrich in München, Köln und New York aus. Durch die Unterstützung der Dia Art Foundation wurde die Zusammenarbeit zwischen De Maria und Friedrich auch nach der Schließung der Heiner Friedrich Gallery im Jahr 1979 fortgeführt. Zu den bekanntesten Werken De Marias gehören *Mile Long Drawing* (Mojave-Wüste, 1968) und *The Lightning Field* (Catron County, New Mexico, 1977).

DAN FLAVIN (1933, New York – 1996, Riverhead, New York) war ein US-amerikanischer Künstler, der zu den zentralen Vertretern der Minimal Art zählt. Er studierte an der New School for Social Research und an der Columbia University in New York. Bekanntheit erlangte er insbesondere mit seinen Lichtinstallationen aus neonfarbenen Leuchtstoffröhren, die ab 1963 entstanden. Er war 1966 in der New Yorker Schau *Primary Structures* im Jüdischen Museum vertreten und 1968 und 1977 Teilnehmer der documenta. 2006/07 richtete die Münchner Pinakothek der Moderne ihm eine große Retrospektive aus.

HEINER FRIEDRICH (geboren 1938 in Stettin, Pommern, heute Polen), seine Frau Six und Franz Dahlem gründeten 1963 in München die Galerie Friedrich + Dahlem. 1970 siedelte Friedrich mit seiner neuen Lebensgefährtin Thordis Moeller nach Köln über und eröffnete dort eine Dependance. 1973 ging er nach New York und betrieb dort in SoHo die Heiner Friedrich Gallery Inc. Das Galerieprogramm umfasste Positionen der Minimal Art und Konzeptkunst, darunter Carl Andre, Dan Flavin, Donald Judd und Walter De Maria. Mit der Kunsthistorikerin Helen Winkler und Philippa de Menil, die er 1979 heiratete, gründete Friedrich 1974 in New York die Dia Art Foundation, die eine dauerhafte Setzung künstlerischer Großprojekte unterstützt. 1993 folgte die Ayn Foundation, die das Arnulf Rainer Museum in New York sowie die Präsentation umfangreicher Werkserien von Maria Zerres und die dauerhafte Ausstellung des *Last Supper*-Zyklus von Andy Warhol in

New York und Marfa ermöglichte. Mit der Stiftung DASMAXIMUM in Traunreut entstand 2010 ein weiterer Ort, an dem Heiner Friedrich Kunst seiner Sammlung dauerhaft für die Öffentlichkeit zugänglich macht.

SIX FRIEDRICH (geboren 1938 als Sigrid Husmann in Gelsenkirchen) studierte in München Architektur und Kunstgeschichte. 1960 heiratete sie Heiner Friedrich. Gemeinsam mit Franz Dahlem eröffneten sie im Juli 1963 in München die Galerie Friedrich + Dahlem. Nachdem Heiner Friedrich 1970 mit seiner neuen Lebensgefährtin Thordis Moeller nach Köln übergesiedelt war, wurde die Münchener Galerie hauptsächlich von Six Friedrich, Fred Jahn und Sabine Knust geführt. Seit 1980 betreibt Six Friedrich eine eigene Galerie in München, die sie heute gemeinsam mit ihrem Sohn Max Weber führt.

LASZLO GLOZER (geboren 1936 in Szombathely, Ungarn) ist Kunsthistoriker und Kunstkritiker. Ab 1966 war er als freier Kritiker tätig und wurde 1970 Redaktionsmitglied der *Süddeutschen Zeitung*. Mit Kasper König organisierte er 1981 in Köln die Ausstellung *Westkunst. Zeitgenössische Kunst seit 1939*. Von 1985 bis 2003 war Glozer Professor für Geschichte der Moderne an der Hochschule für bildende Künste in Hamburg. Er ist Autor und Herausgeber zahlreicher Schriften zur Gegenwartskunst, darunter *Joseph Beuys. Zeige deine Wunde* (1976), *Westkunst. Zeitgenössische Kunst seit 1939* (1981) und *Cy Twombly. Photographs 1951–2007* (2008).

WERNER HAFTMANN (1912, Gnieschau, Westpreußen, heute Polen – 1999, Gmund) war ein deutscher Kunsthistoriker. Von 1955 bis 1964 war er für die kunsthistorische Ausarbeitung der ersten drei documenta-Ausstellungen verantwortlich. Bekannt ist er insbesondere auch für die Schrift *Malerei im 20. Jahrhundert*, die 1954 in München erschien. Von 1967 bis 1974 leitete Haftmann als erster Direktor die Neue Nationalgalerie in Berlin.

JÖRG IMMENDORFF (1945, Bleckede – 2007, Düsseldorf) studierte ab 1964 bei Joseph Beuys an der Kunstakademie Düsseldorf, von der er 1969 wegen provokanter Kunstaktionen verwiesen wurde. In seinen Arbeiten behandelte Immendorff häufig politische und gesellschaftskritische Themen mit einem Fokus auf Deutschland. Zu seinen bekanntesten Werken zählen das Gemälde *Wo stehst du mit Deiner Kunst, Kollege?* (1973) und die aus sechzehn Bildern bestehende Serie *Café Deutschland* (1977–1982). Ab 1989 war Immendorff Professor an der Städelschule in Frankfurt am Main. 1996 folgte er dem Ruf an die Kunstakademie Düsseldorf. Immendorff war Mitglied der maoistischen KPD (Aufbauorganisation) und der Vereinigung Sozialistischer Kulturschaffender (VSK).

FRED JAHN (geboren 1944 in Berg) begann 1967 mit Gernot von Pape unter dem Label der Edition X in München Grafik zu verlegen. Von 1969 bis 1977 war er für die Galerie Heiner Friedrich in München tätig. 1978 eröffnete Jahn eine eigene

Galerie, die 2017 mit der Galerie seines Sohnes Matthias zu Jahn und Jahn fusionierte.

DANIEL-HENRY KAHNWEILER (1884, Mannheim – 1979, Paris) gründete 1907 eine Galerie in Paris. Er war u. a. mit Pablo Picasso und Georges Braque befreundet und vertrat insbesondere Künstler der Stilrichtung des Kubismus. Aufgrund seiner jüdischen Abstammung musste Kahnweiler sich ab 1939 vor den Nationalsozialisten verstecken. Zwischen 1940 und 1945 führte seine Schwägerin Louise Leiris die Galerie unter ihrem Namen weiter. Nach dem Krieg teilte sich Kahnweiler gemeinsam mit Maurice Jardot und Louise Leiris die Leitung der Galerie. Neben seiner Tätigkeit als Galerist publizierte er unter anderem *Der Weg zum Kubismus* (1920) und seine Memoiren *Meine Maler – meine Galerien* (1961).

IMI KNOEBEL (eigtl. Klaus Wolf Knoebel; geboren 1940 in Dessau) ist ein deutscher Künstler und Schüler von Joseph Beuys. Er zählt zu den Hauptvertretern des deutschen Minimalismus und war u. a. auf der documenta 5,6,7 und 8 vertreten.

DIETER KOEPPLIN (geboren 1936 in Basel) war von 1966 bis 1999 Konservator des Kupferstichkabinetts der öffentlichen Kunstsammlung Basel. In seiner Amtszeit erweiterte er mit Unterstützung des damaligen Direktors Franz Meyer insbesondere die Bestände der Gegenwartskunst und organisierte Ausstellungen unter anderem zu Joseph Beuys (1969, 1977, 1987, 1993), Georg Baselitz (1970, 1984, 1993), Claes Oldenburg (1974, 1992), Donald Judd (1976) und Bruce Nauman (1986).

KASPER KÖNIG (geboren 1943 in Mettingen) war als Volontär in der Galerie Rudolf Zwirner in Köln tätig. 1965 siedelte er nach New York über. Von 1973 bis 1975 war König Dozent am Nova Scotia College of Art and Design in Halifax, Kanada. 1977 gründete er mit dem Kunsthistoriker Klaus Bußmann die *Skulptur-Projekte* in Münster. König war von 1984 bis 1988 Professor für Kunst und Öffentlichkeit an der Kunstakademie Düsseldorf und von 1989 bis 2000 Rektor der Städelschule in Frankfurt am Main. 2000 wurde König zum Direktor des Museums Ludwig in Köln berufen, das er bis 2012 leitete. Er verantwortete zahlreiche Großausstellungen, darunter *Westkunst. Zeitgenössische Kunst seit 1939* (1981), *von hier aus. Zwei Monate neue deutsche Kunst in Düsseldorf* (1984), *die Skulptur-Projekte* (1977, 1987, 1997, 2007, 2017) in Münster sowie die *Manifesta 10* (2014) in St. Petersburg. König gilt als wichtiger Vermittler des Werks von Donald Judd, On Kawara, Claes Oldenburg, Gerhard Richter und Franz Erhard Walther.

UWE LAUSEN (1941, Stuttgart – 1970, Beilstein bei Stuttgart) begann 1960 ein Studium der Rechtswissenschaften an der Ludwig-Maximilians-Universität in München, das er schon im folgenden Jahr abbrach. In München lernte er die Künstler der Gruppe SPUR kennen und hatte später auch Kontakt zu der Situationistischen Internationale. 1961 begegnete er Franz Dahlem, der seine Kunst besonders förderte. Im Jahr darauf heiratete Lausen die Fotografin Heide Uta Stolz, mit der er 1963 nach

Aschhofen bei Feldkirchen/Oberbayern auf einen Bauernhof zog. 1968 schrieb Lausen in seinem Text *Hier und Jetzt* von der Aufgabe der Malerei. 1970 wählte er im Haus seiner Eltern den Freitod.

HEINRICH WILHELM LEHMBRUCK (1881, Meiderich – 1919, Berlin) besuchte erst die Kunstgewerbeschule und schließlich die Königliche Akademie in Düsseldorf. Er übte sich insbesondere in der Gestaltung naturalistischer und klassizistischer Genreplastik. 1907 wurden im Pariser Salon vier seiner Werke ausgestellt, Lehmbruck reiste damals zum ersten Mal nach Paris. Er pflegte Kontakte in die Kunst- und Sammlerszene und freundete sich mit den Sammlern Karl Ernst Osthaus und Carl Nolden an. 1910 siedelte Lehmbruck mit seiner Familie nach Paris über. Er stellte im Salon der Société nationale des beaux-arts, der Berliner Secession, der Kölner Sonderbund-Ausstellung sowie der Armory Show in New York aus. Im Januar 1919 wurde Lehmbruck zum Mitglied der Preußischen Akademie der Künste ernannt, im März nahm er sich in Berlin das Leben.

OTTO MAUER (1907, Brunn am Gebirge – 1973, Wien) war ein österreichischer römisch-katholischer Priester und ab 1954 Domprediger in St. Stephan in Wien. Im gleichen Jahr gründete er in der Grünangergasse die Galerie St. Stephan (ab 1964: Galerie nächst St. Stephan), die sich insbesondere an die österreichische Kunst der Avantgarde wandte, jedoch bald auch weit darüber hinaus Bedeutung erlangte. Die Sammlung, die Mauer für die Galerie nächst St. Stephan aufbaute, umfasst ca. dreitausend Kunstwerke und ist heute Teil der Sammlung des Dommuseums Wien.

FRANZ MEYER (1919, Zürich – 2007, Zürich) studierte Jura und Kunstgeschichte. Beide Studiengänge schloss er mit einer Promotion ab. In Paris, wo er sich während seines Studiums längere Zeit aufhielt, lernte er Ida Chagall, die Tochter des Malers Marc Chagall, kennen. 1952 heirateten sie. Meyer war von 1955 bis 1961 Direktor der Kunsthalle Bern und im Anschluss Direktor des Kunstmuseums in Basel. 1980 initiierte er zusammen mit Maja Sacher das Museum für Gegenwartskunst in Basel und trat noch im selben Jahr als Direktor zurück. Meyer lehrte an den Universitäten in Basel, Zürich und Bern und publizierte zahlreiche kunsthistorische Schriften.

THORDIS MOELLER (geboren 1945 in Weimar) studierte Archäologie sowie Ur- und Frühgeschichte in Heidelberg, Wien und München. Im Sommer 1965 begegnete sie in München auf der Maximilianstraße Franz Dahlem, der sie einlud, die Baselitz-Ausstellung in der Galerie Friedrich + Dahlem anzuschauen. Ab 1967 arbeitete sie neben dem Studium in der Galerie und war ab 1968 Vollzeit dort beschäftigt. 1970 ging Moeller mit Heiner Friedrich nach Köln, wo sie gemeinsam die Galerie Friedrich eröffneten. 1980 folgte sie Friedrich nach New York und arbeitete dort für die Dia Art Foundation bis sie 1987 nach Millerton übersiedelte, wo sie das Palermo Archiv aufbaute, das sie bis heute betreut.

BARNETT NEWMAN (1905, New York – 1970, New York) war ein US-amerikanischer Künstler und gehört zu den Wegbereitern der Farbfeldmalerei. Er war Mitherausgeber der Zeitschrift *Tiger's Eye*, in der er seine Theorien der erhabenen, meditativ durchgeistigten Kunst veröffentlichte. Besonders beachtet wurde sein dort publizierter Text *The Sublime is Now* (1948). Newman war auf der documenta 1 (1959) und 4 (1968) vertreten. Sein Werk war international in zahlreichen Einzelpräsentationen zu sehen.

ANTHONY D'OFFAY (geboren 1940 in Sheffield, Großbritannien) führte von 1965 bis 2001 eine Galerie in London. Neben zeitgenössischen Positionen aus England und den USA zeigte er mit Joseph Beuys, Anselm Kiefer und Gerhard Richter auch wichtige Künstler aus Deutschland. 2008 überließ er seine Privatsammlung den National Galleries of Scotland und der Tate zum Einkaufspreis.

BLINKY PALERMO (eigentlich Peter Heisterkamp; 1943, Leipzig – 1977 Kurumba, Malediven) war ein deutscher Künstler, der sich insbesondere mit der Weiterentwicklung der Farbfeldmalerei beschäftigte. Von 1962 bis 1967 studierte er an der Kunstakademie Düsseldorf bei Bruno Goller und Joseph Beuys. Palermo galt als enger Freund seiner Studienkollegen Imi Knoebel, Sigmar Polke und Gerhard Richter, mit denen er mehrfach gemeinsam ausstellte. 1966 zeigte die Galerie Friedrich + Dahlem seine erste Einzelausstellung.

ARNULF RAINER (geboren 1929 in Baden, Österreich) besuchte 1947 eine Ausstellung des British Council in Klagenfurt, wo er u. a. Werke von Francis Bacon, Henry Moore und Paul Nash sah. In der Folge interessierte er sich für die surrealistischen Revolutionstheorien. Er absolvierte in Wien die Aufnahmeprüfungen sowohl an der Akademie für angewandte Kunst als auch an der Akademie der bildenden Künste mit Erfolg, verließ jedoch beide Akademien nach nur wenigen Tagen aufgrund von kontroversen Ansichten über seine Kunst. Anfang der 1950er Jahre entdeckte Rainer in Paris die Art informel. Daraufhin entstanden seine ersten abstrakten sogenannten Mikrostrukturen und Atomisationen. Aufgrund von Materialmangel übermalte er in dieser Zeit die ersten Bilder anderer Künstler. Bereits 1966 erhielt Rainer den österreichischen Staatspreis für Graphik. Das Museum des 20. Jahrhunderts richtete 1968 eine erste große Retrospektive seiner Arbeiten aus. Die erste große Retrospektive in Deutschland fand 1971 im Kunstverein Hamburg statt. Rainer nahm an der documenta 5 (1972), 6 (1977) und 7 (1982) teil und stellte 1978 auf der Biennale von Venedig im österreichischen Pavillon aus. Im selben Jahr erhielt er außerdem den großen österreichischen Staatspreis. Ab 1981 war Rainer Professor an der Akademie der bildenden Künste in Wien. Nachdem 1994 in seinem Atelier in der Akademie sechsundzwanzig seiner Gemälde von Unbekannten zerstört wurden, emeritierte Rainer 1995 auf eigenen Wunsch. 1993 eröffnete in New York das Arnulf Rainer Museum, das bis 1995 bestand und von der Ayn Foundation getragen wurde. Seit 2009 besteht das Arnulf Rainer Museum in Baden bei Wien.

MAJA SACHER (1896, Basel – 1989, Frenkendorf, Schweiz) wurde bei der Baronin Wildenstein in München und bei Antoine Bourdelle in Paris als Bildhauerin ausgebildet. 1921 heiratete sie Emanuel Hoffmann, den Sohn von Fritz Hoffmann-La Roche, dem Begründer des gleichnamigen Basler Pharma-Unternehmens. Nach dem Tod ihres ersten Ehemannes 1932 gründete Maja Sacher die Emanuel Hoffmann-Stiftung, die sich für zeitgenössische Kunst engagierte. Sie unterstützte u. a. das Museum für Gegenwartskunst in Basel, das 1980 eröffnet wurde. 1934 heiratete sie Paul Sacher und lebte mit ihm auf dem von ihr entworfenen Hofgut Schönenberg.

ALFRED SCHMELA (1918, Dinslaken – 1980, Düsseldorf) studierte an der Staatsbauschule in Köln Architektur und schloss 1940 als Hochbauingenieur mit Examen ab. Noch im selben Jahr wurde er eingezogen und war bis zum Ende des Zweiten Weltkriegs in verschiedenen Ländern im Einsatz. Ab 1947 studierte Schmela an der privaten Malschule von Jo Strahn in Düsseldorf und anschließend bei André Lhote in Paris. 1957 eröffnete er in der Hunsrückenstraße 16–18 in Düsseldorf eine Galerie. Sein Programm umfasste wesentliche Positionen der deutschen Nachkriegskunst, darunter Joseph Beuys und Gerhard Richter sowie Künstler aus dem Umfeld der ZERO-Bewegung.

KURT SCHWITTERS (1887, Hannover – 1948, Kendal, Großbritannien) war ein deutscher Künstler, Dichter und Werbegrafiker. Bekannt ist er insbesondere für seine Collagen und Materialbilder, die er unter dem dadaistischen Begriff „MERZ“ zusammenfasste. 1919 veröffentlichte er den international rezipierten Prosa- und Gedichtband *Anna Blume*. Gemeinsam mit César Domela, László Moholy-Nagy und Friedrich Vordemberge-Gildewart gründete er 1927 den ring neuer werbegestalter.

RUDOLF SPRINGER (1909, Berlin – 2009, Berlin) war Galerist und Verleger. Ab 1947 leitete er die Galerie Gerd Rosen in Berlin. 1948 eröffnete er eigene Galerieräume und vertrat Berliner Künstler seiner Zeit, etwa Hans Uhlmann und Werner Heldt. Darüber hinaus arbeitete er mit internationalen Vertretern der Moderne zusammen, die er aufgrund seiner engen Verbindung zu Frankreich, wo er im Krieg Kontakte zur Widerstandsbewegung Résistance hatte, zum großen Teil in Paris fand. Darunter waren Hans Arp, Willi Baumeister, Hans Bellmer, Max Ernst, Henri Laurens und Ernst Wilhelm Nay.

HEIDE STOLZ (1939, Kupferzell – 1985, Aschhofen bei Feldkirchen) absolvierte ab 1957 ein Studium der Bildhauerei an der Staatlichen Kunstakademie Stuttgart. 1960/61 besuchte sie das Institut für Bildjournalismus in München und hatte Kontakt zur Künstlergruppe SPUR. 1962 heiratete sie den Maler Uwe Lausen. In ihren fotografischen Arbeiten standen der Mensch und insbesondere das Bild der Frau im Mittelpunkt. Die Galerie Friedrich + Dahlem zeigte 1965 eine Einzelausstellung ihrer Werke in München.

KARL STRÖHER (1890, Rothenkirchen – 1977, Darmstadt) war ein deutscher Unternehmer und Erbe des Darmstädter Wella-Konzerns. Er zählt zu den wichtigsten Sammlern der europäischen und US-amerikanischen Nachkriegskunst in Deutschland. Bekannt wurde er insbesondere durch den Erwerb der Pop-Art-Sammlung von Leon Kraushar 1968 und die Zusammenführung des *Block Beuys* in den Jahren 1967 bis 1969. Nach dem Verkauf der Sammlung durch die Erben Karl Ströhers im Jahr 1982 ging je ein Teil an das MMK Museum für Moderne Kunst in Frankfurt am Main sowie an das Hessische Landesmuseum Darmstadt.

JOHANNES STÜTTGEN (geboren 1945 in Freiwaldau, Sudetenland, heute Tschechische Republik) studierte ab 1964 Theologie bei Joseph Ratzinger in Münster und war von 1966 bis 1971 Student an der Kunstakademie Düsseldorf in der Klasse von Joseph Beuys. 1971 war er an der Gründung der *Organisation für direkte Demokratie durch Volksabstimmung* beteiligt und übernahm von 1980 bis 1986 den Posten des Geschäftsführers der Freien Internationalen Universität (FIU). Stüttgen beruft sich in seiner Arbeit als Künstler auf den Kunstbegriff der *Sozialen Plastik*, der von seinem Lehrer Joseph Beuys geprägt wurde.

HARALD SZEEMANN (1933, Bern – 2005, Tegna im Tessin, Schweiz) war von 1961 bis 1969 Direktor der Kunsthalle Bern. Dort zeigte er 1969 die wegweisende Ausstellung *Live in Your Head. When Attitudes Become Form*. Szeemann leitete die documenta 5 (1972) sowie die Biennale von Venedig in den Jahren 1999 und 2001. Mit seinen innovativen Ausstellungsformaten zählt er zu den wichtigsten Vermittlern der Kunst seiner Zeit.

CAROLINE TISDALL (geboren 1945) studierte Kunstgeschichte am Courtauld Institute of Art an der University of London. Ab 1970 war sie als Kunstkritikerin für *The Guardian* tätig. Tisdall und Beuys begegneten sich 1972 in der Whitechapel Gallery. Von da an begleitete sie ihn auf zahlreiche Reisen, u. a. nach New York, wo er 1975 seine Arbeit mit dem Kojoten, *I like America and America likes me*, zeigte. Tisdall ist Herausgeberin verschiedener Publikationen über Joseph Beuys. 1998 gründete sie an der Oxford Brookes University die Social Sculpture Research Unit, ein interdisziplinäres Forschungsnetzwerk zur Erforschung der von Beuys entwickelten Idee der Sozialen Plastik.

HERBERT TOBIAS (1924, Dessau – 1982, Hamburg) besuchte die Schauspielschule in Siegburg und hatte Ende der 1940er-Jahre sein Coming-out. 1950 wurden er und sein US-amerikanischer Partner aufgrund des §175 denunziert, sie siedelten nach Paris über. Anfang der 1950er-Jahre erschienen erstmals Fotografien von Tobias in der *Vogue*. Nachdem er aus Frankreich ausgewiesen worden war, ging er zurück nach Deutschland und lebte ab 1954 in Berlin, wo er die Sängerin Nico als Fotomodell entdeckte. Er porträtierte u. a. Hildegard Knef, Klaus Kinski und Andreas Baader. 1969 siedelte er nach Hamburg über. In Amsterdam und Berlin fanden 1981 viel beachtete Schauen seines Werks statt. Tobias starb 1982 an den Folgen von AIDS.

MICHEL TOURNIER (1924, Paris – 2016, Choisel) war ein französischer Schriftsteller und Sohn eines Germanisten-Ehepaares. Er studierte Philosophie und Jura, u. a. vier Jahre lang an der Universität Tübingen. 1967 erschien sein erster Roman, *Vendredi ou les limbes du Pacifique*" , (dt. *Freitag oder im Schoß des Pazifik*), der mit dem Grand Prix du Roman der Académie française ausgezeichnet wurde. Für seinen zweiten Roman, *Le Roi des Aulnes*, (dt. *Der Erlkönig*), der 1970 erschien, erhielt er den Prix Goncourt, den bedeutendsten französischen Literaturpreis.

ICA VILANDER (1921, Brüx, Tschechoslowakei – 2013, Hamburg) lebte ab 1944 in Berlin, wo sie an der Hochschule für Bildende Künste Grafik und experimentelle Fotografie studierte. 1959 erschienen ihre ersten Publikationen. Bekannt ist sie insbesondere für ihre Aktfotografien. Sie portraitierte u. a. auch Hildegard Knef, Sidney Poitier und Helene Weigel.

FRANZ ERHARD WALTHER (geboren 1939 in Fulda) studierte ab 1957 an der Werkkunstschule in Offenbach und an der Städelschule in Frankfurt am Main, bevor er 1962 nach Düsseldorf an die Kunstakademie in die Klasse von K. O. Götz wechselte. Von 1967 bis 1973 lebte Walther in New York. Dort entstand 1969 sein *1. Werksatz*, den er damals im Museum of Modern Art zeigte. 1971 übernahm er eine Professur an der Hochschule für bildende Künste Hamburg, die er bis 2005 innehatte. Mit seinem Werk war Walther an der documenta 5 (1972), 6 (1977), 7 (1982) und 8 (1987) beteiligt und wurde 2017 mit dem Goldenen Löwen auf der Biennale von Venedig ausgezeichnet.

FRANZ WEST (1947, Wien – 2012, Wien) studierte von 1977 bis 1982 bei Bruno Gironcolli an der Akademie der Bildenden Künste in Wien und lehrte 1992/93 an der Städelschule in Frankfurt am Main. Bekannt ist er insbesondere für seine Passstücke, die als eine Art Erweiterung des menschlichen Körpers gedacht sind. 1993 stellte West auf der Biennale von Venedig im österreichischen Pavillon aus, 2011 wurde ihm dort für sein Lebenswerk der Goldene Löwe verliehen.

JEAN-PIERRE WILHELM (1912, Düsseldorf – 1968, Düsseldorf) war ein deutscher Galerist und Kunstkritiker. Gemeinsam mit Manfred de la Motte führte er von 1957 bis 1960 in Düsseldorf die Galerie 22.

MARIA ZERRES (geboren 1961 in Linden) studierte in Köln und Wien an der Hochschule für Angewandte Kunst bei Peter Weibel. 1985 lernte sie Franz Dahlem anlässlich der Ausstellung *Petersburger Hängung* in der Galerie Tanja Grunert in Köln kennen. 1989 war sie Assistentin von Jörg Immendorff und 1991 bis 1993 Gastprofessorin in der Klasse von Sigmar Polke an der Hochschule für bildende Künste in Hamburg. Zerres arbeitet in New York und Traunreut, wo ein Teil ihres Werks dauerhaft in der Ausstellung von DASMAXIMUM zu sehen ist.

RUDOLF ZWIRNER (geboren 1933 in Berlin) volontierte 1956 in der Galerie Der Spiegel in Köln. Im Anschluss war er für Gerd Rosen in Berlin und Heinz Berggruen in Paris tätig. 1958 wurde Zwirner auf Empfehlung von Hein Stünke Generalsekretär der documenta 2. Mit der Ausstellung *Moderne Druckgrafik* eröffnete er im Dezember 1959 in Essen seine erste Galerie. Im Sommer 1962 siedelte er mit der Galerie nach Köln über. Sein Programm umfasste Präsentationen u. a. zu Marcel Broodthaers, John Chamberlain und Andy Warhol. Zwirner beriet das Aachener Sammlerehepaar Peter und Irene Ludwig. Mit Hein Stünke rief er 1966 den Verein progressiver deutscher Kunsthändler ins Leben und engagierte sich für den Kölner Kunstmarkt, der im September 1967 erstmals stattfand. 1973 war er Gründungsmitglied der Europäischen Kunsthändler Vereinigung, der er bis 1975 als Generalsekretär vorstand und aus der später der Bundesverband Deutscher Galerien und Kunsthändler e. V. (BVDG) hervorging. Neben zahlreichen weiteren Aktivitäten leitete Zwirner von 1993 bis 1996 das neu gegründete Zentralarchiv des internationalen Kunsthandels (ZADIK) in Bonn. 2006 wurde Zwirner mit dem Art Cologne-Preis des BVDG ausgezeichnet.

Franz Dahlem – Biografische Daten

1938 geboren am 13. März in München als Sohn von Konrad Martin und Emma Dahlem (geb. Stiegler).

1944 Emma Dahlem zieht im Rahmen der Mutter-und-Kind-Verschickung mit ihren Kindern auf einen Bauernhof in Höglwörth im Berchtesgadener Land, Oberbayern.
Franz Dahlem besucht die Zwergschule in Anger bei Bad Reichenhall.

1945 Rückkehr nach München, Zusammenführung der Familie: Franz Dahlem, sein Vater und drei der fünf Geschwister beziehen zusammen mit dem Kindermädchen Anni eine Wohnung.

1950 Besuch des Maximilian Gymnasiums in München. Noch im gleichen Jahr verstirbt der Vater.

1953 Beginn der Ausbildung zum Weißbierbrauer im Kloster Schäftlarn.

1956 Beginn der Ausbildung zum Buchhändler in der Buchhandlung Kaiser, München.

1960 Bekanntschaft mit Uwe Lausen in einem Café in der Leopoldstraße in München.

1961 Aufenthalt in Berlin, Bekanntschaft mit Ica Vilander.

1963 Heirat mit Oda Dahlem (geb. Bäumer) in München und Geburt der Tochter Anna. Franz Dahlem organisiert eine Uwe Lausen-Ausstellung bei Möbel Casa in München. Im gleichen Jahr gründet er gemeinsam mit Heiner Friedrich und dessen Frau Six Friedrich die Galerie Friedrich + Dahlem in der Maximilianstraße 15 in München. Die Galerie wird mit einer Ausstellung des informellen Malers Peter Schubert eröffnet.

1964 In der Galerie Friedrich + Dahlem stellen u. a. Uwe Lausen, Gerhard Richter und Cy Twombly aus. Außerdem zeigt die Galerie die Ausstellung *Britische Malerei der Gegenwart: Alan Davie, Francis Bacon, Ronald Kitaj, David Hockney, Ben Nicolsen, Graham Sutherland.*

1965 Geburt des Sohnes Filipp. Die Galerie Friedrich + Dahlem zeigt erstmals Werke von Georg Baselitz. Weiterhin sind u. a. die Künstler Thomas Bayrle, Franz Mohn, K. O. Götz, Joseph Beuys und Robert Rauschenberg in Ausstellungen der Galerie vertreten. Franz Dahlem wohnt in dieser Zeit mit seiner Familie im Armenhaus in Pullach im Isartal.
Nachdem Georg Baselitz sein Stipendium in der Villa Romana in Florenz vorzeitig abgebrochen hat, übernimmt Franz Dahlem den Platz an seiner Stelle und zieht mit Frau und Kindern für mehrere Monate nach Florenz.

1966 Die Galerie Friedrich + Dahlem zeigt u. a. die Ausstellung *11 Pop Artists: The New Image* sowie eine Einzelpräsentation mit Werken von Blinky Palermo. Nachdem sich die Partner Friedrich und Dahlem getrennt haben, hält sich Franz Dahlem mehrere Monate in Frankreich auf; er wohnt in Recoubeau, Paris und in Fréland bei Curt Engelhorn. Noch im gleichen Jahr siedelt er mit seiner Familie nach Darmstadt über.

1967 Geburt des Sohns Cyman. Umzug von Darmstadt-Eberstadt ins Zentrum Darmstadts in die Ahastraße 7, in ein ehemaliges Schulhaus. Dort wird am 20. März 1967 mit der Aktion *Hauptstrom* die Ausstellung *Joseph Beuys. Fettraum* eröffnet.
Erwerb aller Werke aus der ersten musealen Präsentation von Joseph Beuys (Städtisches Museum Mönchengladbach) durch Karl Ströher.

1968 Erwerb der Sammlung des amerikanischen Versicherungsmaklers Leon Kraushar durch Karl Ströher.
Ausstellungstournee der Sammlung Ströher: Neue Pinakothek im Haus der Kunst, München; Kunstverein Hamburg; Neue Nationalgalerie, Staatliche Museen zu Berlin; Städtische Kunsthalle Düsseldorf; Kunsthalle Bern; Kunstmuseum Basel.

1970 Eröffnung der Ströher-Sammlung im Hessischen Landesmuseum Darmstadt.
Franz Dahlem organisiert im Galerienhaus in der Lindenstraße in Köln die erste Ausstellung mit Werken der „Kopf stehenden“ Bilder von Georg Baselitz.

1977 Übersiedlung nach Frankfurt in die Feldbergstraße.

1979 Franz Dahlem organisiert die erste Ausstellung von Franz West in Deutschland: *Semantik und Verblödung*, Galerie Forme, Frankfurt am Main. Übersiedlung nach Köln

1980 Mehrmonatige Türkeireise.
Die Galerie Heiner Friedrich in Köln schließt. Die Räume werden fortan von der Dia Art Foundation, die 1974 von Philippa de Menil, Heiner Friedrich und Helen Winkler in New York gegründet wurde, übernommen und von Franz Dahlem bis zur Schließung 1983 betreut.

1981 Franz Dahlem organisiert in der Dia Art Foundation in Köln die Ausstellung *Lucio Fontana 1926–1968*.

1982 Mit Unterstützung der Dia Art Foundation nimmt Joseph Beuys an der documenta 7 mit dem Projekt *7000 Eichen – Stadtverwaldung statt Stadtverwaltung* teil. In Fortsetzung des Projekts werden ab 1988 weitere Bäume, begleitet von Basaltsteinen, in New York City gepflanzt.

1985 Franz Dahlem organisiert die Gruppenausstellung *Petersburger Hängung* in der Galerie Tanja Grunert in Köln und stellt dort erstmals auch Werke der Malerin Maria Zerres aus, die später seine Lebensgefährtin wird.

1986 Scheidung von Oda Dahlem. Zusammen mit Maria Zerres Übersiedlung nach Bad Breisig,

1987 Geburt der Tochter Céline.

1987 Franz Dahlem zeigt in der Galerie Daniel Buchholz in Köln die Ausstellung *Maiandacht*, eine Soloschau mit Bildern von Maria Zerres.

1989 Übersiedlung in den Zehnthof in Sinzig.

AB 1991 Regelmäßige Aufenthalte in New York.

1992 Franz Dahlem zeigt im Kunsthistorischen Institut der Universität Bonn eine Soloschau mit Werken von Maria Zerres. Zur Ausstellung erscheint ein Katalog.
Franz Dahlem und Heiner Friedrich organisieren die Ausstellung *Young Cross*, eine Einzelschau des österreichischen Künstlers Arnulf Rainer in der Menil Collection in Houston, Texas. Begleitend erscheint ein Katalog mit einem Text von Franz Dahlem.

1993 Die von Heiner Friedrich gegründete Ayn Foundation eröffnet in der 22nd Street in Chelsea, New York, das Arnulf Rainer-Museum, konzipiert und eingerichtet von Franz Dahlem, Heiner Friedrich und Maria Zerres.

1995 Franz Dahlem organisiert die Schau *ARTISNOTFORSALE*, eine Präsentation von Bildern und Zeichnungen von Maria Zerres, die bis 1999 in der Ayn Foundation in New York ausgestellt ist.

1997 Geburt der Tochter Roxana.

1999 Ausstellung der Sammlung Herzog Franz von Bayern in Schloss Edenkoben (Rheinland-Pfalz).

1997 Franz Dahlem zeigt im Landesmuseum Oldenburg die Ausstellung *Die Freude ist der Schlüssel für jedes Geheimnis*, eine Soloschau mit Werken von Maria Zerres.

1998 Ausstellung *Andy Warhol. The Last Supper* in der Staatsgalerie Moderner Kunst in München sowie im Anschluss bis 2001 im Guggenheim Museum Soho, New York.

1998 Übersiedlung nach Kirchberg, Altenmarkt an der Alz.

2000 Geburt des Sohns Vinzenz.

2004 *Blaue Butter*, eine Soloschau mit Werken von Maria Zerres im Hessischen Landesmuseum in Darmstadt.

2005 Die Ayn Foundation zeigt in Marfa den Werkzyklus *September Eleven*, eine Soloschau mit achtzehn Gemälden von Maria Zerres.

2011 Eröffnung der von Heiner Friedrich gegründeten Stiftung DASMAXIMUM. KunstGegenwart in Traunreut, Oberbayern. Dort sind dauerhaft Werkgruppen folgender Künstler ausgestellt: Georg Baselitz, John Chamberlain, Walter De Maria, Dan Flavin, Imi Knoebel, Uwe Lausen, Blinky Palermo, Andy Warhol und Maria Zerres.

Bildnachweis

Der Familie von Franz Dahlem und der Herausgeberin verdanken wir die folgenden Materialien: Abb. 1, 2, 11, 31, 33, 34, 35, 38, 52, 53, 54, 55, 56 (© Arnulf Rainer), 57, 61, 62, 63, 64, Abb. Seite 196; Foto Franziska Leuthäußer: Abb. Seite 10, Abb. 65, 66.

Abb. 3: Kunstsammlungen Chemnitz – Museum Gunzenhauser, Eigentum der Stiftung Gunzenhauser; Abb. 4, 6, 7: © Nachlass Heide Stolz, DASMAXIMUM. KunstGegenwart, Traunreut; Abb. 5: Foto Franz Kimmel, DASMAXIMUM. KunstGegenwart, Traunreut, Leihgabe aus Privatbesitz; Abb. 8, 9, 10, 43: Courtesy Thordis Moeller Archiv, Millerton, USA (Fotograf unbekannt); Abb. 12, 20, 21: Privatsammlung, München; Abb. 13, 14, 15: Stadtarchiv und Stadthistorische Bibliothek Bonn; Abb. 22: © bpk / Stiftung Museum Schloss Moyland / Ute Klophaus; Abb. 23, 27, 28: Joseph Beuys Archiv / Stiftung Museum Schloss Moyland; Abb. 25: © bpk / Abisag Tüllmann (1935–1996), Foto Axel Schneider / Museum MMK für Moderne Kunst, Frankfurt, Schenkung der Beuys Stiftung, Basel (Inv. Nr. 1994/42); Abb. 29: © bpk / Digne Meller Marcovicz; Abb. 30: © Stefan Moses, courtesy Bayerische Staatsgemäldesammlungen; Abb. 32: © Museum MMK für Moderne Kunst, Frankfurt (Barbara Klemm); Abb. 37: Foto Katharina Sieverding, courtesy Carmen Knoebel; Abb. 39: Atelier/Studio Timm Rautert, Essen; Abb. 40: Foto Arthur Tess, courtesy Dia Art Foundation; Abb. 44, 45: Abdruck mit freundlicher Genehmigung von Carmen Knoebel; Abb. 46, 48: © Gerhard Richter 2021 (24112021); Abb. 47, 49: akg-images; Abb. 51: picture alliance / dpa; Abb. 58: Foto George Oliver, Demarco Digital Archive; Abb. 60: Courtesy Dia Art Foundation (Fotograf unbekannt); Abb. 68: Wikimedia Commons; Abb. 69: © bpk / Albertinum | GNM, Staatliche Kunstsammlungen Dresden, Foto Elke Estel, Hans-Peter Klut; Abb. 71: Foto Gabriele Bößert, Museumslandschaft Hessen Kassel, Neue Galerie (Inv. Nr. P 1995/1 D 29 recto, Neg. Nr. G41445); Abb. 16 (Foto Katia Rid), 17 (Foto Wenzel Beuys), 18 (Foto Claudio Abate), 19 (Foto Claudio Abate), 24, 26, 36, 41, 42, 50, 59, 67, 70: Verlagsarchiv.
In einzelnen Fällen ist es dem Verlag nicht gelungen, die Nutzungsberechtigten für in dieses Buch aufgenommene Bilder zu ermitteln. Der Verlag ist bereit, etwaige Ansprüche für die Nutzung dieser Bilder abzugelten.

Die Verwendung des Franz Dahlem-Portraits von Georg Baselitz auf dem Buchtitel erfolgt mit freundlicher Genehmigung des Georg Baselitz Archivs.

Lektorat: Michaela Angermair
Gestaltung und Satz: Regine Kaiser
Litho: Bayermedia, München
Printed by GPS in BiH

ISBN 978-3-8296-0936-4

Eine Schirmer/Mosel Produktion
www.schirmer-mosel.com/literatur

Jetzt zurück zu Millimeter und Nanometer: Beides wichtige Maßeinheiten, um eine nächst größere Ordnung aufzubauen. Die Natur ist Bestandteil des Menschen, und der ist älter als der Kosmos. Der Mensch hat alle Stadien der Evolution in sich, seine Erscheinung ist ein Ergebnis und kein Urbild. Diese Erscheinung bedarf noch vieler

Erscheinungen, um den wahren Menschen sichtbar zu machen.